부동산 절세

무작정 따라하기

부동산 절세 무작정 따라하기

The cakewalk Series – Reducing Real Estate Tax

초판 1쇄 발행 · 2023년 4월 5일
초판 3쇄 발행 · 2023년 7월 10일

지은이 · 박민수(제네시스박)
감수자 · 이장원
발행인 · 이종원
발행처 · (주)도서출판 길벗
출판사 등록일 · 1990년 12월 24일
주소 · 서울시 마포구 월드컵로 10길 56(서교동)
대표 전화 · 02)332-0931 | **팩스** · 02)323-0586
홈페이지 · www.gilbut.co.kr | **이메일** · gilbut@gilbut.co.kr

기획 및 책임 편집 · 박윤경(yoon@gilbut.co.kr) | **마케팅** · 정경원, 김진영, 최명주, 김도현
제작 · 이준호, 손일순, 이진혁, 김우식 | **영업관리** · 김명자, 심선숙, 정경화 | **독자지원** · 윤정아, 최희창

교정교열 · 최원정 | **디자인 및 전산편집** · 디자인다인 | **일러스트** · 정민영
CTP 출력 및 인쇄 · 예림인쇄 | **제본** · 예림바인딩

ISBN 979-11-407-0387-6 13320
(길벗도서번호 070431)

정가 23,000원

독자의 1초까지 아껴주는 길벗출판사

(주)도서출판 길벗 | IT교육서, IT단행본, 경제경영서, 어학&실용서, 인문교양서, 자녀교육서 www.gilbut.co.kr
길벗스쿨 | 국어학습, 수학학습, 어린이교양, 주니어 어학학습, 학습단행본 www.gilbutschool.co.kr

부동산 절세
무작정 따라하기

박민수(제네시스박) 지음

길벗

절세 5분 투자로 10억 원을 아껴보자!

최근 몇 년 간 부동산 시장은 상승과 하락을 반복하고 있어 마치 롤러코스터를 탄 듯하다. 문제는 이와 함께 부동산 세금 역시 숨 가쁘게 바뀌었다는 것이다. 문재인 정부에서는 '8·2대책(2017년)'을 시작으로 수십 차례의 규제정책을 펼치더니 윤석열 정부에서는 이를 완화하겠다고 한다. 마치 열탕과 냉탕 사이를 왔다 갔다 하는 것 같은데 더 문제는 현 정부의 부동산 정책 완화 역시 즉시 가능한 것과 국회 통과 등이 필요해 다소 시일이 걸리는 것으로 나뉜다는 점이다.

이에 따라 부동산 세법은 더욱 복잡해졌고 일반인은 물론 실무를 하는 세무사들조차도 난감해하는 경우가 적지 않다. 예를 들어 종전주택을 일정 기한 내 처분하면 세법상 혜택을 주는 '일시적 2주택' 제도는 취득세, 종합부동산세, 양도소득세에서 각각 다르게 적용되는데 다행히 이번 시행령 개정으로 처분기한이 모두 3년으로 통일되었다. 그런데 다주택자 및 법인 취득세 중과세율은 여전히 종전처럼 최고세율 12%를 유지하고 있다. 왜 이런 차이가 나는 것일까? 일시적 2주택은 대통령령으로 시행령 개정이 가능하지만 세율 자체 변경은 국회 입법을 꼭 통과해야 해서 개정이 쉽지 않기 때문이다.

이러한 이유로 현재는 부동산 규제 완화 시기인 것은 맞지만, 이 중에는 정부가 즉각 시행하고 있는 것들이 있고 여전히 국회 통과가 필요해 난항을 겪는 것들도 많다. 안타깝지만 현재로서는 이러한 사항을 모두 구분해서 파악해야 한다. 내 집 마련을 원한다면, 부동산을 통해 자산을 불리고 싶거나 특히 주택임대사업자처럼 본격적인 임대업을 고려하고 있다면 변화하고 있는 부동산 절세 트렌드를 반드시 익혀야 하는 것이다. 그리고 이 책은 이러한 흐름에 맞춰 작성되었다. 책을 집필하면서 생각한 것은 오직 하나, '이 책 한 권으로 부동산 절세는 끝낸다!'였다.

이 책의 구성을 구체적으로 살펴보면, 먼저 준비마당에서는 부동산 절세가 왜 필요한지 설명한다. '부동산 세금은 나와는 상관없어.'라고 생각한다면 꼭 준비마당이라도 읽어보고 판단하길 바란다. 첫째마당은 가장 복잡하기 때문에 유의해야 하는 취득세에 대해 다룬다. '개정 예정'이었다가 '일부 개정'으로 바뀌어 가장 유의해야 하는 세금 중 하나이다. 둘째마당은 매년 납부해야 하는 보유세에 대한 이야기다. '집값이 떨어졌다는데 보유세는 어떻게 되는 것일까?' 하는 궁금증이 생겼다면 둘째마당을 읽어보자. 셋째마당은 가장 심혈을 기울여 작성한 부분이다. 양도소득세의 기초개념과 계산은 물론이고 1주택, 2주택, 심지어 3주택 이상인 경우에도 비과세가 가능한 방법에 대해 상세하게 다루었다. 물론 비과세 판단은 세무대리인(세무사 등)의 추가 검증이 필요하나, 이 내용을 알고 상담하느냐 아니냐는 큰 차이를 가져올 것이다. 넷째마당은 주택임대소득세에 대한 내용이다. 이를 이해하기 위해서는 개인 종합소득세의 분리과세와 종합과세 등 어려운 내용을 이해해야 하는데, 앞으로 더욱 이슈가 되는 세금이 될 것이라고 생각한다. 다섯째마당은 법인에 대한 이야기다. 단순히 주택을 사고팔기 위한 법인이 아닌 경제적 자유를 위한 법인 활용법을 다루었다. 여섯

째마당은 상업용 부동산에 대한 내용이다. 상업용 부동산은 법인과 결합할 때 그 시너지가 가장 크다. 물론 지금은 금리 인상기라 당장 무엇을 하기에는 부담이 되겠지만 미리 공부해 두지 않으면 나중에는 늦었다고 한탄할지도 모른다. 일곱째마당은 상속과 증여에 대한 내용으로 적절한 부의 이전이 어떻게 가능한지를 설명한다. 특히 자금출처에 대한 내용도 다루었으므로 이를 함께 활용하자. 마지막으로 여덟째마당은 다른 책에서는 결코 볼 수 없는 내용이라 자신한다. 주택 수에 따른 절세전략을 다루었는데 결국 부동산 절세전략은 '취득-보유-양도' 단계로 구분되는 이론 부분과 1주택, 2주택 등 주택 수에 따른 실전 사례를 종합적으로 고려할 때 빛을 발하기에 그렇다. 또한 부록으로 토지 절세에 대해 최소한 알고 있어야 할 정보까지 다루었으니 이제 부동산 절세는 이 한 권으로 끝내도 좋을 것이다.

그동안 내 집 마련부터 시작해서 주택임대사업자이자 법인 대표를 하고 있는 지금까지 실전에서 활용하고 온몸으로 부딪혀가며 터득한 노하우를 모두 이 책에 담았다. 여러분이 고민하고 있는 대부분을 이미 경험하였고 이를 통해 터득한 솔루션을 쉽게 이해할 수 있도록 정리하였으니 많은 사람들이 활용하기를 바란다.

세법은 살아있는 생물과 같아서 계속해서 변하고 바뀐다. 이후 개정되는 내용은 필자의 유튜브 그리고 블로그 등을 통해서 계속해서 업데이트할 것을 약속하며, 부동산 자산관리의 최종 정착지는 '절세'라는 것을 꼭 기억해 주었으면 한다.

마지막으로 바쁜 일정에도 꼼꼼하게 감수해준 이장원 세무사와 함께 지원 해준 박재영 세무사 그리고 건강한 정신과 육체를 물려주신 부모님께 감사드리며, 평생의 파트너인 아내 최정희 그리고 아들 경원이에게도 사랑과 감사의 인사를 전한다.

박민수(제네시스박)

셋째 마당

절세의 꽃, 양도소득세 맞춤 절세 플랜

넷째마당

또 다른 보유세, 주택임대소득세

일곱째 마당

미리 알면 좋은 상속세 및 증여세

준비
마당

부동산 절세는
선택이 아닌 필수

내 집 사는데 왜 세금을 따져야 해?

Q 집값이 떨어졌다고 해서 이번에 내 집 마련을 하려고 해요. 그런데 세금에 대해 꼭 미리 알아둬야 하나요? 다주택자도 아니고 고가의 집을 살 것도 아닌데요.

A 결론부터 말하자면 꼭 알아두셔야 합니다. 물론 부동산 세법이 복잡하고 어려우며 자산가들에게 특히 더 필요한 건 맞지만, 내 집 한 채를 마련하는 데에도 절세전략은 반드시 필요합니다. 1주택이라면 준비하기도 쉽고 조금만 공부하면 절세효과가 크게 나타나니 미리 대비하세요.

실거주자도 부동산 절세를 알아야 하는 이유

부동산 세금은 다주택자들 이야기라고?

고백하건대 나 역시 한때 같은 생각을 했다. 2014년도에 생애 첫 집을 마련하였는데, 계약하는 순간에도 부동산 세금은 전혀 고려하지 않았다. 절세에 대한 '무관심'으로 당시 양도소득세(양도세) 몇천만 원을 아끼지 못한 것은 두고두고 후회가 되는 일이다. 그리고 이후 자산관리를 하면서 부동산 세금 절세전략이 얼마나 중요한지 더욱 뼈저리게 느끼게 되었다.

만약 그때로 다시 돌아간다면 다른 건 모두 제쳐두고라도 '부부 공동명의'로 등기했을 것이다. 뒤에서 자세히 살펴보겠지만 양도차익이 1억 원이라고 가정했을 때, 양도세는 2천만 원 정도인데(장기보유특별공제 0%인 경우) 이를 부부 공동명의로 하면 1인당 700만 원 정도, 즉 둘이 합해 1,400만 원이니 600만 원 정도는 절세할 수 있다.

그런데 요즘은 부동산 세법도 워낙 자주 바뀌고 규제와 완화를 반복하고 있는데 이 방법이 여전히 통할까? 물론이다. 그동안 부동산 절세 강의를 하면서 수천 명의 수강생들을 만나 많은 질문을 받았는데 그중 가장 많이 받는 질문 중 하나가 "부부 공동명의로 할까요, 아니면 단독명의로 할까요?"이다. 어떤 경우에는 공동명의가 유리한 듯한데, 다른 관점에서 보면 단독명의가 더 나을 수 있다고 하니 결론을 내리기 어렵다는 것이다. 이렇게 부동산 절세가 어렵게 느껴질 수밖에 없는 이유는 부동산 절세를 너무 이론적이고 평면적으로 접근하기 때문이라는 게 나의 생각이다.

다음의 항목에 따라 부동산 세금에 대해 보다 '입체적으로' 접근하는 법을 살펴보자.

- 본인이 보유한 주택 수
- 취득하는 주택의 용도(주거용, 임대용 등)
- 취득하는 주택의 보유기간
- 보유하고 있는 자금과 소득 원천

예를 들어, 주거용으로 주택을 구입해 이제 1주택자가 되는 경우라면, 현 상황에서는 '(부부)공동명의'가 절대적으로 유리하다. 이유는 다음과 같다.

- 취득세와 재산세에서는 어차피 단독명의와 공동명의가 동일하다.
- 설령 종합부동산세(종부세)가 부과되는 고가주택이라도 공동명의의 경우는 단독명의일 때의 세금과 공동명의일 때의 세금 중 적은 것으로 선택할 수 있으니 유리하다. 이때 납세의무자는 지분율이 높은 사람이 되며, 지분율이 같은 경우 선택할 수 있다.
- 양도세는 소득금액이 분산되니 공동명의가 유리하다.

단, 고가의 주택을 취득하는 경우 자금출처 및 증여세 이슈 등이 있을 수 있는데, 이 역시 제대로 알고 대응하면 큰 문제는 되지 않는다.

앞으로 큰 틀에서 부동산 세금의 종류에 대한 이론을 우선 살펴본 뒤 여기에서 그치지 않고 실전에서 이를 어떻게 활용할지에 대해 하나하나 살펴볼 것이다. 물론 각각 고려해야 할 사항은 너무 많고 개인마다 상황이 다르므로 큰 틀에서는 주택 수에 따라 구분을 하고 다시 2차적으로 확인해야 할 포인트를 함께 살펴볼 것이다.

무주택자, 1주택자 모두에게 필요한 절세전략

이제 무주택에서 1주택으로 가려는데 절세전략까지 짜야 하는 건 너무 과하지 않느냐고? 절대 그렇지 않다. 앞서 나의 첫 집 사례에서도 알 수 있지 않은가? 계약서 작성 전에 누군가 "부부 공동명의로 하세요."라는 말 한마디만 해주었더라면 얼마나 좋았을까?

부동산 절세는 간접경험이 매우 중요하다. 워낙에 고가의 자금이 오고 가기 때문에 연습 삼아 무작정 해볼 수도 없고, 그 과정에서 단순한 실수 하나라도 하게 되면 수천만 원 혹은 수억 원의 불필요한 지출이 발생할 수도 있다. 따라서 부동산 절세는 무주택인 상태에서 미리 공부하고 대비해야 한다. 물론 같은 이유로 실거주자도 부동산 절세에 대해 반드시 미리 알고 있어야 한다.

또한 무주택에서 1주택자가 되고 나면 여기에서 그치는 경우도 있지만 더 좋은 곳으로 이사를 가거나(대체주택 취득), 임대소득을 통해 노후대비를 하고자 추가 부동산을 사게 될 수도 있다. 이 경우에도 다른 사람의 사례를 통한 간접경험은 큰 도움이 된다. 내가 앞으로 부동산을 매매하는 과정에서 발생할 수 있는 절세 포인트는 물론 자칫 잘못하면 세금 폭탄을 맞게 되는 경우도 미리 알고 대비하도록 하자.

절세와 탈세, 그 모호한 경계를 어떻게 이해해야 할까?

세금 많이 내는 길 좋아하는 사람은 없다. 문제는 세금을 줄이는 방법의 합법성이다. 절세와 탈세는 '합법성 여부'에 따라 나뉜다. 즉, 합법적인 방법 내에서 세금을 줄인다면 절세, 그렇지 않고 법을 어기며 세금 줄이기를 시도한다면 그건 탈세이다.

우리 세법은 특수한 경우에 세금을 줄일 수 있는 장치를 생각보다 많이 마련해두었다. 주택의 경우 1주택, 일시적 2주택 비과세 등 일정 요건을 갖추면 세금 한 푼 없이 주택을 매각할 수 있다. 부동산 경기가 좋지 않으면 경기를 활성화시키기 위해 세금을 감면해 주거나 주택 수에서 제외하는 등 파격적인 혜택을 제공하기도 한다. 이러한 내용은 개별세법에도 있지만 '조세특례제한법(조특법)'이라고 하여 별도 규정하는 경우도 많다. 예를 들어 미분양 주택을 취득하면 주택 수에서 제외하고 양도차익에 대해 비과세는 아니지만 일정 부분 감면을 해주며, 임대주택으로 등록할 경우 장기보유특별공제를 추가로 적용한다. 물론 양도세 중과처럼 반대로 세금을 더 부담해야 하는 경우도 있지만 대부분은 감면, 특례에 대한 내용이 많으므로 공부만 제대로 하면 충분히 합법적인 방법으로 세금을 줄일 수 있다.

이러한 절세와 달리 탈세는 불법적인 방법으로 고의로 세금을 줄이려는 행위를 뜻한다. 흔한 사례는 수입금액을 누락하거나, 관련 경비를 부풀려서 소득금액을 인위적으로 줄이는 것이다. 심한 경우 타인 명의로 사업을 하거나 주택 거래를 시도하는 경우도 있다. 당장 탈세로 세금이 줄었는데 과세당국이 곧바로 잡아내지 못한 경우 뭔가 이득을 봤다는 착각을 하기도 한다. 하지만 과세당국의 정보수집능력은 매해 고도화되고 있으며 추후 발각이 되었을 때 오히려 거액의 가산세를 부담해야 할 수 있으니 처음부터 이런 시도는 아예 하지 않는 것이 좋다. 장기적 관점에서 절세의 가장 좋은 방법은 '성실납세'임을 잊지 말자.

 알아두세요

조세특례제한법

'조세특례제한법'의 정의를 보면, '조세(租稅)의 감면 또는 중과(重課) 등 조세특례와 이의 제한에 관한 사항을 규정하여 과세(課稅)의 공평을 도모하고 조세정책을 효율적으로 수행함으로써 국민경제의 건전한 발전에 이바지함을 목적으로 한다.'(조세특례제한법 제1조 목적)라고 되어있다. 말이 굉장히 어려운데, 과세당국이 정책 목적상 세금을 줄여주거나(감면) 혹은 반대로 더 거두기도(중과) 한다는 것으로 부동산 경기에 따라 이는 반복되어 왔다. 그리고 이 과정에서 부동산 자산 증식을 할 수 있는 여러 가지 기회가 오기도 한다.

계약서를 쓰는 순간
세금의 99%가 결정된다

절세는 집 사고 나서 생각하는 게 아닌가요?

"제네시스님, 잘 지내시죠? 잠깐 통화 되세요? 실은 얼마 전에 저희 아
버지께서 주택을 하나 매도하셨는데요……."
"잠깐만요. 혹시 매도 잔금까지 끝난 상황인가요?"
"네……."
"아……."

간혹 지인들로부터 세금 관련 문의 전화를 받을 때가 있는데, 가장 가슴
철렁한 순간이 바로 이 경우이다. 즉 이미 잔금까지 끝난 경우로, 이때는
사실상 어떻게 해볼 방법이 없다.

여기에서 잠깐 부동산을 취득하거나 매도할 때의 거래 단계를 살펴보
자. 보통 주택 등 부동산 거래를 할 때에는 계약서를 먼저 작성하고 이후
중도금과 잔금을 주고받게 된다. 중도금은 경우에 따라 생략할 수도 있
으니 '계약서 – 잔금' 이렇게 크게 두 가지 단계라고 이해해도 무방하다.

예를 들어 10억 원인 주택을 매수하고자 할 때 보통 계약금은 매매금
액의 10% 정도인 1억 원으로 정하여 계약을 한다. 이후 중도금은 선택
사항으로 3억 원 정도로 가정하면 계약금, 중도금은 합하여 4억 원, 즉

40%가 된다. 마지막으로 잔금은 나머지 금액을 의미하기에 6억 원을 지급함으로써 계약이 마무리된다. 통상 이 과정은 2~3개월 정도 소요가 되지만 계약은 기본적으로 매도자와 매수자가 자율적으로 정하는 것이므로 상호 합의만 되었다면 기간은 얼마든지 달라질 수 있다.

계약일은 절세에서 가장 중요한 순간이다

그렇다면 '계약일-중도금 납부일(선택사항)-잔금일', 이 세 단계 중 부동산 절세에서 가장 중요한 순간은 언제일까? 우리 세법은 잔금까지 완료되어야 사실상 소유권이 이전된 것으로 보아 거래가 실질적으로 완료되었다고 인정하지만 부동산 절세에 있어서는 단연코 '계약일'이 가장 중요하다. 이유는 계약서 작성을 하는 순간, 부동산 절세와 관련한 거의 모든 사항이 결정되기 때문이다.

예를 들어 계약일에 단독명의로 계약서를 작성했는데 중간에 공동명의가 유리함을 알고 추후 공동명의로 바꾸고자 한다면 어떻게 해야 할까? 이미 잔금이 완료되어서 등기까지 된 상황에서 명의를 다시 변경하려면 취득세가 이중으로 든다. 물론 하려면 할 수는 있겠지만 취득세를 두 번이나 부담해야 하니 오히려 득보다 실이 더 클 수 있다.

그렇다면 그 앞 단계인 중도금 납부일 이후나 혹은 중도금을 생략하였다면 계약서 작성 후에 명의 변경이 가능할까? 잔금 후보다는 더 용이하지만 계약서를 다시 작성해야 하므로 상대방인 매도자의 협조가 필요하다. 그런데 부동산 상승기에 계약을 맺었다면 계약 후 단기간에 가격이 조금이라도 오를 가능성이 있다. 만약 본인이 매수자이고 시세가 올랐다면 상대방인 매도자는 비협조적으로 나올 수도 있다. 이 경우에도 명의를 마음껏 바꿀 수 있다고는 장담할 수 없는 것이다.

따라서 가장 좋은 방법은 '계약서 작성 전'에 누구 명의로 할지, 자금 계획은 어떻게 할지, 중도금 납부일과 잔금일은 어떻게 할지, 대출은 잘 나오는지 등을 세세하게 살펴본 뒤에 의사결정을 하는 것이다.

특히 매수자보다는 매도자가 더욱더 주의를 기울여야 하는데, 이는 부동산 세금 중 가장 큰 비중을 차지하는 양도소득세와 직결되기 때문이다. 양도세는 금액 자체도 크고 무엇보다 세금을 제외한 세후수익률을 최종 결정하는 세목(세금의 종류)이기 때문에 매우 중요하다. 자칫 양도세 비과세인 줄 잘못 알고 매도를 했다가 비과세를 받지 못하면 그 타격은 매우 크다. 특히 뒤에서 살펴볼 '양도세 중과'에 해당한다면 비과세는 커녕 세 부담이 급격하게 늘어날 수 있으니 정말 유의해야 한다.

한 지인은 비과세인 줄 알고 부동산을 매도했다가 약 1년이 지난 후에 과세당국으로부터 '비과세 불가' 판정을 받고 거액의 양도세는 물론 가산세까지 물어야 했다. 양도차익 10억 원 중 무려 7억 원 정도를 세금으로 내야 했던 사례로 지금 생각해도 무척 속상하고 안타깝다.

계약서 작성 전에만 연락이 되었더라도 막을 수 있었던 일이다. 심지어 이 경우에는 계약서 작성을 하고 잔금일 전까지만 상황을 알았더라도 충분히 조치를 취할 수 있는 경우였다.

구체적인 사례는 차근차근 알아가기로 하고 우선은 이것 하나만 꼭 기억하도록 하자. 계약서를 쓰는 순간, 세금의 99%가 결정된다는 사실 말이다.

절세 1분 투자로 1천만 원을 아낀다면?

5분 투자로 10억 원을 아껴보자!

과거 출연한 직방TV '절세의 신' 코너에서 항상 외쳤던 시작멘트이다. 2019년 5월 당시, 부동산 투자에서 실제 수익률은 세후수익률이라는 점을 강조하기 위해 이런 멘트를 만들었는데 시간이 지날수록 이 말이 정말 진리라는 생각이 든다. 그 이유는 다음과 같다.

부동산 세금은 매년 시시각각 변한다

부동산 시장은 외부 환경이 자주 바뀌기에 그에 따라 정책 방향성을 미세하게 조정해야 할 필요가 있다. 하지만 2017년 '8·2대책'을 시작으로 문재인 정부 5년 동안 30여 차례에 가까운 부동산 정책이 발표되어 부동산 세법은 '누더기에 가깝다'는 말을 들어야 했다. 현재 윤석열 정부에서도 이를 되돌리는 과도기 상태에 있기에 여전히 혼란스럽기만 하다.

무릇 세법은 해당 과세행위 당시의 세법을 기준으로 하기에 반드시 최신 내용을 확인할 필요가 있다. 또한 앞에서 설명한 것처럼 계약서를 쓰는 순간 대부분의 세금은 이미 결정이 난다. 이러한 이유로 시행일에 따라 내용도 모두 제각각인 부동산 세법에 늘 관심을 갖는 것은 당연하다.

부동산 세금은 단계마다 세금의 성격이 다르다

부동산 세금의 단계마다 발생하는 각각의 세금이 있는데 우리가 흔히 알고 있는 취득세, 보유세, 양도세가 그것이다. 이 세금들은 각각 성격이 모두 달라서 주의가 필요하다. 앞으로 자세히 살펴보겠지만 단계별 세금의 과세방식과 법 논리가 미묘하게 다른 경우가 많다. 따라서 어설프게 양도세 과세원리를 취득세에 적용하다 보면 자칫 내지 않아도 될 거액의 세금을 내야 할지 모른다. 한마디로 '선무당이 사람 잡는 격'이다.

자산관리를 통한 경제적 자유의 시작점이 될 수 있다

자산관리를 통해 경제적 자유를 이루고 싶다면 절세 공부가 그 시작점이 될 수 있다. 정부가 어떤 부동산 정책을 내놓더라도 합법적인 방법 내에서 주변환경과 자신의 투자 스타일을 고려하여 지속적인 수익을 내는 자산가들은 늘 있다. 이렇게 하기 위해서 반드시 필요한 것은 누가 뭐라 해도 절세전략이다.

이러한 세 가지 이유로 앞으로는 부동산 절세에 더욱 관심을 가져야 한다. 투자 공부, 입지 공부도 좋지만 그 시간의 일부라도 할애하여 절세 공부를 하도록 하자. 절세 1분 투자로 수천만 원을 아낀 이야기가 바로 여러분의 사례가 될 수도 있으니 말이다.

**부동산 절세
무작정 따라하기**

003 ▶ 절세법부터 알고 매수하자

취득세가 어려워졌다

부동산 시장 역시 상승과 하락을 반복한다. 영원한 상승도 없고 영원한 하락도 없는 시장에서, 상승기에는 '묻지마 투자' 열풍이 이어지곤 한다. 서울·수도권 시장의 경우 과거 2017년부터 점차 상승을 하더니 2021년 도에 정점을 찍고 이제는 거래 급감을 넘어 급매물이 나오는 등 가격 조정이 일어나고 있다. 이에 정부는 부동산 시장 '연착륙'을 위해 여러 대책을 내놓고 있지만 이런 시장일수록 매수에 있어서 신중해야 한다. 당연히 자산가치 관점에서도 신중을 기해야 하지만 절세에 대해서도 미리 파악하여 대비해 놓자.

예를 들어 취득세의 경우 종전 대비 무려 12배까지가 중과된 상황이다. 취득세 기본세율은 1~3%인데, 다주택자의 경우 2020년 8월 개정으로 최대 12%까지 치솟았고 이렇게 된다면 아무리 좋은 물건을 보더라도 무턱대고 샀다가는 세후수익률에서 손해를 볼 수 있다.

취득세율 결정의 기준은 '세대 기준 몇 번째 주택을 샀는가'이다. 당연히 세법(취득세가 속한 지방세법)에서 정한 세대라는 것을 알아야 하고, 세대에서 몇 번째로 취득히는 주택인지를 알아야 안다. 무턱대고 샀다가는 생각지도 못한 취득세율에 매수 잔금 부족이라는 최악의 상황에 이를지도 모른다.

절세법을 미리 공부해두면 거액의 취득세율을 피할 수 있는 것은 물론, 똑같은 자산을 보유했다 하더라도 취득세를 낮게 낼 수도 있다. 예를 들어 똑같이 주택 한 채는 실거주, 다른 한 채는 임대용으로 총 2주택을 보유하고 있더라도 절세전략을 어떻게 짜느냐에 따라 취득세 금액은 많이 달라질 수 있다.

현재도 여전히 3주택 이상의 다주택자인 경우에는 취득세 중과가 적용된다. 정부가 추진하고 있는 다주택자 및 법인 취득세 중과세율 50% 인하는 2023년 3월 기준으로 국회 통과가 무산된 상태다.

지금은 기다리는 게 유리할 수 있다

절세법을 공부해야 하는 또 다른 이유는 최근 새 정부 들어 잦아지는 정책 변화이다. 과거 정부가 규제 중심이었다면 윤석열 정부는 그러한 규제를 풀고 완화하는 방향으로 가고 있다. 이런 상황에서는 적절한 매수, 매도 타이밍을 찾는 것도 무척 중요하다.

다음 표는 7억 원에 취득한 주택을 15억 원에 양도한 경우이다. 계산 편의상 필요경비는 없고 단독명의라고 가정하는 경우(이에 대해서는 셋째 마당에서 상세하게 다룬다.), 비과세가 아니라면 3억 원 정도의 양도세를 부담하는 것이 일반적이다.

하지만 비과세가 되면 양도세가 큰 폭으로 줄어드는데, 그렇다고 하더라도 일정 가액을 초과하면 양도세를 부담해야 한다. 결과만 보자면 양도세 비과세 기준이 9억 원이었을 때는 1억 106만 원이지만 그 기준이 12억 원이라면 3,991만 원으로 6천만 원 정도를 절세할 수 있는 것이다. 이 경우 비과세에 해당하는 경우라면 당연히 비과세 기준을 12억 원으로 상향한 후에 매도하는 것이 유리하다.

양도세 비과세 기준을 9억 원에서 12억 원으로 상향 시 감소하는 세 부담

구분	일반과세	비과세 기준 9억 원	비과세 기준 12억 원
양도가액	15억 원	15억 원	15억 원
– 취득가액	7억 원	7억 원	7억 원
필요경비	없다고 가정	없다고 가정	없다고 가정
= 양도차익	8억 원	8억 원	8억 원
과세대상 양도차익	8억 원	8억 원×{(15억 원-9억 원)/15억 원}=3.2억 원	8억 원×{(15억 원-12억 원)/15억 원}=1.6억 원
장기보유특별공제	-(3년 이하)	-(3년 이하)	-(3년 이하)
= 양도소득금액	8억 원	3.2억 원	1.6억 원
기본공제	2,500,000원	2,500,000원	2,500,000원
= 과세표준	797,500,000원	317,500,000원	157,500,000원
세율(누진공제)*	42%(-35,940,000원)	40%(-25,940,000원)	38%(-19,940,000원)
양도소득세	299,010,000원	101,060,000원	39,910,000원
지방소득세	29,901,000원	10,106,000원	3,991,000원
합계	328,911,000원	111,166,000원	43,901,000원

* 취득가 7억 원, 양도가 15억 원, 2년 거주 및 보유, 필요경비 없다고 가정

실제 세법개정이 이루어질 2021년 하반기 당시에도 이른바 비과세 기준 완화를 기대한 '절세매물'이 시장에서 사라지고 개정 후에 증가하였다. 이렇게 본인에게 맞는 절세법을 활용한다면 매수는 물론 매도 타이밍까지 본인에게 유리하게 활용할 수 있게 된다. 따라서 우리는 무턱대고 매수, 매도를 하는 것보다 최근에 바뀌는 세법은 물론 앞으로 바뀔 내용까지 고려하여 현명한 의사결정을 해야 한다.

세법을 알면 내 집 마련은
물론 투자의 방향까지 보인다!

부동산 정책 중 가장 큰 영향을 미치는 두 요소는 대출과 세금이다. 물론 그 외에도 여러 요소가 있지만 필자는 이 두 요소가 사람들의 단기 심리에 지대한 영향을 미친다고 생각한다. 특히 부동산 세금정책의 경우 부동산 시장이 상승할 때에는 규제를 강화하여 시세차익의 일부를 세금으로 회수하기도 하고, 반대로 시장이 하락기일 때에는 이를 완화하여 시장을 살리는 역할을 하기도 한다. 정부 입장에서는 지나친 상승과 하락을 막고 완만하게 조율하여 시장이 안정되길 바라는 것이다. 그리고 바로 이 부분을 잘 활용하면 내 집 마련은 물론 자산관리의 좋은 기회를 얻을 수도 있다.

내 집 마련 시 살펴봐야 할 세법 규정은?

가장 먼저 '일시적 2주택 양도세 비과세 특례'를 보아야 한다. 매수자라면 당연히 낮은 가격에 주택을 구입하고 싶어 한다. 그런데 같은 시장 상황에서 조금이라도 저렴한 가격에 매물이 나오려면 어떤 걸 살펴봐야 할까? 말 그대로 '급매'를 찾아야 하는데 이는 반대로 매도자 입장이 되어야만 이해할 수 있다.

매도자가 급매를 내놓은 이유는 보통 다음과 같다.

1. 급하게 현금이 필요한 경우(대출상환, 사업경비, 기타 개인적인 사정 등)
2. 양도세를 절세할 수 있는 경우
   (일시적 2주택 비과세 매각기한, 양도세 중과 한시배제 기간 등)
3. 기타 개인 사정(보유물건이 마음에 들지 않는 경우 등)

그렇다면 위 세 가지 중에서 우리가 노릴 수 있는 건 무엇일까? 1번과 3번은 매도자 개인 사정이기에 찾기가 쉽지 않다. 물론 부동산에 미리 말해두고 이런 급매가 나오면 연락을 달라고 할 수도 있지만 모래사장에서 바늘 찾는 격이다.

그보다는 2번에 관심을 갖는 것이 훨씬 유용하다. 일단 2번의 경우 정부에서 관련 세법 정책을 발표하고 이슈화시키기 때문에 대략적인 시기를 알 수 있다.

예를 들어 살펴보자. 2주택 이상 다주택자가 조정대상지역에 위치한 주택을 매각하는 경우, '양도세 중과'가 되어 거액의 세금을 부담해야만 한다. 뒤에서 다시 상세히 살펴보겠지만 양도세 중과에 해당하는 경우, 첫째, 장기보유특별공제를 적용하지 않고, 둘째, 기본세율(6~45%)에 최대 30% 포인트를 가산하기 때문에 최대 75% 세율을 적용받을 수 있다.

양도세 중과 시 세 부담

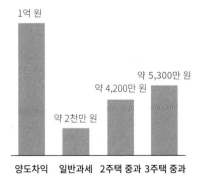

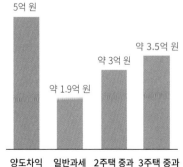

앞의 그래프에서 보는 것처럼 양도차익이 1억 원인 경우 세 부담은 일반과세(2년 이상 보유)라면 2천만 원 정도이나 3주택 중과 시(단독명의인 경우) 5,300만 원까지 치솟는다. 양도차익이 5억 원이라면 세 부담이 더 커지는데 3주택 중과 시 3억 5천만 원까지 늘어날 수 있다.

그런데 윤석열 정부는 이를 2022년 5월 10일부터 2024년 5월 9일까지 한시적으로 양도세 중과를 배제하였기에 2년 이상 보유한 주택이라면 양도세 중과가 되지 않고 기본세율(6~45%)을 적용받는다. 또한 3년 이상 보유 시 장기보유특별공제까지 적용받게 된다. 따라서 우리는 적어도 2024년 5월 전까지는 양도세 중과를 피하고 그동안의 시세차익을 실현시킬 매물이 나올 것으로 어느 정도는 예측할 수 있다. 이를 잘 활용하기 위해서는, 평소 관심 있는 물건의 가격을 지속적으로 모니터링한 후 목표했던 가격대로 매물이 나오면 매수를 고민할 필요가 있다. 막연하게 '떨어지면 사야지.'라는 생각으로는 매수를 결정하기가 매우 힘들다.

지난 몇 년 동안 주택에 대한 세 부담은 계속해서 늘어난 것이 사실이다. 1%였던 취득세가 최대 12%가 되고 보유세 중 종부세 부담이 급격히 늘어났으며 앞에서 본 것처럼 최대 75%까지 양도세 중과세율이 적용되니 '똘똘한 한 채' 선호현상이 심해졌고, 그럼에도 계속해서 자산을 불리기를 원하는 이들은 주거용이 아닌 상업용 부동산으로 눈을 돌려서 사무실의 평당 가격이 크게 오르기도 하였다.

우리는 계속해서 시장을 관찰하고 기회를 찾아야 한다. 그리고 기회를 잡기 위해 눈여겨봐야 할 것이 바로 바뀐 세법 그리고 정책이므로 이에 대한 지속적인 관심을 가져야 할 것이다.

실거주 vs 투자, 세금에서 어떤 차이가 있을까?

실거주가 아닌 투자라고 해서 세금이 다르게 적용되는 것은 아니다. 다만 범위에 있어 차이가 있다고 보는 것이 좋겠다. 우선 실거주자라면 이제 막 1주택이 되는 경우나 기존 1주택을 처분하고 다른 주택으로 갈아타려는 경우가 대부분이다. 이때는 공동명의로 등기하기만 해도 어지간한 절세가 모두 가능하다. 취득세, 재산세에 있어서는 단독명의와 공동명의의 차이가 없다. 하지만 종부세가 발생하는 고가주택이라도 공동명의가 유리하다. 특히 양도세에 있어서는 공동명의가 무조건 유리하다.

그러나 임대업을 염두에 두고 있다면 고려할 게 무척 많다. 무엇보다 주택 수 증가에 따른 보유세를 유의해야 하는데, 그중에서 종합부동산세가 관건이다. 이를 감당할 수 있는지가 첫 번째 관문일 것이다. 예상되는 세금이 부담된다면 무턱대고 주택 수를 늘리지 말아야 한다. 이럴 때는 임대주택으로 등록하는 것도 방법이다. 임대사업자 등록을 하고자 한다면 '주택임대소득세', 즉 사업소득에 대해 알아야 한다. 이에 따라 수입금액(월세 등), 필요경비(임대사업에 소요된 경비 등)를 추정해보는 것은 물론 종합과세로 할지 분리과세로 할지를 정해야 한다. 또한 다주택이기에 취득세와 양도세 절세 전략과 어떤 주택에 대해 비과세를 받을지에 대한 사전 고민은 필수다. 따라서 이때에는 세무대리인(세무사 등)의 도움을 받아 지속적인 절세 및 자산관리 전략을 짜야 한다. 실거주보다는 투자에 있어서 절세의 범위가 크고 세무대리인의 활용도도 훨씬 높다.

복잡하고 어려운 세법,
잘 공부하는 법

부동산 절세의 첫 관문, 취득세

세금은 범위가 무척 넓고 용어도 낯설다. 평소에 '과세표준', '중과세율'
이란 용어를 쓸 일은 거의 없다. 게다가 매년 개정되어서 조금 공부해두
면 또 바뀌어 다시 공부해야 하니 괴로울 따름이다. 복잡하고 어려운 세
법, 어떻게 공부해야 할까? 나에게 세법 공부 방법을 물어본다면 다음
두 가지를 강조할 것이다.

부동산 절세 체계를 먼저 잡는 것이 유리하다

세법이 워낙 방대하기에 이 중에서 필요한 부분을 우선하여 공부해 기
본 뼈대를 잡는 것이 중요하다. 취득 단계, 보유 단계, 양도 단계를 중심
으로 각각의 과세원리를 익히고 그 과정에서 자연스레 절세 포인트를
잡으면 된다. 이렇게 기본 체계를 잡는 작업은 가급적 빠르게 그리고 신
속하게 하되 너무 자세히 할 필요는 없다. 중간에 또 내용이 바뀌거나 개
정이 되면 오히려 혼란스럽기 때문이다.

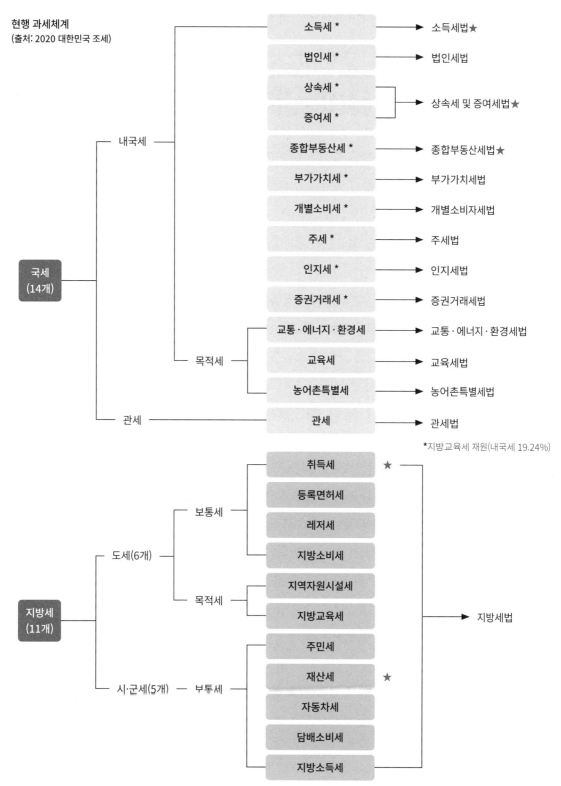

현행 과세체계
(출처: 2020 대한민국 조세)

국세
(14개)

내국세

소득세 * → 소득세법 ★
법인세 * → 법인세법
상속세 * ┐
증여세 * ┘ → 상속세 및 증여세법 ★
종합부동산세 * → 종합부동산세법 ★
부가가치세 * → 부가가치세법
개별소비세 * → 개별소비자세법
주세 * → 주세법
인지세 * → 인지세법
증권거래세 * → 증권거래세법

목적세
교통 · 에너지 · 환경세 → 교통 · 에너지 · 환경세법
교육세 → 교육세법
농어촌특별세 → 농어촌특별세법

관세 → 관세 → 관세법

*지방교육세 재원(내국세 19.24%)

지방세
(11개)

도세(6개)

보통세
취득세 ★
등록면허세
레저세
지방소비세

목적세
지역자원시설세
지방교육세

시 · 군세(5개) — 보통세
주민세
재산세 ★
자동차세
담배소비세
지방소득세

→ 지방세법

현행 과세체계는 앞의 도표에서 보듯이 국세와 지방세로 나뉘며 국세의 종류(세목)는 14개, 지방세는 11개나 된다. 이를 모두 공부하는 것은 거의 불가능에 가까우며 그럴 필요도 없다. 당장 필요한 내용이 '부동산 절세법'이라면 별표 표시 위주로 보면 된다. 소득세법(양도소득세 등이 포함됨), 상속세 및 증여세법, 종합부동산세법, 그리고 지방세법 중 취득세와 재산세 관련 법을 중심으로 살펴보면 될 것이다.

공부하기 가장 좋은 방법은 시중에 나와 있는 책으로 공부하는 것이다. 언제, 어디서든 원하는 내용을 찾아보기 쉽고 반복학습이 가능해서인데 이 책의 경우 그러한 부분을 충분히 염두에 두고 썼기 때문에 그 역할을 잘 해내길 기대해본다.

자, 이제 부동산 세법 체계를 대략적으로라도 익혔다면 이후 업데이트는 어떻게 해야 할까?

최신 세법 개정 내용은 온라인 정보를 통해 익히자

대표적으로 네이버 블로그, 유튜브 등이 있다. 블로그의 경우 텍스트 기반이라 가독성이 좋고 짧은 시간에 원하는 정보를 쉽게 찾을 수 있다는 장점이 있다. 다만 특정 내용을 설명할 때에 관련된 내용을 모두 글로 설명하기가 어렵고, 오히려 글 위주로 되어 있는 경우 설명에 있어 일정 부분 한계가 있을 수 있는 점이 아쉽다.

반면 유튜브의 경우 말로 직접 설명하며 필요 시 시각화된 자료가 제공되기에 한층 빠르게 이해할 수 있다. 다만 해당 내용 중 원하는 정보를 검색하기 어렵고, 영상 길이만큼의 시간이 소요되기에 블로그 대비 시간이 더 걸린다는 것이 단점이다.

우선 이 책으로 부동산 절세법의 체계를 빠르게 익힌 후에 최신 내용은 필자의 블로그나 유튜브 채널을 활용하여 접한다면 쉽고 편리하게 공부할 수 있을 것이다.

- 블로그: https://blog.naver.com/genesis421
- 유튜브: 채널 제네시스박

어느 정도 공부가 되었다면 아래 사이트도 참조해보자. 다소 어려울 수 있지만 여러분의 절세 실력을 한 단계 더 높여줄 것이다.

- 기획재정부: 정기 세법개정, 수시 부동산 정책 등을 기획하는 곳으로 관련 보도자료를 볼 수 있다.
- 국세청: 세금 관련 각종 정보는 물론 교육자료도 풍부하다.
- 국세법령정보시스템: 최신 법령, 질의, 판례 등을 볼 수 있다. 나의 상황과 유사한 예규 등을 찾아보면 큰 도움이 된다.
- 지방세 법령정보시스템: 취득세, 재산세와 같은 지방세 관련 정보는 이곳에서 찾아야 한다. 검색어를 입력해 찾아보자.

가급적 많은 사례를 접하도록 한다

우리가 독서를 하는 이유는 '가보지 않은 길'을 간접적으로 경험하고 올바른 의사결정을 하기 위함이다. 세법 역시 그러한데, 가령 위에서 소개한 국세법령정보시스템에서 예규를 보거나 혹은 신문기사 등을 통해 등장한 사례를 보면서 간접경험을 쌓는 것이 유리하다.

물론 처음에는 어렵고 무슨 말인지 잘 모를 수 있지만, 계속해서 본인 사례와 접목하며 '보다 더 좋은 절세법은 없을까?' 생각하고 고민하다

보면 절세 실력을 기를 수 있을 것이다.

이상의 내용을 정리하자면 다음과 같다.

- 첫째, 책을 통해 빠르게 부동산 세법 체계를 익히자.
- 둘째, 이후 개정되는 내용은 온라인 정보를 통해 업데이트하자.
- 셋째, 본인 사례뿐만 아니라 다른 사례를 통해 응용력을 높이자.

알아두면 유용한 세테크 사이트

부동산 절세의 세계에 들어온 이상 공부하고 이것저것 찾아보는 노력을 게을리해서는 안된다. 유용한 세테크 사이트를 소개하니 자주 들러 활용하도록 하자.

① 홈택스
세금신고에서부터 각종 자료 등 가장 기본이 되는 곳이다. 간단한 양도세 신고는 물론 세금모의계산, 인터넷 상담에서 자주 묻는 사례까지 유용한 정보로 가득하다.

② 국세청
향후 바뀔 정책 등은 국세청 보도자료 메뉴를 참고하면 좋다. 특히 '알림·소식' 메뉴의 '국세청 동영상' 그리고 '국민소통' 메뉴의 '국세청 100배 활용하기 가이드맵'을 통해 원하는 자료를 찾아 활용하면 매우 유용하다.

③ 국세법령정보시스템
어느 정도 세법에 익숙해졌다면 이제는 조금 더 난이도를 높여서 과세당국의 유권해석과 판례 등을 찾아보자. 국세법령정보시스템은 관련 법령에서부터 사전답변, 질의회신 그리고 조세심판원 판례까지 모든 것을 망라하고 있다. 검색창에 원하는 주제를 입력하면 법령, 사전답변, 질의회신, 판례 등이 나오는데 이 중 사전답변은 구속력이 있기에 꽤 신뢰성이 높다.

④ 위택스
취득세, 재산세와 같은 지방세는 위택스를 살펴보면 유용하다. 계산과정은 물론 관련 자료가 가득하다. 서울에 있는 물건이라면 위택스를 활용하자.

⑤ 한국납세자연맹
말 그대로 납세자 권익보호를 위해 설립한 단체로 특히 '연말정산 환급 많이 받는 방법' 등 무료 온라인 영상도 제공한다. 납세자 편익에서 유용한 정보를 제공하며 세법의 원리 및 놓치기 쉬운 정보를 제공해 편리하다.

부동산 세금, 한눈에 파악하기

앞서 부동산 취득에서 양도에 이르기까지 세금에 대해 간략하게 알아보았다. 이를 한눈에 보기 쉽게 표로 정리하면 다음과 같다.

부동산 세금

구분	적용 세금	내용
취득 시	취득세 및 관련 부가세	부동산을 취득하여 명의를 이전할 때 발생하는 세금으로, 명의 이전 시마다 세금이 발생한다. 부동산 절세 사전 전략이 중요한 이유이다.
보유 시	재산세, 종합부동산세	주택을 한 채만 보유하더라도 재산세는 부과되며, 종합부동산세는 일정 수준을 초과해야 부담하는 일종의 '보유세'다.
운영 시	소득세(혹은 법인세)	주택을 임대하고 이에 대한 소득이 발생하면 소득세(사업소득)가 발생한다. 이때 과세대상 요건은 부부합산 주택 수에 따라 모두 다르다. 명의를 법인으로 하였다면 법인세가 발생한다.
양도 시	양도소득세 (혹은 법인세)	주택 처분에 따른 양도차익 발생 시, 이에 대해 부과되는 세금이다. 비과세, 감면 같은 특례도 있지만 반대로 중과가 되기도 한다. 명의를 법인으로 하였다면 법인세 그리고 토지 등 양도차익에 따른 추가 법인세도 붙는다.
상속 및 증여 시	상속세, 증여세	양도가 대가를 받고 명의를 넘기는 '유상 이전'이라면 상속 및 증여는 대가를 받지 않는 '무상 이전'이라는 점이 다르다. 살아생전에 하면 증여세, 사후에 하면 상속세가 발생하며 과세대상, 과세요건에 해당하여야 한다.

알아두세요

부가세

모든 세금에는 지방교육세 혹은 농어촌특별세와 같은 부가세가 붙는다. 가령 일반적인 부동산 취득세는 4.0%이지만 농어촌특별세 0.2%, 지방교육세 0.4%가 더해져 4.6%의 취득세가 적용된다. 이는 세금의 종류, 면적 등에 따라 모두 다르다.

부동산 절세의 시작은 서류&영수증 챙기기

우리나라의 전산화는 세계적으로도 높은 수준이지만 여전히 종이 서류, 영수증이 사용된다. 부동산 절세에 있어서도 이러한 자료는 꼭 챙겨두면 유용하다.

우선 주택 거래를 할 때 부동산 중개수수료를 현금으로 내는 경우가 있는데, 계좌이체 내역을 출력해서 보관하는 것이 유리하다. 종이만 보관하는 것보다는 스캔 후 해당 파일을 보관하고 있으면 훨씬 수월하다. 인테리어를 했다면 상세 견적서 역시 잘 보관하자. 추후 양도세 파트에서 설명하겠지만 자본적 지출(배관공사, 확장 등 해당 주택의 내용 연수를 연장시키거나 당해 자산의 가치를 증가시키기 위해 지출한 수선비 등)에 해당하는 항목은 양도세 필요경비로 인정받을 수 있다. 사업을 하고 있다면 종이로 발급된 세금계산서 역시 잘 보관해야 한다. 이 모든 자료는 종이 원본은 따로 보관하고 해당 자료를 스마트폰 등으로 스캔한 후 이미지 파일을 보관하고 있으면 좋다. 최근에 많이 사용하는 클라우드 서비스 등에 업로드해 두면 언제, 어디서든 편리하게 열람하고 자료를 보낼 수 있어서 개인적으로 이 방식을 선호한다.

취득세,
알면 알수록
줄어든다

내 돈 내고 집 샀는데, 뭘 더 내야 해?

Q 이번에 내 집 마련을 할까 해서 가지고 있는 돈도 계산해보고 대출도 알아봤어요. 얼추 맞겠구나 싶었는데 생각지도 못한 취득세를 내라고 하네요? 그런데 그 금액이 몇천만 원이라 꽤 큰 부담입니다. 이렇게 많은 세금을 처음부터 내는 게 맞나요?

A 부동산 등 특정 자산을 취득할 때는 소유권 이전(명의이전)에 따른 세금이 붙는데 이를 취득세라고 합니다. 주택의 경우 금액에 따라 1~3%로 정해져 있는데요. 가령 5억 원 하는 주택은 1.1%인 550만 원을, 10억 원 하는 주택을 취득하면 3.3%에 해당하는 3,300만 원을 취득세로 지출해야 합니다. 또한 공동명의가 절세에 유리하다고 해서 소유권이전등기 이후 단독명의를 공동명의로 바꾸면 다시 취득세를 지출해야 합니다. 자금계획도 절세전략도 미리미리 대비해 놓아야 하는 이유입니다.

취득세, 아는 만큼 줄어든다

취득세, 왜 어려울까(국세 vs 지방세)

이제부터 본격적인 부동산 절세법에 대해 살펴보자. 그 첫 번째 관문은
바로 '취득세'이다. 사실 취득세는 불과 몇 년 전만 하더라도 상대적으로
관심을 덜 받았던 세금이다. 부동산 세금 하면 주로 양도세, 특히 비과세
에 관심이 많았던 것이 사실이다. 또한 고가주택 보유에 따른 부동산 세
금, 그리고 이에 따른 명의분산도 주요 관심사였다.

그러던 것이 2020년 8월 지방세법이 개정되면서 다주택자 및 법인에 대
한 취득세 중과세율이 관심사항으로 급부상하였다. 여기서 잠깐 지방세
와 국세의 차이에 대해 살펴보자.

이미 우리는 앞서 현행 과세체계를 살펴보았다. 중요한 것은 국세와 지
방세의 차이인데, 국세는 국가의 재정수입을 위하여 국가가 부과, 징수
하며 지방세는 지방자치단체의 재정수입을 위하여 지방자치단체가 부
과, 징수한다. 단순히 보면 국세는 국가 재정을 위한 것, 지방세는 지방
자치단체의 재정을 위한 것이라고 얼핏 생각할 수 있으나 실제로는 꽤
복잡하다. 무엇보다 과세체계와 방식에 차이가 있는데 예를 들어 국세
중 하나인 소득세를 다루는 소득세법에는 우리가 상대적으로 친숙한 양
도소득세가 있고 이때 양도소득세는 '실질과세의 원칙'을 매우 중요시

한다. 즉 외형보다는 실질을 우선한다는 것인데, 뒤에서 다시 살펴보겠지만 지방세에 속하는 취득세의 경우 '시점 과세'라고 해서 일단은 취득 시점에 곧바로 세금을 결정해야 하기에 아무래도 외형을 더 중요하게 여길 수밖에 없다. 즉, 양도세에 비해 취득세의 경우 실질과세 원칙을 적용할 여지가 그만큼 적을 수밖에 없는 것이다.

그 결과 우리 입장에서는 취득세와 양도세를 각각 학습해둘 필요가 있다. 보유세 또한 다른 기준이 있기 때문에 결론적으로는 부동산 취득 단계마다 각각의 내용을 잘 알아두어야 한다.

무엇보다 유의해야 하는 것은 이러한 세금의 종류마다 다른 특성을 무시한 채 본인에게 유리한 방식으로 자의적 해석을 하는 것이다. 이를 유추해석 또는 확장해석이라고 하는데, 가령 양도세에 대한 세대 기준 주택 수 판정을 그대로 취득세 혹은 보유세에 적용하여 본인에게 유리한 방식으로 주택 수를 판정하면 그 결과 원치 않는 세 부담을 안아야 할 수 있으니 정말 유의해야 한다.

정리하면, 이제 취득세 역시 세 부담이 급격히 늘어났기에 사전에 이를 알아두고 대비해야 하며 이때 기준이 되는 과세원리는 우리에게 친숙한 양도세와는 완전히 다르다는 것이다. '다르다'는 사실을 미리 알고 접근한다면 큰 실수는 충분히 줄일 수 있다. 이제 본격적으로 취득세 과세 원리에 대해 살펴보자.

거래형태에 따른 취득세율

취득세는 거래형태에 따라 구분된다. 일반적인 매매거래인 '유상 취득'과 증여나 상속과 같은 '무상 취득'으로 나뉘는데 취득세율이 미묘하게 다르다. 아래 표로 구분하여 살펴보자.

부동산 및 취득의 종류		구분		조정 대상지역	비조정 대상지역	비고
유상 취득	주택 (일반)	6억 원 이하	85㎡ 이하	1.1%		
			85㎡ 초과	1.3%		
		6억 원 초과 ~ 9억 원 이하	85㎡ 이하	1.1~3.3%		별도식 = (취득당시가액 × 2/3 억 원 - 3) × 1/100
			85㎡ 초과	1.3~3.5%		
		9억 원 초과	85㎡ 이하	3.3%		
			85㎡ 초과	3.5%		
	주택 (중과)	2주택	85㎡ 이하	8.4%	1.1~3.3%	단, 일시적 2주택인 경우 조정이라도 1.1~3.5% 가능
			85㎡ 초과	9.0%	1.3~3.5%	
		3주택	85㎡ 이하	12.4%	8.4%	
			85㎡ 초과	13.4%	9.0%	
		4주택 이상 또는 법인	85㎡ 이하	12.4%		
			85㎡ 초과	13.4%		
	토지, 건물	주택 외		4.6%		
		농지		3.4%		
무상 취득	증여	일반		4.0%		
		국민주택규모 이하		3.8%		
		중과	85㎡ 이하	12.4%	—	조정지역 + 기준시가 3억 원 이상인 경우 (단, 1세대 1주택자가 배우자, 직계비속에게 증여 시 중과 미적용)
			85㎡ 초과	13.4%	—	
	상속	농지		2.56%		
		농지 외		3.16%		

취득 순서를 제대로 알아야 세금을 줄일 수 있다

취득세를 줄이고 싶다면 주택을 취득하는 '순서'에 주목해야 한다. 양도세가 매도 순서에 따라 달라진다면 취득세는 반대로 취득하는 순서에 따라 달라지기 때문이다.

다주택자 및 법인 취득세 중과세율(2020년 8월 개정)

과거				현행		
개인	1주택	주택 가액에 따라 1~3%		개인	1주택	1~3%
	2주택					조정대상지역 / 비조정 대상지역
	3주택				2주택	8%* / 1~3%
	4주택 이상	4%			3주택	12% / 8%
					4주택 이상	12% / 12%
법인		주택 가액에 따라 1~3%		법인		12%

* 단, 일시적 2주택은 1주택 세율 적용(1~3%)

이 표는 취득하는 주택 순서에 따라 결정되는 취득세율이다. 지난 2020년 8월 지방세법이 개정되어 세대 기준 주택 수에 따라 1~3% 하던 취득세율이 최대 12%까지 적용될 수 있게 되었다. 이에 대해 정부는 3주택 이상 취득세율이 지나치게 높다고 판단하여 현행 대비 50% 인하를 추진하고 있는데 이는 다음 표와 같다.

다만 이렇게 개정되려면 국회 통과가 필수인데, 2023년 3월 기준, 해당 사항은 무산되었다. 만약 통과가 되었다면 2022년 12월 21일 이후 취득분부터 적용되었을 것이다. 하지만 현재로서는 개정 예정 취득세율은 참고만 하고 현행법으로는 최대 12% 취득세율이 적용되니 이를 고려해

다주택자 및 법인 취득세 중과세율 개정 예정안

	현행		개정 예정	
	조정대상지역	비조정대상지역	조정대상지역	비조정대상지역
1주택	1~3%	1~3%	1~3%	1~3%
2주택	8%	1~3%	1~3%	1~3%
3주택	12%	8%	6%	4%
4주택 이상, 법인	12%	12%	6%	6%

야 한다.

이를 조금 더 구체적으로 살펴보자면, 우선 법인의 경우 지역 상관없이 주택을 취득하자마자 12%의 취득세율이 적용된다. 사원용 기숙사 등 업무용을 제외하고 법인으로 주택을 취득하는 것을 막고자 함이다.

개인 명의로 주택을 취득하는 경우, 두 번째 취득하는 주택에 있어서 해당 주택이 비조정대상지역에 위치한다면 취득세 중과가 적용되지 않는다. 즉, 첫 번째 주택을 취득하고 한 채를 더 추가해서 세대 기준 2주택이 된다고 하더라도 해당 주택이 조정대상지역이 아닌 비조정대상지역에 소재한다면 취득세 중과세율이 아닌 일반세율, 즉 1~3%가 적용된다. 다만 규제지역인 조정대상지역 주택을 취득하면 8%의 취득세율이 적용되는데 이때 종전주택은 3년 이내 처분하면 8%가 아닌 1~3% 기본세율이 적용될 수 있다. 규제지역 대거 해제로 2023년 3월 현재 강남 3구와 용산만 규제지역으로 남아 있으므로 그 외 지역에서는 현실적으로 2주택까지는 취득세 중과세율이 없다고 생각해도 무방하다.

하지만 3주택부터는 이야기가 달라진다. 앞의 표에서 보는 것처럼 3주택이라면 조정대상지역에 위치한 주택의 취득세율은 12%, 비조정대상지역의 경우 8%이다. 만약 4주택 이상이라면 지역 불문하고 모두 12%

취득세율이 적용되니 주의한다.

취득세 계산할 때 유의할 점

첫째, 주택 수는 '세대 기준 주택 수'라는 점이다. 개인 명의로 취득한 주택의 경우 단순히 해당 개인, 즉 인별의 주택 수가 아닌 '세대'를 기준으로 주택 수를 따져봐야 한다. 동일 세대원과 공동소유하는 주택은 1주택으로 보지만, 별도 세대원과 공동소유하는 주택은 지분 소유자 각자 1주택자로 간주하니 유의한다. 참고로 '1세대'란, 주택을 취득하는 사람과 주민등록표 또는 등록외국인기록표 등에 함께 기재되어 있는 가족(동거인은 제외)으로 구성된 세대를 의미한다. 따라서 가족 중 실제로 함께 살고 있지 않은 경우라면 주민등록표에서 분리하는 것이 유리하며, 이때 몇 가지 요건이 있는데 그건 별도로 살펴보기로 한다. 우선은 실제 살고 있는 가족과 주민등록표를 일치시키는 것이 유리하다는 것을 알아두자.

둘째, 새롭게 취득하는 주택의 소재가 중요하다는 점이다. 즉, 기존 주택이 어디에 위치했는지는 중요치 않다. 가령 3번 주택이 조정대상지역에 위치한 경우 취득세율은 12%에 해당한다. 하지만 이때 이미 보유하고 있던 1번, 2번 주택이 어디에 위치하고 있는지는 중요하지 않다. 따라서 취득하는 순서에 따라 취득세율을 줄일 수 있는 여지가 발생하게 된다.

예를 들어 똑같은 세 개의 주택을 보유하는 경우, 어떤 순서로 취득하는 것이 좋을까? 아래 사례를 통해 확인해보자.

사례 1

1번 주택, 조정대상지역 → 1~3%

2번 주택, 비조정대상지역 → 1~3%

3번 주택, 비조정대상지역 → 8%

사례 2

1번 주택, 비조정대상지역 → 1~3%

2번 주택, 비조정대상지역 → 1~3%

3번 주택, 조정대상지역 → 12%

당연히 '사례 1'과 같이 취득해야 취득세에 있어서 유리하다.

셋째, 취득세 기준 주택 수 산정방식이 양도세와 다른 부분이 있으니 구분해야 한다.

취득세 주택 수 산입 여부

구분	2020년 8월 11일 이전 취득	2020년 8월 12일 이후 취득
주택	○	○
등록임대주택, 감면주택, 상속주택	○	○
조합원입주권, 주택 분양권, 주거용 오피스텔	×	○

취득세 주택 수 계산 시 유의해야 하는 부동산으로는 조합원입주권, 주택 분양권, 주거용 오피스텔이 있다. 즉, 취득세 주택 수를 계산할 때에는 이 세 가지 부동산의 경우 2020년 8월 12일 이후(해당일을 포함한다.) 취득하였는지를 확인해야 한다. 뒤에서 다시 살펴보겠지만 양도세 주택 수 판정 시에는 조합원입주권, 주거용 오피스텔은 원래부터 주택 수

에 포함되었으며, 다만 주택 분양권은 2021년 1월 1일 이후 취득한(혹은 당첨된) 분양권이 주택 수에 포함되어 주의를 요한다. 이러한 이유로 취득세와 양도세를 구분하여 세대 수를 파악해야 한다고 강조한 것이다.

한편, 취득세 주택 수에서 제외되거나 취득세 중과가 적용되지 않는 주택도 있다. 대표적인 경우는 다음과 같다.

취득세 중과 배제 주택(주택 수 합산 제외)

구분	대상	비고
1	가정어린이집	육아시설 공급 장려
2	농어촌 주택	투기 대상으로 보기 어려움 (건축물 시가표준액 6,500만 원 이하)
3	공시가격 1억 원 이하 주택	단, 정비구역에 위치한 주택은 제외 (즉, 취득세 세대 수에 포함)
4	상속 주택, 입주권, 분양권, 오피스텔	단, 상속개시일로부터 5년 이내
5	노인 복지 주택	복지시설 운영에 필요
6	재개발 사업부지 확보 목적으로 취득하는 주택	주택 공급사업에 필요
7	주택시공사가 공사대금으로 받은 미분양주택	주택 공급사업 과정에서 발생
8	저당권 실행으로 취득	정상적 금융업 활동으로 취득
9	사원용 주택	기업활동에 필요
10	기타	공공성이 높거나 주택공급 등 투기로 보기 어려운 경우

취득세 주택 수 계산해보기

───────────────────────

예제 다음 그림에서 4번 주택의 취득세율은 몇 퍼센트일까?

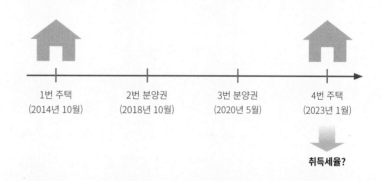

해설 무엇보다 중요한 건 취득세 기준 주택 수를 따져보는 것이다. 먼저 1번 주택은 일반적인 주택이므로 당연히 취득세 주택 수에 포함이 된다. 2번 분양권은 취득일(혹은 당첨 후 계약일)이 2018년 10월인데 앞에서 살펴본 것처럼 2020년 8월 11일 이전에 취득한 것이므로 취득세 주택 수에는 제외된다. 물론 추후 준공이 되면 그때는 취득세는 물론 양도세 주택 수에 모두 포함된다. 3번 분양권 역시 2020년 8월 11일 이전 취득분이므로 2번 분양권과 동일하다. 즉, 취득세 주택 수에는 미포함이다.

따라서 '1번 주택 + 2번 분양권 + 3번 분양권'이지만 취득세 기준으로는 1주택 상태이므로 여기에서 4번 주택을 취득하는 경우, 4번 주택이 조정대상지역이라면 8%, 비조정대상지역이라면 1~3% 취득세율이 적용이 된다. 물론 세대 기준 다른 주택이 있다면 결과는 달라질 수 있다. 당연히 주택 수가 증가하면 취득세율은 올라간다.

다주택자 및 법인 취득세율
중과 & 증여 취득세율

개인이 취득하는 주택 수의 취득세율이 처음부터 복잡하진 않았다. 과거에는 주택 포함, 기본적인 부동산의 취득세율은 4%이고 주택의 경우 지난 2014년 취득세 감면을 통해 취득가액에 따라 1~3%의 취득세율을 적용하였다. 그러다 서울·수도권 주택시장의 상승으로 2020년 8월 지방세법 개정을 통해 대거 상향 조정되었다. 이렇듯 부동산 시장의 변화에 따라 세금 정책 역시 지속적으로 변화하고 있으니 계속해서 관심을 두어야 한다.

주택의 취득세율

기본적으로 주택의 취득세율은 다음과 같다.

- 6억 원 이하: 1%(부가세 제외)
- 6억 원 초과~9억 원 이하: (취득가액 × 2/3억 원 – 3) × 1/100
  * 예를 들어 취득가액이 7억 원인 경우 취득세율은 약 1.67%이다.
- 9억 원 초과: 3%

참고로 '6억 원 초과 9억 원 이하'의 취득세율이 다소 복잡한 이유는 '문턱효과(Jumping Effect)'를 방지하기 위함이다. 즉, 기존 취득세율은 6억 원까지는 1%인데 6억 1원인 경우에는 취득세율이 2%로 배가 된다. 극단적으로 1원만 초과하더라도 취득세율이 급격히 인상되는 것을 방지하기 위해 위와 같은 산식으로 바뀐 것은 분명 의미가 있다 할 것이다. 그 결과 아래 표에서 보듯이 7억 5천만 원까지는 오히려 취득세 부담이 줄어드는 효과가 있다.

취득금액에 따른 취득세 부담액 변화

금액	종전	현행	비교
6억 원	600만 원	600만 원	
	1%	1%	
7억 원	1,400만 원	1,169만 원	231만 원 감소
	2%	1.67%	
7.5억 원	1,500만 원	1,500만 원	
	2%	2%	
8억 원	1,600만 원	1,864만 원	264만 원 증가
	2%	2.33%	
9억 원	1,800만 원	2,700만 원	900만 원 증가
	2%	3%	

* 취득가 6억~9억 원 취득세율(%) = (취득가액×2/3억 원-3)×1/100

다주택자 및 법인 취득세 중과세

2020년 8월 지방세법이 개정되면서 다주택자 및 법인의 경우 주택 취득세 중과세율이 적용되었는데 주의할 점은 가액 기준이 아닌 주택 수에 따라 차등세율을 적용한다는 것이다.

다주택자 및 법인 취득세 중과세율(2020년 8월 개정)

과거				현행		
개인	1주택	주택 가액에 따라 1~3%		개인	1주택	1~3%	
	2주택					조정대상지역	비조정 대상지역
	3주택				2주택	8%*	1~3%
	4주택 이상	4%			3주택	12%	8%
					4주택 이상	12%	12%
법인	주택 가액에 따라 1~3%			법인	12%		

* 단, 일시적 2주택은 1주택 세율 적용(1~3%)

이 표는 앞에서도 살펴본 다주택자 및 법인 취득세 중과세율이다. 취득하는 주택이 '세대 기준 몇 번째 주택인지'가 굉장히 중요함은 이미 앞에서 살펴보았다. 따라서 앞으로는 3주택 이상 다주택인 경우에는 반드시 취득하는 주택의 순서 그리고 조정대상지역 여부를 확인해야 한다. 특히 취득세는 '시점 과세'라고 하여 취득하는 그 시점에 정해지는 세목이다. 그래서 다른 어떤 세목보다도 사전 절세전략이 꼭 필요하다.

이상의 내용은 주택을 '유상 거래'하는 경우의 취득세율이다. 즉 일반적인 매매를 하는 경우에 적용하는 취득세율로 이해하면 되는데, 그렇다면 증여와 같은 무상 거래에서는 어떤 취득세율이 적용이 될까?

증여 취득세율

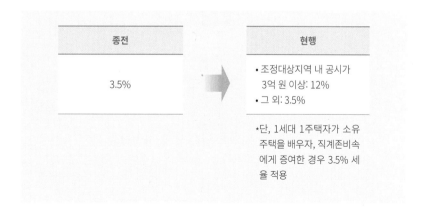

종전	현행
3.5%	• 조정대상지역 내 공시가 3억 원 이상: 12% • 그 외: 3.5% *단, 1세대 1주택자가 소유 주택을 배우자, 직계존비속에게 증여한 경우 3.5% 세율 적용

증여 취득세율 역시 높은 세율을 적용받을 수 있으니 유의해야 한다. 특히 조정대상지역이면서 공시가가 3억 원 이상인 경우에는 12%까지 올라갈 수 있으니 주의하자. 이 역시 6% 인하를 추진하였으나 지방세법 개정이 통과되지 못하여 종전과 동일하다. 뒤에 살펴보겠지만 취득세를 줄일 수 있는 방법 중 하나가 바로 '세대분리'인데, 세대분리를 하더라도 조정대상지역이면서 공시가가 3억 원 이상인 상태에서 증여를 하면 12%의 증여 취득세율을 적용받을 수 있으니 유의하자.

증여 취득세율은 다주택자 및 법인 취득세 중과세율과는 다르다. 앞서 살펴본 바와 같이 다주택자 및 법인 취득세 중과세율을 피하려면 취득하는 매수자가 다주택자인지부터 따져봐야 한다. 반면 증여 취득세율 12%를 피하려면 먼저 증여자가 다주택자인지에 유의해야 하며 다음 두 가지 중 하나에 해당하는지를 살펴봐야 한다. 아래 두 가지에 해당해야 12%가 아닌 3.5% 취득세율 적용이 가능하다.

- 비조정대상지역에 위치한 주택을 증여하는 경우
- 조정대상지역이라도 공시가격이 3억 원 미만인 경우

이외의 경우라면 일단 증여 취득세율이 12%가 적용될 수 있다는 마음으로 보수적 접근을 하는 것이 좋다. 추후 '부담부증여'를 설명하면서 이 내용은 다시 다룰 것이다.

부동산 절세
무작정 따라하기

008

취득세 절세의 기술

취득세를 줄이는 방법으로는 크게 다음 세 가지 정도가 있다. 각각의 방법을 미리 잘 익혀둔다면 생각보다 큰 금액을 절세할 수 있다. 취득세율 자체도 만만치 않고 무엇보다 취득세는 취득하는 순간 정해지는 '시점과세'이기 때문에 다음 세 가지는 미리 꼭 알아두자.

세대분리

다주택자 취득세 중과세율 적용 시 기준이 되는 주택 수는 '세대 기준 주택 수'이다. 따라서 세대 외 구성원에게 증여 등으로 보유 중인 주택을 처분한다면 해당 세대 기준 주택 수를 줄일 수 있고 그 결과 취득세도 줄일 수 있다.

다만 몇 가지 조심해야 하는 사항이 있는데 다음과 같다.

여기에서 말하는 '1세대'란 주택을 취득하는 사람과 '주민등록표'에 함께 기재된 가족으로, 취득일 현재 만 30세 미만 자녀는 주민등록표에 없더라도 같은 세대에 포함된 것으로 본다. 물론 만 30세 미만이라도 '소득세법' 제4조에 따른 소득이 '국민기초생활보장법' 제2조 제11호에 따른 기준 중위소득의 40% 이상에 해당하며 주택을 관리, 유지하면서 독립된 생계를 유지할 수 있는 경우라면 별도 세대구성이 가능하다. 하지만 미성년자는 이 경우라도 해당하지 않는다.

즉, 미성년자가 아니라면 기준 중위소득의 40% 이상에 해당되어야 한다는 것인데, 2023년도 1인 가구 기준으로는 월 831,157원이다.

주택의 취득일이 속하는 달의 직전 12개월 동안 발생한 소득으로 판단하며, 사업소득, 근로소득 등 경상적, 반복적으로 발생하는 소득이어야 한다. 따라서 만 30세 미만 자녀인 경우 별도 소득이 없거나 소득이 미미하다면 취득 전에 세대구성 여부를 최소한 물건지 관할 지자체에 확인 후 진행하는 것이 안전하다. 그렇지 않고 세대분리가 되지 않은 상태에서 취득을 할 경우 자칫 세대 기준 주택 수에 모두 포함되어 취득세 중과세율을 적용받을 수 있기 때문이다.

일시적 2주택

일시적 2주택은 자주 변경되어 주의를 요한다. 정부는 시행령 개정으로 일시적 2주택에 해당하는 경우 종전주택 처분일을 모두 '3년'으로 일괄 변경하는 조치를 2023년 1월 12일 발표하였는데 다행히 2023년 2월 28일 시행령이 개정되었다. 취득세율 50% 인하는 지방세법 개정이라 현재 통과가 안 되었지만 종전주택 3년 처분은 시행령 개정사항이라 국회 동의 없이 대통령령으로 가능하여 개정된 것이다. 둘을 구분하도록 하자. 따라서 비록 두 번째 주택이 조정대상지역에 위치하더라도 종전주택 처분기한이 3년으로 늘어났으므로 신규주택 8% 취득세를 피하려면 이 기간을 고려하여 종전주택을 처분하면 된다. 아래 그림을 통해 살펴보자.

취득세 일시적 2주택 사례

A주택, 조정대상지역
2020년 10월 취득

B주택, 조정대상지역
2021년 1월 취득

- 신규주택(B)이 조정대상지역이므로 취득세 중과 8% 예정
- 이를 피하려면 종전주택(A)을 '2년 이내'인 2023년 1월까지 처분(종전 규정)
- 단, 시행령 개정으로 종전주택 처분기한 3년으로 연장
  이 사례에서는 2024년 1월까지 A주택을 처분하면 B주택 취득세율 1~3% 가능
- 참고로 취득세 일시적 2주택은 '1년 후 취득' 요건 없음

앞의 그림을 보면 신규주택 B 취득일로부터 2년 내 종전주택 A를 처분했어야 했는데 이 기한이 3년으로 늘어났기에 아직 여유가 있다. 만약 신규주택 취득세를 8% 중과로 납부하였다면 종전주택 처분으로 취득세 일부를 환급받을 수 있다. 또한 뒤에서 다루는 양도세 일시적 2주택과 달리 취득세의 경우 '1년 후 취득' 요건이 없으므로 생각보다 많은 경우에 혜택을 받을 수 있다. 혹시 본인이 이 사례에 해당된다면 관할 지자체 등에 확인하도록 하자.

다만 이러한 이유로 종전주택을 매각하는 것이 절세상 유리하다고 하더라도, 종전주택 가격이 너무 하락한 경우에는 오히려 불리할 수 있다. 즉 취득세 절감액은 가령 5천만 원인데, 종전주택 가격 손실이 이보다 크다면 이를 꼭 매각해야 하는지를 고민해봐야 한다. 만약 종전주택이 추후 다시 상승할 가능성이 있고, 자산가치가 어느 정도 있다고 판단이 된다면 이 경우에는 세대분리된 자녀 등에게 증여 혹은 저가양수도 등을 하는 것도 고려해볼 필요가 있다.

 알아두세요

저가양수도

말 그대로 낮은 가격으로 매매거래를 하는 것인데 가족 등 특수관계자에게 이러한 거래를 할 경우 시가로 과세한다. 이렇게 해야 국가 입장에서는 세수가 확보된다. 참고로 저가 기준은 시가의 5% 또는 3억 원 중 낮은 가액인데 매도자는 시가로 양도세가 과세되며 매수자는 증여세 이슈가 발생할 수 있다.

취득세 중과 제외 주택

취득세 주택 수 합산 및 중과 제외 주택

순번	구분	제외 이유
1	가정어린이집	육아시설 공급 장려
2	노인복지주택	복지시설 운영에 필요
3	재개발사업 부지확보를 위해 멸실 목적으로 취득하는 주택	주택 공급사업에 필요
4	주택시공자가 공사대금으로 받은 미분양 주택	주택 공급사업 과정에서 발생
5	저당권 실행으로 취득한 주택	정상적 금융업 활동으로 취득
6	국가등록문화재 주택	개발이 제한되어 투기 대상으로 보기 어려움
7	농어촌 주택	투기 대상으로 보기 어려움
8	공시가격 1억 원 이하 주택 (재개발 구역 등 제외)	투기 대상으로 보기 어려움 주택시장 침체지역 등 배려 필요
9	공공주택사업자(지방공사, LH 등)의 공공임대주택	공공임대주택 공급 지원
10	주택도시기금 리츠가 환매 조건부로 취득하는 주택 (Sale&Lease Back)	정상적 금융업 활동으로 취득
11	사원용 주택	기업활동에 필요
12	주택건설사업자가 신축한 미분양된 주택	주택 공급사업 과정에서 발생 *신축은 2.8% 적용(중과 대상 아님)
13	상속주택(상속개시일로부터 5년 이내)	투기 목적과 무관하게 보유 *상속은 2.8% 적용(중과 대상 아님)

(출처: 행정안전부)

또 하나 눈여겨볼 것은 취득세 주택 수에서 제외되고 취득세 중과 적용도 되지 않는 주택이다. 앞의 표에 나와 있는 행정안전부 자료를 참고하자. 아마 가장 관심이 가는 것은 8번 '공시가격 1억 원 이하 주택'일 것이다. 실제 2020년 8월 지방세법 개정 이후 공시가격 1억 원 이하 주택은 일종의 '틈새 상품'으로 여겨져 꽤 많은 거래가 이루어지곤 하였다. 다만 재개발 등 정비구역으로 지정이 되면 이 역시 취득세 주택 수 포함 및 중과 대상이다. 이미 2~3년 전부터 수요가 몰렸으므로 현재는 공시가격 1억 원 이하 주택을 매수하는 것에 대해서는 신중을 기하는 것이 좋다.

이 표에는 없지만 취득세 중과를 피할 수 있는 부동산이 또 있다. 취득세 중과는 '다주택자 및 법인' 취득 시 해당되기 때문에 주택이 아닌 부동산이 대표적이다. 예를 들어 조합원입주권(단, 건물 멸실분), 오피스텔, 건물 등 상업용 부동산이 그 사례가 된다. 조합원입주권은 건물이 멸실되면 토지로 보아 토지 취득세 4%가 적용된다. 오피스텔 역시 공부상 업무용으로 주택 외 부동산으로 보아 역시 4%의 취득세율이 적용되고, 건물 역시 주택 외 부동산으로 4%의 취득세율이 적용된다. 물론 업무용 부동산의 경우 법인사업자로 취득 시 과밀억제권 내 취득에 따른 취득세 중과가 있는데 이건 뒤에서 상세히 살펴보기로 하자.

앞서 설명했듯이 취득세는 취득하는 순서에 따라 세율이 결정되는 재미있는 특징이 있다. 따라서 동일한 부동산을 소유하더라도 순서만 잘 정하면 취득세를 아낄 수 있는데, 여기에 더해 부동산 종목도 다양하게 하면 더 좋을 것이다. 어떤 내용인지 살펴보도록 하자.

취득 순서에 따른 취득세 줄이는 법

취득세는 취득하는 '순서'가 중요하다는 것을 계속해서 강조하였다. 여기에 취득세 중과가 적용되지 않는 부동산을 섞어서 취득한다면 생각보다 절세효과가 클 수 있다. 다음 사례를 살펴보자.

다양한 취득세율 사례

네 가지 사례를 하나씩 살펴보도록 하자. 먼저 사례 1번은 이미 2주택이 있는 상태에서 세 번째로 주택을 취득하는 경우이다. 세대 기준 주택 수가 이미 2주택이니 새롭게 취득하는 주택은 세 번째 주택이 되어 조정대상지역 12%, 비조정대상지역 8% 취득세율이 적용된다.

사례 2번은 조합원입주권을 이미 가지고 있는 경우로 2020년 8월 12일 이후 취득한 것이다. 즉 취득세 주택 수에 포함되어 다른 주택과 함께 이미 2주택인 상태로, 여기에서 새롭게 주택을 취득하면 3주택이 되어 역시 조정대상지역 12%, 비조정대상지역 8%가 된다.

사례 3번 역시 2번과 동일하나 조합원입주권 대신 주거용 오피스텔이라는 점만 다르다. 역시 2020년 8월 12일 이후 취득한 오피스텔로 주택분 재산세가 부과된 경우 취득세 주택 수에 포함이 된다. 따라서 세 번째로 취득하는 주택의 취득세율은 조정대상지역 12%, 비조정대상지역 8%가 된다.

마지막 사례 4번은 이미 2주택이 있는 상태에서 조합원입주권을 취득하는 경우이다. 취득 날짜는 2020년 8월 12일 이후이며 건물분(주택)은 멸실 상태라고 가정하자. 이 경우에는 비록 조합원입주권이지만 토지로 보아 토지 취득세율 4%가 적용이 된다. 만약 건물이 멸실되지 않았다면 역시 주택으로 보아 다주택자 취득세율 중과를 적용하여 조정대상지역 12%, 비조정대상지역 8%가 되므로 주의해야 한다.

이 사례들을 통해 알아야 하는 건 두 가지이다.

첫째, 취득세율은 취득하는 순서에 따라 다르며 특히 조합원입주권, 주거용 오피스텔이 포함되어 있을 때에는 취득일과 건물 멸실 여부가 중요하다는 것이다.

둘째, 사정에 의해 다주택이 되어야 하는 상황이라면 취득세 중과가 적용되지 않는 상품을 적극 활용해야 한다는 점이다. 이런 경우 가급적 해당 부동산을 뒤늦게 매수해야 한다. 즉, 사례 2보다는 사례 4와 같이 해야 한다.

사례 2번과 4번을 다시 살펴보면, 둘 다 2주택+1입주권을 보유하는 경우이다. 하지만 사례 2번은 세 번째 주택이 최소 8%의 취득세율이 나오게 된다. 그에 반해 사례 4번은 다음과 같이 취득세 중과세율을 모두 피할 수 있다.

- 1번 주택, 조정 → 기본세율(1~3%)
- 2번 주택, 비조정 → 기본세율(1~3%)
- 3번 조합원입주권, 건물분 멸실 → 4% 취득세율(조정대상지역 여부 상관없음)

사정상 다주택자가 되어야 한다면 당연히 사례 4번처럼 해야 한다. 참고로 사례 4번에서 멸실된 조합원입주권이 아니라 오피스텔, 지식산업센터, 건물 등 상업용 부동산이라 해도 결과는 동일하다.

따라서 우리는 취득세율을 줄이기 위해서 첫째, 취득 순서에 유의해야 하며 둘째, 취득세 중과 세외 항복을 가급적 나중에 매수함으로써 합법적인 방법으로 취득세를 줄여야 한다.

등기비용 줄이는 방법

처음 주택을 구입할 때 가장 먼저 마주하는 세금이 바로 취득세이다. 그러다 보니 취득세에 대해 종종 놓치는 경우가 있는데 그중 하나가 바로 소유권 이전에 따른 '수수료'이다. 처음인 경우도 많고 대부분 법무사 등에게 맡기기 때문에 잘 모르고 넘어가는데 다음 내용만 알아도 몇십만 원 정도는 아낄 수 있다.

첫째, 비교 견적은 필수!

보통 부동산공인중개사무소나 은행에서 소개해주는 법무사 사무실을 통해 소유권 이전을 하는데 이 경우라도 다른 법무사 사무실의 가격도 알아보아 비교하는 것은 기본 중 기본이다. 부동산공인중개사가 소개하는 곳, 대출은행에서 소개하는 곳, 그 외 검색 등을 통해 추가로 한두 곳을 알아보면 대략적인 적정 금액이 나온다. 그중에서 가격도 저렴하고 꼼꼼하게 상담해주는 곳으로 하면 특별히 문제는 없다.

둘째, 견적서 세부내역 중 중복 및 과다 항목 없는지 체크!

처음 다음과 같은 견적서를 받아 든다면 대부분 어떤 항목인지 헷갈릴 것이다. 하나씩 살펴보자. 가장 위를 보면 매매대금이 4억 5,500만 원이다. 6억 원 이하이므로 취득세는 1.1%가 적용된다. 다주택 중과에는 해당되지 않는다고 가정하자.

그다음 아래 세부내역을 보면 공과금과 보수액으로 구분되어 있다. 공과금은 법에서 정한 세율이므로 특별히 문제가 되는 경우는 많지 않다. 등기신청 수수료 1만 5천 원, 각종증명대 1만 원 정도로 소액이 청구될 뿐이다.

중요한 건 '보수액'이다. 항목을 보면 보수액 7만 원, 누진액 9만 원, 교통비 6만 원 정도로 높게 책정된 금액은 아니다.(해당 견적서는 수년 전의 것임을 참고하자.)

물론 견적서마다 양식과 항목이 모두 제각각일 것이다. 그중에서 중복된 항목은 없는지, 또는 금액이 너무 과하게 기재된 것은 아닌지 확인해야 한다. 가령 보수액 항목에서 보수액이 있는데 일당도 추가된 경우가 있다. 이 견적서에서는 보수액만 청구되었을 뿐 일당은 별도로 되어 있지 않은데, 사실 이 둘은 이름만 다를 뿐 동일한 항목이다. 따라서 두 가지 모두 기재되어 있다면 중복 청구일 가능성이 높으니 어떻게 다른 것인지를 물어서 확인하는 것이 좋다.

기준시가	335,000,000	대출금		-	잔금일	
매매대금	455,000,000	채권최고액		-	제출일	

명의 \ 사건		소유권이전	근저당설정	말소	합계	세금은 1.1%
공과금	취득세(등록면허세)	4,550,000	-		4,550,000	채권 3%로 계산되었습니다.
	지방교육세	455,000	-		455,000	
		-			-	
	농어촌특별세				-	
	소계	5,005,000	-	-	5,005,000	
	인지대	150,000			150,000	
	등기신청수수료	15,000			15,000	
	송달료		-			
	예납금					
	주택채권액	211,200			211,200	
	각종증명대	10,000			10,000	
	공증료		-		-	분양가 455,000,000
	원인증서작성	-	-		-	계약금 45,500,000
	부동산거래신고				-	대출금 -
	소계	386,200	-		386,200	신용 -
	합계	5,391,200	-	-	5,391,200	지원금
보수액	보수액	70,000			70,000	잔금 -
	누진액	90,000			90,000	
	일당				-	합계
	교통비	60,000				
		-				
					-	
	부가세	22,000			22,000	
	합계	242,000	-		242,000	계 -
총 계		5,633,200	-		5,633,200	총합계 5,633,200
				5,633,200	공과금+보수액	

해당 금액이 너무 과한 경우도 있다. 가령 비교 견적을 받았는데 어느 한쪽은 보수액이 10만 원인데, 다른 쪽은 30만 원이라면 차이가 너무 많이 난다. 조정의 여지가 있는 것이다.

이런 식으로 견적서를 보고 일정 부분은 가격을 조정할 수 있을 것이다. 이로 인해 아낄 수 있는 금액은 작게는 몇만 원, 크게는 몇십만 원이나 된다.

갈수록 부담되는
보유세,
어떻게 줄일까?

세금 때문에 내 집 마련하기가 무서워요

Q 집을 가지고만 있어도 세금을 내야 한다는데 정말인가요? 어떤 사람은 보유세만 수천만 원이 나왔다는데, 내 집 마련을 하면 세금이 그렇게 많이 나올까요?

A 그렇지 않습니다. 물론 주택을 보유하면 매년 보유세를 납부하는 건 맞습니다. 보유세는 재산세와 종합부동산세(종부세)로 구분되며, 거액의 보유세를 부담하는 경우도 물론 있습니다. 종합부동산세 대상자가 그러한데 주로 다주택자 혹은 고가주택 보유자입니다. 다만 매년 납부해야 하는 세금이고 부동산은 특성상 장기 보유하는 경향이 강하니 미리 계획을 세워두시는 게 좋습니다.

보유세의 체계부터 파악하라

매년 납부해야 하는 세금, 보유세

이번 마당에서는 '보유세에 대해 살펴보자. 보유세는 말 그대로 주택을 보유만 하더라도 발생하는 세금인데 재산세와 종합부동산세가 그것이다. 뒤에서 더 자세히 살펴보겠지만 우선은 아래와 같은 요건들을 염두에 두고 절세 포인트를 잡는 것이 좋다.

보유세 과세기준일은 매년 6월 1일이다. 이날 보유한 주택 등 부동산에 대해 보유세를 납부해야 한다. 극단적으로 단 하루만 보유를 하더라도 1년치 세금을 내야 한다는 의미이다. 그런데 그보다 중요한 건 보유세는 매년 납부해야 하는 세금이라는 점이다. 부동산의 특성상 거래가 주식처럼 빈번하지 않기에 한 번 취득하면 몇 년 동안은 보유하는 게 일반적이다. 주택의 경우 2년 미만 단기 보유 시 양도세율은 70%(1년 미만), 60%(1년 이상~2년 미만)로 상당히 높다. 게다가 임대를 주고 있다면 임차인의 계약갱신청구권을 고려했을 때 최소 3년 이상은 보유해야 한다. 따라서 총 보유기간 동안 지출해야 하는 보유세를 미리 알고 매수하는 것이 중요하다.

보유세는 중장기적으로 상승한다

보유세 과세기준의 시작은 '공시가격'이다. 정부에서 매년 고시하는 가격인데 그동안 특별한 경우를 제외하고 장기적으로는 우상향해왔다. 따라서 단기적으로는 등락이 있을 수 있지만 중장기적으로는 공시가격 상승에 따라 보유세 역시 그만큼 오른다고 예측하고 보유세 전략을 짜야 한다.

연도별 공공주택 공시가격 변동률 추이

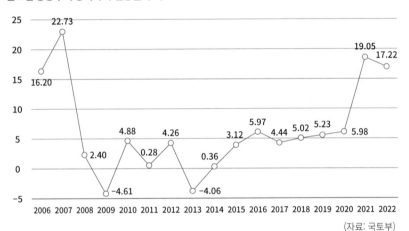

(자료: 국토부)

2주택부터는 명의 선정에 유의해야 한다

보유세 절세 방법은 제한적이다. 재산세를 줄일 수 있는 유일한 방법은 임대주택으로 등록하는 것인데, 2호(2채) 이상을 등록해야 하며 전용면적이 85㎡ 이하여야 한다. 공동명의를 하더라도 절세효과는 없다.
반면 종합부동산세는 1주택인 경우는 공동명의가 매우 유리하나, 2주택 이상부터는 주택 수에 따른 종부세 중과세율이 적용될 수 있으니 사전명의 선정이 매우 중요하다. 또한 종부세 역시 임대주택을 등록하면 과세대상에서 제외시켜주지만 아파트는 현재 등록이 불가하며, 그 외 주택의 경우도 요건이 까다로우니 무작정 등록해서는 낭패를 볼 수 있다. 정리하면, 2주택 이상 다주택자가 되는 경우 보유세에서 명의 선정이 중요함을 인지하고 미리 절세전략을 세우길 권한다.

이제 구체적인 내용을 살펴보도록 하자.

보유세 체계 잡기

1) 재산세

보유세는 크게 두 가지이다. 재산세와 종부세가 그것인데 각각의 특징은 다음과 같다.

보유세의 종류

재산세	특정 재산을 보유하는 데에 따라 납부하는 세금 1주택자라도 해당 매년 2회 납부(7월, 9월)
종합부동산세	고가주택 혹은 다주택자 대상(특정 대상 겨냥) 부자세 혹은 부유세라고도 칭함 매년 1회(12월) 납부

재산세는 주택을 한 채만 보유하더라도 누구나 납부해야 하는 세금이다. 실제 과세대상은 토지, 건축물, 주택, 항공기, 선박 등으로 우리가 매년 납부하는 자동차세를 생각하면 쉽게 이해할 수 있을 것이다.

매년 보유세 과세기준일인 6월 1일을 기준으로 특정 재산을 소유하고 있는 명의자에게 부과되는데 매년 7월, 9월 이렇게 2회에 걸쳐 납부하게 된다. 7월은 건물분, 9월은 토지분에 대해 부과되며 20만 원 이하인 경우에는 1회에 걸쳐 납부할 수 있다.

이에 반해 종부세는 조금 복잡하다. 고가주택 혹은 다주택인 경우 보유 주택의 공시가격이 일정수준을 초과하면 종부세 과세대상이 된다. 역시 보유세 과세기준일인 6월 1일을 기준으로 하며 12월에 납부해야 한다. 단순히 보더라도 재산세, 종부세 납세자는 매년 7월, 9월, 12월에 해당 세금을 내야 하는 걸 알 수 있다.

그렇다면 재산세와 종부세는 어떻게 산정되는 것일까? 과세원리를 알면 이를 피하거나 줄일 수 있으니 하나씩 살펴보자.

재산세 과세체계

과세표준	세율
6천만 원 이하	0.1%
1억 5천만 원 이하	0.15%
3억 원 이하	0.25%
3억 원 초과	0.4%

재산세는 우선 해당 주택의 '공시가격'에서 시작한다. 공시가격이란 정부가 조사, 산정해서 공시하는 가격으로 부동산 가격의 지표가 되는 일종의 공식적인 가격이라고 이해하면 된다. 해당 주택의 공시가격은 국토교통부에서 운영하는 '부동산 공시가격 알리미(https://www.realtyprice.kr)' 사이트를 통해 확인할 수 있으니 본인이 거주하는 집부터 확인해보도록 하자.

부동산 공시가격 알리미

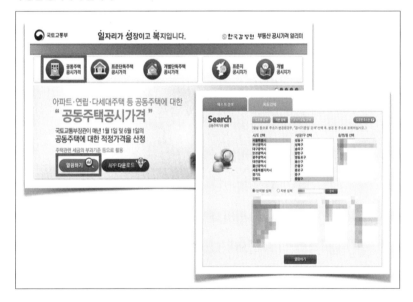

예를 들어 서울 중랑구에 위치한 특정 아파트의 공시가격을 보고 싶다면 '공동주택 공시가격'을 클릭하고 해당 아파트의 주소 등을 조회하여 검색하면 된다.

공동주택 가격열람 결과

공시기준	단지명	동명	호명	전용면적(㎡)	공동주택가격(원)
2022.1.1				84.81	582,000,000
2021.1.1				84.81	495,000,000
2020.1.1				84.81	405,000,000
2019.1.1				84.81	331,000,000
2018.1.1				84.81	290,000,000
2017.1.1				84.81	290,000,000
2016.1.1				84.81	284,000,000
2015.1.1				84.81	248,000,000
2014.1.1				84.81	248,000,000
2013.1.1				84.81	248,000,000
2012.1.1				84.81	263,000,000
2011.1.1				84.81	256,000,000
2010.1.1				84.81	275,000,000
2009.1.1				84.81	275,000,000
2008.1.1				84.81	267,000,000
2007.1.1				84.81	232,000,000
2006.1.1				84.81	208,000,000

앞에서 보듯이 해당 주택의 공동주택가격, 즉 공시가격은 2022년 기준 5억 8,200만 원인데 2006년 이후로 일시 하락한(2011~2015년) 후 계속해서 상승했음을 알 수 있다. 그렇다면 실거래가 대비 공시가격은 어느 정도 수준일까?

이를 확인하려면 '국토교통부 실거래가 공개시스템(http://rt.molit.go.kr)', 일명 '부동산 실거래자 조회' 사이트에서 찾아보면 된다. 2022년도의 경우 거래량이 너무 없었던 탓인지 해당 공동주택의 거래는 8억 500만 원 한 건이 있는데 실거래가 대비 공시가격의 비율을 보면 약 72%(= 5억 8,200만 원 ÷ 8억 500만 원 × 100)임을 알 수 있다. 거래량이 너무 적은 점은 감안해야겠지만 우리는 여기에서 중요한 점을 한 가지 알 수 있다. 그건 바로 공시가격은 실거래가 대비 대략 70% 내외라

국토교통부 실거래가 공개시스템 조회 결과

는 것이다. 물론 해당 지역 그리고 가격에 따라 그 비율은 모두 다르며
정부 역시 이러한 '공시가격 현실화율'에 대한 로드맵을 별도로 가지고
있으니 단순 참고만 해야 한다.

다시 돌아와서, 재산세를 계산하기 위해서는 해당 주택의 공시가격을
조회해야 하고 이를 간단하게 적용하려면 시세의 70% 정도를 적용하면
된다는 것을 기억하도록 하자.

이제 여기에 공정시장가액비율 60%를 적용하면 다시 한번 해당 가격이
내려가고 그 가격이 재산세의 과세표준이 된다. 과세표준이란 세금을
부과하는 데 있어서 그 기준이 되는 것으로 금액, 가격, 수량 등으로 표
시되는데 '표준화' 작업이라고 이해하면 쉬울 것이다.

이렇게 구해진 재산세 과세표준에 세율을 곱하면 해당 주택의 재산세
가 나오고, 여기에 다시 지방교육세 등이 더해져 최종 납부할 재산세가
도출되는 것이다.

여기에서 기억해야 하는 점은 계산과정도 중요하지만 재산세의 시작은
'공시가격'이라는 것이다. 따라서 보유 주택 혹은 향후 취득하고자 하는
주택의 공시가격을 미리 알아두면 의사결정에 큰 도움이 된다.

2) 종합부동산세

다음으로 종부세의 과세체계를 살펴보자.

종합부동산세 과세체계

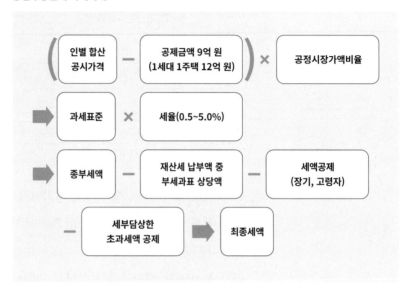

종부세는 재산세에 비해 더 복잡하다. 그만큼 유의해야 할 사항도 있지만 반대로 절세 포인트도 있으니 제대로 알아둘 필요가 있다.

종부세 역시 마찬가지로 해당 주택의 공시가격에서 시작한다. 흥미로운 건 과세대상자가 다주택인 경우가 많아서 보유 주택의 공시가격을 모두 더한다는 것이다. 물론 1주택이라면 해당 주택의 공시가격만 적용하며, 2주택 이상 다주택자라면 해당 주택의 지분에 해당하는 공시가격을 모두 합산해야 하니 이 부분을 유의해야 한다.

또 하나 주의할 점은 이때 공시가격 합산 기준은 세대 기준이 아닌 '인별' 기준으로 해당 명의자의 공시가격만 더한다는 것이다. 부부합산이 아니니 이 역시 잘 체크해야 한다. 그렇게 나온 값에 이제 9억 원의 공제금액을 차감한다. 만약 1세대 1주택이면서 단독명의라면 12억 원을 공제한다. 이 부분이 재산세와 가장 구분이 되는 점인데 종부세법에서는 1세대 1주택자를 공동명의가 아닌 단독명의로 정의하기 때문이며, 만약 1주택인데 부부 공동명의라면 각각 보유한 지분의 공시가격에서 9억 원씩을 차감하면 된다.

그 다음 이렇게 나온 값에 공정시장가액비율을 적용하면 되는데 종부세 공정시장가액비율은 80%에서 최근 몇 년간 매년 5% 포인트씩 상승하였고, 2022년에는 원래 100%를 적용하려 하였지만 윤석열 정부가 들어서면서 대통령령으로 60%를 적용하였다. 따라서 공정시장가액비율은 추후에 언제라도 변할 수 있음을 인지하도록 하자. 참고로 그 범위는 60%에서 100% 사이로 정할 수 있다.

이제 종부세 과세표준을 구하였고 여기에 세율을 적용하면 되는데 이 세율이 좀 특이하다. 마치 취득세에 있어서 다주택자의 경우 주택 수가 많으면 취득세 중과세율이 적용되는 것처럼 종부세 역시 주택 수가 많으면 중과세율이 적용된다.

종부세 세율

과세표준	2주택 이하 (조정대상지역 2주택 포함)	3주택 이상
3억 원 이하	0.50%	
3억 원 초과 6억 원 이하	0.70%	
6억 원 초과 12억 원 이하	1.00%	
12억 원 초과 25억 원 이하	1.30%	2.00%
25억 원 초과 50억 원 이하	1.50%	3.00%
50억 원 초과 94억 원 이하	2.00%	4.00%
94억 원 초과	2.70%	5.00%
법인	2.70%	5.00%

이 표는 2022년 세제개편안 이후 통과된 종부세 세율이다. 여전히 주택 수에 따라 중과세율이 적용되는데, 일단 세율이 인하되었고 3주택 이상이라도 종부세 과표 12억 원 이하까지는 중과세율이 아닌 일반세율이 적용되는 것이 특징이다. 또한 기존에는 조정대상지역 2주택자 역시 종부세 중과세율이 적용되었으나 이번 개정으로 일반세율이 적용된다. 비록 중과세율 자체도 내려가긴 했지만 가급적 종부세 중과세율은 피할 수 있다면 피하는 것이 좋다.

종부세 과표에 세율을 적용하면 종부세액이 나온다. 다음으로 세액공제가 있는데 모두 해당되는 것은 아니고 1세대 1주택이면서 단독명의인 경우에만 이 혜택을 받을 수 있다. 만 60세가 넘거나 5년 이상 보유한 경우에는 추가세액공제(최대 80%)가 가능하며, 경우에 따라서는 이 금액이 꽤 커서 1주택인 경우 부부 공동명의보다 단독명의가 유리한 경우도 있다. 부부 공동명의로 총 18억 원을 공제받는 것보다 단독명의로 12억 원 공제를 받고 여기에 추가 세액공제를 받는 것이 더 유리할 수 있는 것이다.

하지만 재산 형성에 있어서 부부 모두가 노력한 점을 인정해야 하는데 이러한 제도가 오히려 시대에 역행한다는 지적을 받게 되었다. 이에 정부는 2021년도부터는 1세대 1주택 공동명의인 경우 원래대로 공동명의 방식으로 종부세를 납부해도 되고, 1주택 단독명의인 것처럼 계산하여 추가 세액공제를 받을 수도 있도록 '선택'할 수 있게 종부세법을 개정하였다. 따라서 1주택인 경우라면 공동명의를 하는 것이 종부세 측면에서도 유리하고 양도세에 있어서도 유리하기에 1세대 1주택자에게 가장 좋은 절세전략은 '공동명의'라 할 수 있을 것이다.

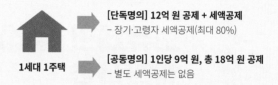

1세대 1주택

[단독명의] 12억 원 공제 + 세액공제
– 장기·고령자 세액공제(최대 80%)

[공동명의] 1인당 9억 원, 총 18억 원 공제
– 별도 세액공제는 없음

1주택 공동명의인 경우 단독, 공동명의 중 종부세 과세방식 선택이 가능하다.
그래서 1주택이라면 공동명의가 유리하다.

이제 종부세를 정리해보자.

- 1주택이라면 공동명의가 유리하다.
- 3주택 이상부터는 명의자별 공시가격 합산액, 중과세율 여부 등을 고려하여 명의선정을 하는 것이 필요하다.
- 최근 개정 내용 및 향후 개정될 내용에 대해 관심을 갖자.
- 정부의 '공시가격 현실화율' 계획에 대해서도 눈여겨보자.

무엇보다 종부세는 금액 자체도 크고 향후 변화의 폭도 클 수 있으니 계속해서 최신 내용으로 업데이트할 필요가 있다. 필자의 블로그, 유튜브 등에 지속적으로 최신 내용을 업로드하고 있으니 참고하면 좋겠다.

보유세의 유형별 절세법과 개정사항

보유세, 어떻게 줄일까

보유세도 줄일 수 있을까? 취득세와 앞으로 살펴볼 양도세와 달리, 보유세는 미실현소득에 대해 부과되는 세금이기에 생각보다 절세법이 많지 않다. 말 그대로 보유만 하더라도 세금이 나오기 때문이다. 그럼에도 절세할 수 있는 방법을 몇 가지 찾아보았다. 재산세와 종부세의 절세 방법이 각기 다르니 유의해서 살펴보자.

1) 보유세 과세기준일 6월 1일을 활용하자!

보유세의 특징 중 하나는 특정 시점에 보유한 명의자에 대해 1년치 세금을 모두 부과한다는 것이다. 이때 특정 시점이란 '보유세 과세기준일'로 매년 6월 1일이다. 예를 들어 2023년 6월 1일 보유한 주택에 대해서는 해당 명의자에 대해 1년치 보유세가 모두 부과된다.

실거주 집을 취득하고 5년 정도 보유한다고 할 때 얼핏 생각하면 '5년치 보유세를 부담해야 하는구나.'라고 생각할 수 있지만 이보다 약간 줄일 수도 있다. 즉, 매수할 때는 6월 1일을 넘겨서 매수하고 매도할 때는 반대로 6월 1일이 되기 전에 매도를 하면 된다. 5년 정도를 보유한다고 하더라도 잘하면 3년 혹은 4년 정도의 보유세만 부담할 수도 있다. 예를 들어 2023년 7월에 취득해서 2028년 5월에 매도하는 경우가 그렇다.
이 방법은 재산세와 종부세에 모두 활용할 수 있다.

2) 명의 분산을 통해 보유세를 줄일 수 있다!(단, 재산세는 제외)

다음으로 명의를 분산하여 보유세를 줄이는 방법이다. 다만 이 방법은
종부세만 그러하며 재산세에는 효과가 없다. 재산세의 경우 총자산에
대해 과세가 되고 이를 해당 명의자로 안분하는 정도에 그치므로 공동
명의라도 총 세 부담은 동일하다. 그나마 세 부담 당사자 측면에서 분산
이 가능하다.

반면, 종부세는 명의분산을 통해 기본공제액을 최대한 활용하여 세 부
담을 줄일 수 있으므로 공동명의가 유리하다. 하지만 앞에서 살펴본 것
처럼 3주택 이상인 경우 종부세 중과세율이 적용되기에 3주택 이상부
터는 무조건 공동명의가 유리하다고만은 할 수 없다. 그러나 일정 부분
까지는 대체로 공동명의가 유리하다. 1주택인 경우에는 공동명의가 유
리하다는 것을 우리는 이미 앞에서 살펴보았다.

이에 대해서는 개인별 시뮬레이션 결과가 모두 다를 수 있기에 번거롭
더라도 사례마다 별도 분석을 해야 한다.

3) 임대주택등록을 하여 보유세를 줄일 수 있지만 가급적 신중하라

임대주택으로 등록해 주택임대사업자가 되면 보유세를 줄일 수 있다.
그런데 재산세와 종부세에서 절세 요건과 효과가 모두 다르다.

우선 재산세의 경우 첫째, 2호 이상 등록을 해야 하고, 둘째, 전용면적이
85㎡ 이하여야 재산세 감면이 가능하다. 다른 건 몰라도 2호 이상 등록
을 해야 하고 의무임대기간이 10년이므로 신중할 수밖에 없다.

그렇다면 종부세는 어떨까? 종부세는 조금 더 까다로운데, 임대 개시
당시 기준시가 6억 원 이하(수도권 밖은 3억 원 이하), 직전 계약 대비 5%

이내 인상 등 준수해야 하는 요건이 까다롭고 의무임대기간 10년 동안 관련 의무사항을 모두 준수해야 하기 때문에 역시 신중하게 검토한 후 등록해야 한다.

이상의 내용을 살펴보면 현실적으로 보유세를 줄일 수 있는 방법은 그렇게 많지 않아 보인다. 그나마 정부 정책이 계속 변하면서 종부세를 중심으로 몇 가지 개정된 사항이 있는데, 그 내용을 중심으로 더 살펴보자.

종합부동산세, 어떻게 바뀌나(2022년도 개정사항)

취득세나 양도세와 달리 보유세는 생각보다 절세 방법이 많지 않다. 그런데 보유세 중 종부세는 개정된 사항이 몇 가지 있으므로 이에 대해 잘 알아두어야 한다. 2022년 개정으로 어떤 내용들이 바뀌었는지 살펴보자. 또한 최종 의사결정을 할 때 이 책에 있는 내용 중 새롭게 바뀐 부분이 있을 수 있으니 꼭 다시 확인하길 권한다.

2022년도 개정사항 중 가장 눈에 띄는 것은 '종부세 일시적 2주택' 개념이다. 말 그대로 부득이한 경우에 2주택이 되는 경우, 종부세 주택 수에서 제외함으로써 1주택 기본공제 12억 원과 같은 혜택을 제공하는 것이다. 이는 주택 수에 따라 종부세 세율에 차등을 두어 나온 결과인데 구체적인 내용을 살펴보면 다음과 같다.

다음 표의 세 가지 경우에는 종부세 1세대 1주택 주택 수 판단에 있어서 제외된다. 제외된 결과 1세대 1주택이 되면 1주택 기본공제 12억 원을 공제받을 수 있게 되므로 이 세 가지를 잘 알아두어야 한다. 다만 종부세 과표에는 포함시키고 종부세 주택 수에서만 제외하여 앞서 말한 기본공제금액을 더 받게 하거나 종부세 중과세율을 막기 위한 것이라는 사실을 이해하자.

종부세 1세대 1주택 판정 시 주택 수 제외 항목들

구분	요건
일시적 2주택	1세대 1주택자가 종전주택을 양도하기 전에 신규주택을 대체 취득하고 3년이 경과하지 않은 경우
상속주택	상속을 원인으로 취득한 주택으로 다음 중 어느 하나에 해당하는 주택 ① 상속개시일로부터 5년이 경과하지 않은 주택 ② 소수지분주택* 또는 저가주택** * 소유지분 40% 이하 ** 공시가격 수도권 6억 원 이하, 비수도권 3억 원 이하
지방 저가주택	공시가격 3억 원 이하이면서 수도권, 광역시*, 특별자치시** 외의 지역에 소재하는 1주택 * 군 제외 ** 읍, 면 제외

(출처: 국세청)

하나씩 알아보면 '일시적 2주택'은 신규주택을 취득하고 나서 3년이 지나기 전에 종전주택을 매각해야 한다. 당초 2년 내 매각이었으나 2023년 1월 12일 정부 대책으로 모든 일시적 2주택 요건을 3년으로 연장하였다. 조정, 비조정대상지역을 불문하고 3년이며 이 기간 동안 매각하지 못하면 그 동안 혜택 받았던 종부세에 가산세까지 부담해야 하니 유의하자.

다음으로 '상속주택'은 일단 상속개시일로부터 5년이 경과하지 않으면 종부세 주택 수에서 제외한다. 설령 5년이 지났다 하더라도 해당 주택의 소유지분이 40% 이하이거나 공시가격이 수도권 6억 원 이하, 비수도권 3억 원 이하인 저가주택이라면 기간 불문하고 종부세 주택 수에서 제외된다. 물론 취득세, 양도세 주택 수에 있어서는 또 다른 기준이 적용될 수 있으니 유의하자.

마지막으로 '지방 저가주택'인데 공시가격이 3억 원 이하이면서 수도권, 광역시(군 제외), 특별자치시(읍, 면 제외) 외 지역에 소재하는 '1주택'이어야 한다. 즉 비록 지방에 있는 저가주택이라도 1주택이 아닌 2주택 이상이라면 혜택이 불가하다. 또한 아무리 금액이 적더라도 수도권에 위치하고 있다면 이 역시 종부세에서 주택 수에 포함되니 유의하자. 결론적으로 지방 저가주택을 활용하고자 한다면 '서울 1주택 + 지방 저가주택 1주택'과 같이 접근해야 그나마 세제 혜택이 가능하다.

이 세 가지 경우에 모두 적용되는 공통사항은 아래와 같다.

- 종부세 1세대 1주택 주택 수에서는 제외되지만, 종부세 과표에는 포함되므로 세 부담은 해야 한다. 즉, 종부세 비과세가 아니라는 점을 유의하자.
- 해당 내용은 종부세 1세대 1주택 판단 시에만 적용되는 것이며, 취득세·양도세는 그 기준이 또 다르기에 위 내용을 취득세·양도세 주택 수 판단 시 무작정 적용하면 완전히 다른 결과가 나올 수 있다. 가령, '서울 1주택 + 지방 저가 1주택'인 상황이라면 종부세 주택 수는 1주택이지만 양도세에서는 2주택이므로 서울 주택 매각 시 양도세 비과세 판단은 별도로 해야 한다.

마지막으로 해당 주택은 매년 9월 말까지(9월 16일~9월 30일) 별도의 특례신청을 해야 한다. 신청을 하면 일시적 2주택의 경우에는 기한 내 처분까지 해야 하니 신중히 신청해야 한다.

그 외 2022년도 종부세 개정사항으로 '납부유예제도'가 신설되었다. 신청대상자가 되는 경우는 다음과 같다.

- 1세대 1주택자일 것
- 만 60세 이상이거나 혹은 해당 주택을 5년 이상 보유했을 것
- 직전 과세기간 총급여액 7천만 원 이하 또는 종합소득금액 6천만 원 이하일 것
- 해당 연도의 주택분 종부세액이 100만 원을 초과할 것

만약 이 네 가지에 모두 해당한다면 납부기한 3일 전까지 관할 세무서에 납부유예 신청서를 제출해야 주택 처분 전까지 해당 종부세액 납부를 지연시킬 수 있다. 물론 중간에 취소를 하게 되면 그동안 유예했던

기간의 이자 상당 가산액까지 더해서 납부해야 한다.

그렇다면 그 외 항목들은 어떻게 될까?

당초 정부는 '2022년도 세제개편안(2022년 7월 21일)'을 통해서 종부세 중과세율 폐지 등을 추진했으나 일부 개정에 그쳤다. 우선 세율은 일부 개정되었으나 3주택 이상의 경우는 여전히 중과세율이 적용된다. 다만 3주택 이상이라도 과표 12억 원 이하까지는 중과가 아닌 일반세율이 적용된다. 그렇다면 과표 12억 원인 주택의 시가는 얼마 정도일까?

과세표준 12억 원이 되는 시가

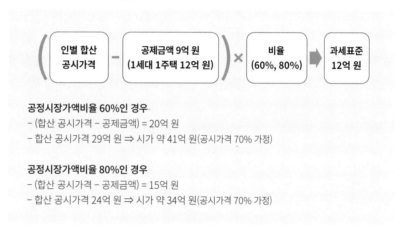

공정시장가액비율 60%인 경우
- (합산 공시가격 − 공제금액) = 20억 원
- 합산 공시가격 29억 원 ⇒ 시가 약 41억 원(공시가격 70% 가정)

공정시장가액비율 80%인 경우
- (합산 공시가격 − 공제금액) = 15억 원
- 합산 공시가격 24억 원 ⇒ 시가 약 34억 원(공시가격 70% 가정)

종부세 과표 산식을 역산하면 공정시장가액비율을 60%로 가정할 때 합산 공시가격은 29억 원이 되고 시가는 약 41억 원이 된다. 만약 공정시장가액비율이 80%라면 같은 방식으로 할 때 시가는 약 34억 원이 된다. 물론 1주택 단독명의라면 그 숫자는 다시 달라질 수 있으며 공시가격 현실화율에 따라서도 차이가 날 수 있으니 참고만 하자.

이 외에도 정부는 2023년도 세제개편안(7월 중 예정)에서 종부세 추가 개정을 할 계획이라고 하니 지속적인 관심을 갖고 변동된 세법이 없는지 확인하길 바란다.

보유세 과세기준일(6월 1일)에 보유세 줄이는 법

이제는 누구나 거의 아는 방법이지만, 그래도 기본을 다진다는 의미에서 6월 1일을 활용한 '보유세 줄이기'를 따라해보자. 취득할 때 한 번, 그리고 양도할 때 한 번은 손쉽게 보유세를 줄일 수 있다.

예제 다음 그림에서 보는 것처럼 매년 6월 1일을 기준으로 해당 주택을 보유하고 있다면 그 명의자가 보유세를 부담해야 한다. 따라서 매도자라면 6월 1일이 되기 전에 주택을 매도해야 하며, 매수자라면 6월 1일을 지나서 매수하는 것이 유리하다.

그렇다면 주택의 취득일과 양도일은 언제일까?

보유세 과세기준일(6월 1일)

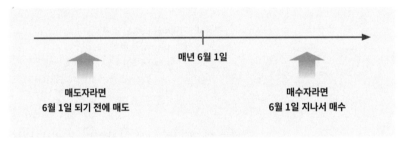

해설 주택 계약은 통상 '계약서 작성 – (중도금 납부, 선택사항) – 잔금일'의 단계로 진행된다. 잔금일의 경우 매수 잔금, 매도 잔금 이렇게 나뉘는데 보통 이때 명의 이전에 따른 등기 작업을 같이 한다. 즉 잔금일과 등기접수일은 보통 같은 날인 경우가 많다.

세법에서는 주택의 취득일, 양도일을 '잔금일 또는 등기접수일 중 빠른 날'로 보고 있다. 따라서 우리는 다음을 고려할 필요가 있다. 즉, 단순히 계약일이 아닌 잔금일(또는 등기접수일)을 기준으로 판단해야 하는 것이다.

예를 들어 매수자라고 가정하고 3월에 매수 계약서를 작성했다고 하자. 통상 주택의 계약일부터 잔금일까지는 2~3개월 정도가 걸리는데(물론 당사자 합의에 따라 자유롭게 정할 수 있다.), 매수자라면 잔금일을 언제로 해야 할까? 위 그림에서 보듯이 매수자라면 6월 1일을 지나서 하는 것이 취득 시 보유세에 유리하므로 잔금일(또는 등기접수일)을 6월 1일이 지나서 하는 것이 좋다. 즉 잔금일까지 기간을 다소 넉넉하게 잡아야 할 것이다. "5월 말에 가족 여행을 가야 하니 잔금일을 6월 7일 정도로 정하시죠."라고 매도자에게 운을 떼볼 수 있을 것이다. 물론 매도자도 이 내용을 알고 있어 잔금일을 앞당길 수도 있다. 혹은 그 외 다른 조건이 너무 좋아서 취득 시 보유세 정도는 내더라도 일찍 매수하는 것이 유리하다면 차라리 일찍 매수하는 것이 더 좋은 선택일 수도 있다.

매각하는 경우라면 반대로 하면 된다. 이렇게 하면 이론상으로는 매수 시 한 번, 매각 시 또 한 번, 총 2번의 보유세를 절감할 수도 있다. 하지만 절세가 아닌 자산관리 측면에서 보자면, 이보다는 투자가치가 높고 좋은 물건을 매수하는 것이 훨씬 더 중요하다는 것을 잊지 말자.

셋째
마당

절세의 꽃,
양도소득세
맞춤 절세 플랜

집 팔아 돈 좀 벌었나 했더니, 돈을 뺕어내라고?

Q 생애 처음 마련한 집인데 운이 좋게도 1억 정도가 올랐어요. 이제 이걸 팔면 1억 원의 수익을 본다고 생각하니 너무 기뻐요!

A 꼭 그렇진 않습니다. 우리 세법은 부동산 등 자산에 대해 양도차익을 보고 매매를 할 경우 일정 부분 세금을 납부하도록 하고 있습니다. 양도차익 1억 원이면 2천만 원 정도는 세금이 나옵니다(장기보유특별공제 0% 가정). 따라서 세금을 납부한 후에 가져오는 수익, 즉 세후수익은 8천만 원 정도가 되겠죠?

부동산 절세
무작정 따라하기

011

부동산 세테크의 핵심, 양도소득세

양도소득세가 중요한 이유

이제 가장 주목받는 세금인 '양도소득세'에 대한 이야기를 해보자. 부동산에 관심이 별로 없더라도 한 번쯤은 들어보았을 것이고 많은 사람들이 가장 관심 있게 지켜보는 세금이기도 하다. 그만큼 부동산 절세를 위해서는 반드시 '정복'해야 할 세목 중 하나인데 생각보다 만만치 않다. 양도소득세(양도세)는 어떤 특징이 있고, 왜 그토록 강조되는지 살펴보자.

1) 양도소득세는 금액 자체가 크다

세금 내기를 좋아하는 사람이 누가 있을까? 그런데 양도세는 부동산 세금에서 가장 큰 부분을 차지하는 경우가 많다. 따라서 납세자의 입장에서 굉장히 조심스럽기에 어떻게든 줄이려고 노력해야 하는 항목이다. 본인의 재산권과 직결되는 세금을 줄이고 싶다면 양도세 공부는 필수라고 할 수 있다.

2) 가장 좋은 '비과세' 혜택이 있다

'비과세'는 말 그대로 '과세하지 아니한다.'는 뜻이다. 세금 자체가 발생하지 않았기에 과세당국 입장에서 과세할 수 있는 권리도 없고 납세자는 이를 신고할 의무도 없다(단, 양도가 12억 원 초과의 고가주택 비과세는 세금 신고납부를 해야 한다.). 이렇게 좋은 비과세 혜택은 주택을 양도할 때만 받을 수 있다. 부동산 세금 중 큰 비중을 차지하는 양도세이지만 잘만 활용하면 한 푼도 안 낼 수 있는 것이 또 양도세의 매력이라고 할 수 있다.

3) 양도소득세는 매우 복잡하고 자주 변한다

'그래, 이제부터 양도세에 대해 열심히 공부해서 꼭 비과세를 받겠어!'라 고 이제 막 결심을 했다면 조금 진정하는 게 좋겠다. 양도세 비과세 혜택 은 가장 좋은 절세 혜택이긴 하지만, 그만큼 요건이 매우 까다롭고 하나 라도 실수하면 비과세 혜택을 못 받을 수 있으므로 매우 조심해야 한다. 또한 양도세는 비과세 외에도 관련 세법이 계속해서 개정되어 복잡하 다. 특히 같은 종목이라도 취득하는 날짜, 세대 기준 주택 수 등에 따라 적용되는 방식이 제각각이기에 절대 만만하게 생각해서는 안 된다.

4) '세후 수익률'이 진짜 수익률이다!

간혹 부동산 자산관리를 하는 분들을 보면 '세금 내면 남는 게 하나도 없다.'라고 푸념을 하는 경우가 많다. 세금을 미리 확인하지 않고 있다 가 막상 매도하고 나니 세금으로 이것저것 다 내고 남는 게 별로 없다는 것이다. 세금을 모두 납부하고 난 '세후수익률'이 진정한 수익률이다. 그 리고 그 마지막에는 항상 양도세가 있음을 꼭 기억하자.

지금까지 살펴봤듯이 양도세는 복잡하고 어렵지만 그래도 지혜롭게 절 세전략을 활용하면 비과세라는 큰 혜택도 볼 수 있다. 다양한 양도세 절 세법이 있으니 반드시 잘 익혀야 한다. 이 책 역시 양도세 절세에 대해 가장 비중 있게 다루고 있으므로 꼭 해당 내용을 잘 숙지하여 가장 효과 적인 절세 플랜을 짜도록 하자.

양도소득세 과세체계 잡기: 과세표준과 세율

본격적으로 양도세 이야기를 하기 전에 우선 양도세는 어떻게 과세되는지 살펴보자. 과세원리를 알면 어떻게 절세가 가능한지도 파악하기 쉽기 때문이다.

$$\text{양도소득세} = \text{과세표준} \times \text{세율}$$

모든 세금은 과세표준과 세율, 이 두 가지를 알면 구할 수 있다. 물론 세목(세금의 종류)마다 이는 모두 다른데, 먼저 '과세표준(과표)'이란, '세금을 부과함에 있어 그 기준이 되는 것'이라 할 수 있다. 세금을 부과하는 일종의 표준이라 이해하면 쉽다. 과표는 통상 가격, 수량 등으로 표시되는데 양도세 과표의 경우 당연히 가격으로 표시되며 이 과표에 세율을 곱하면 된다.

그렇다면 우리는 양도세를 줄이기 위해서 최소 두 가지 절세 포인트가 가능함을 유추할 수 있다. 하나는 과표이고 다른 하나는 세율이다. 뒤에서 더 자세히 살펴보겠지만 과표를 구하는 과정에서 이를 줄이는 방법이 있을 것이고 절세전략을 잘 활용하여 과표 자체가 줄어들면 그 결과 양도세가 줄어들 것이다. 세율도 마찬가지이다.

이제 하나씩 구체적으로 살펴보며 어떻게 양도세가 과세되고 그에 따른 절세방안은 무엇인지 살펴보도록 하자.

주택을 살 때부터
챙겨야 하는 필요경비

양도소득세 과세표준 구하는 법

구체적으로 양도세 과세표준은 어떤 식으로 구하는지 살펴보자.

> **양도소득세 과세 체계**
>
> 양도소득세 = 과세표준 × 세율
>
> 과세표준 = 양도가액 − (취득가액 + 필요경비 + 장기보유특별공제 + 기본공제)

앞서 살펴본 양도세 과세표준과 세율 중, 과세표준은 이와 같이 구할 수 있다. 각각의 항목을 대략적으로 설명하면 다음과 같다.

> ① 양도가액: 매도한 금액으로 실거래가
> ② 취득가액: 취득한 금액으로 실거래가
> ③ 필요경비: 양도세 과표를 구하는 데에 있어서 경비로 인정받는 항목들
> ④ 장기보유특별공제: 3년 이상 보유한 주택 등의 부동산에 대해 공제
> ⑤ 기본공제: 1인당 1년에 250만 원까지 공제되는 금액

뒤에 자세히 설명하겠지만 위 설명만 보더라도 각 항목을 대략 이해알 수 있을 것이다. 중요한 건 위 다섯 가지 항목 중 3번 필요경비는 나머지 4개와 성격이 다르다는 점인데, 왜 그런지 그 이유를 알아야 한다.

먼저 양도가액과 취득가액은 실제 거래한 실거래가로 신고를 해야 하는데 서로 상대방이 있기에 어느 한쪽이 다르게 신고할 수 없다. 가령 매도자가 5억 원에 특정 주택을 매도하였다면 이 5억 원은 '양도가액'이 되면서 동시에 매수자 입장에서는 '취득가액'이 된다. 그 관계가 서로 맞물려 있기에 서로 다른 가격으로 신고하는 것은 불가능하다는 의미이다. 서로가 합의하여 실제 거래금액은 5억 원인데 이보다 낮은 4억 5천만 원, 혹은 더 높은 5억 5천만 원 등으로 실제와 다르게 신고를 하면 어떻게 될까? 이를 일명 '다운계약' 혹은 '업계약'이라 하는데 엄연히 불법으로 비과세 혜택을 받지 못하는 등 각종 제재가 따른다.

다음으로 장기보유특별공제 그리고 기본공제 역시 법으로 정한 사항으로 개인이 임의로 정할 수 없다.

결론적으로 양도세 과표는 앞의 다섯 가지 항목으로 구성되는데, 이 중 세 가지는 개인이 임의로 정할 수 없다. 즉 통제 밖에 있는 항목이기에 남은 한 가지 항목, 즉 '필요경비'가 무엇인지 잘 이해하고 이를 최대한 활용하는 것이 양도세 과표를 줄여서 결국 양도세 세 부담을 줄일 수 있는 방법이 된다.

필요경비 활용 알짜팁

그렇다면 어떻게 해야 '필요경비'를 잘 활용할 수 있을까? 필요경비라고 하니 일단 관련 경비라는 것은 쉽게 알 수 있겠지만, 문제는 모든 경비가 인정되는 것이 아니라 일부에 대해서만 인정받을 수 있다는 것이다.

다음의 표에서 보듯이, 양도세 필요경비 중 일부만 인정받을 수 있는데 취득 시 납부한 취득세(취득원가를 구성함으로써 이후 양도차익을 줄이는 효과가 있다.), 각종 수수료, 그 외 인테리어 관련 경비임을 알 수 있다. 그런데 오른쪽의 불인정 항목도 우리가 흔히 생각하는 인테리어 경비라 헷갈리기 쉽다. 그렇다면 어떤 게 인정되고 또 어떤 게 인정되지 않을까? 쉽게 구분할 수 있는 방법은 큰 공사인지 아닌지로 구분하는 것이다. 이를 조금 어려운 말로는 '자본적 지출'인지 아니면 시간이 지나면 없어지는 '수익적 지출'인지 구분한다고 한다.

양도세 필요경비 인정·불인정 항목들

인정	불인정
취득세 등	도배, 장판 비용
각종 수수료(법무사, 세무사, 중개사)	보일러 수리 비용
새시 설치비	싱크대, 주방기구 구입비
발코니 개조 비용(확장비 포함)	페인트, 방수공사비
난방시설(보일러) 교체 비용(수리 ✕)	대출금 지급이자
상하수도 배관 공사비	경매 취득 시 명도비
자산을 양도하는 데 있어서 직접 지출한 계약서 작성비용, 소개비, 양도소득세 신고서 작성비용	매매계약 해약으로 인한 위약금
자산 취득과정에서 발생한 소송비용	기타 각종 소모성 경비들

예를 들어 새시 설치, 발코니 개조, 보일러 교체, 배관공사 등은 해당 주택의 내용연수를 연장시키는 등 획기적인 개선에 해당하므로 자본적 지출로서 필요경비로 인정된다. 카드결제, 현금영수증 등 적격증빙을 미리 갖추어두는 것이 필요한데, 이러한 이유로 양도세 절세는 매각할 때 하는 것이 아니라 이미 취득 단계부터, 더 구체적으로는 인테리어 공

사 때부터 준비해야 하는 것임을 알 수 있다.

반면 도배, 보일러 수리(교체와 구분), 싱크대 등은 '수익적 지출'로 보아 필요경비로 인정되지 않는다. 기껏 큰돈을 들여 공사를 했는데 인정받지 못한다니 조금은 아쉬울 수 있다. 특히 욕실 공사의 경우 우리 입장에서는 나름 큰 공사라 생각할 수 있겠지만 과세당국에서는 인정하지 않으니 유의하자. 2017년도 조세심판원 사례를 보면 욕실 공사비도 필요경비로 인정받은 사례가 있지만 해당 주택에 한하여 인정받은 것으로, 일반적인 욕실 공사비는 필요경비 불인정 항목이다.

이상의 내용을 정리하면 다음 표와 같다.

양도세 필요경비 정리

구분	내용	비고
취득세	취득세 납부 내역	위택스 조회 가능
법무사, 세무사 수수료	전문 자격사로 현금영수증 발행 필수	
중개수수료	취득, 양도 수수료만 인정하며 임차 수수료는 인정받지 못함	불가피한 경우 계좌이체 내역
자본적 지출	새시, 발코니 확장, 보일러 교체, 배관 공사, 시스템 에어컨 등	적격 증빙 (카드결제 등)

한 가지 더 추가하자면, 신규 아파트의 '인테리어 옵션'은 특별한 경우가 아니라면 하는 것이 유리하다. 옵션 중에는 필요경비로 인정받지 못하는 항목도 있지만 그럼에도 전체 금액이 취득가로 인정되어 추후 양도차익을 줄여주는 역할을 한다. 만약 옵션 구성이 마음에 들지 않아서 입주 후 개별 인테리어 공사를 한다면 이때는 다시 원칙으로 돌아가서 자본적 지출만 필요경비로 인정되니 차이점을 잘 이해하고 결정하자.

주택, 최소 2년 이상은
보유해야 하는 이유

2년 이상 보유가 핵심!

양도세 절세의 첫 번째 포인트는 과세표준 중 필요경비를 최대한 많이 인정받아야 한다는 것이다. 이제 두 번째 포인트인 '세율'에 대해서 살펴보자. 결론부터 말하자면, 주택은 최소 2년 이상은 보유하는 게 절세에 좋다.

양도세 세율

구분		기존			개정	
		주택 외 부동산	주택, 입주권	분양권	주택, 입주권	분양권
보유 기간	1년 미만	50%	40%	(조정지역) 50% (기타지역) 기본세율	70%	70%
	2년 미만	40%	기본세율		60%	60%
	2년 이상	기본세율	기본세율		기본세율	

* 기본세율은 6~45%, 2021년 1월 1일 이후 양도분부터 적용
* 주택 보유 2년 미만 단기세율 70%, 60%는 2021년 6월 1일 이후 양도분부터 적용

이 양도세 세율을 보면 뭔가 좀 복잡한 것 같다. 하지만 너무 걱정할 건 없다. 차근차근 하나씩 이해하면 된다.

먼저 양도세 세율은 크게 두 그룹으로 나뉜다. 하나는 주택(조합원입주권 포함) 그리고 주택 외 부동산(토지, 상가 등)이다. 분양권은 뒤에서 별도로 다룰 것이다.

주택 외 부동산 세율이 간단하니 이것부터 살펴보자. 주택 외 부동산의 경우 1년 미만 보유 시 50%, 1년 이상 2년 미만인 경우 40%, 그리고 2년 이상 보유하는 경우 기본세율(6~45%)이 적용된다.

예를 들어 월세 수익을 위해 상가를 매수했는데 1년이 안 되어 양도하면 양도차익에 대해 50%, 1년 이상 2년 미만 보유 후 양도하면 40%의 양도세율이 적용된다는 것이다. 따라서 가급적 2년 이상 보유 후에 양도해야 이보다 낮은 기본세율(6~45%)이 적용되어 유리하다.

양도세 기본세율

과세표준	세율	속산표
1,400만 원 이하	6%	과표 × 6%
1,400만~5,000만 원	15%	과표 × 15% − 126만 원
5,000만~8,800만 원	24%	과표 × 24% − 576만 원
8,800만~1억 5,000만 원	35%	과표 × 35% − 1,544만 원
1억 5,000만~3억 원	38%	과표 × 38% − 1,994만 원
3억~5억 원	40%	과표 × 40% − 2,594만 원
5억~10억 원	42%	과표 × 42% − 3,594만 원
10억 원 초과	45%	과표 × 45% − 6,594만 원

물론 기본세율 중 최고세율은 45%이지만 이 표에서 보듯이 과세표준이 10억 원을 초과해야 하므로 대부분은 2년 미만 단기세율보다 기본세율 적용이 더 유리하다.

이제 주택 세율을 살펴보자. 주택의 경우, 2년 미만 단기세율이 크게 올랐으니 주의해야 한다. 다만, 정부는 세법개정을 통해 2년 미만 단기세율을 2020년 이전 수준으로 환원할 계획이다. 현재로서는 2023년 정기국회(9월)를 통해 입법을 추진하고 2024년 1월 1일 이후 양도분부터 적용하는 것을 목표로 하고 있다고 하니 이전에 매도하는 경우에는 주의하자.

- 1년 미만: 70%
- 1년 이상~2년 미만: 60%

이러한 단기세율은 2년 이상 보유 시 적용되는 '기본세율'과 큰 차이가 나기 때문에 주택은 최소 2년 이상 보유하고 매도하는 것이 유리하다.

2년 미만 보유 단기 양도 사례

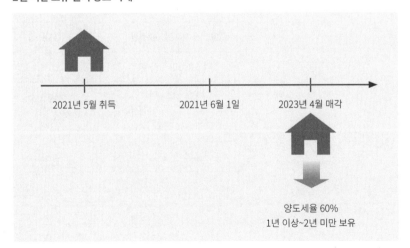

2021년 5월 취득　　　2021년 6월 1일　　　2023년 4월 매각

양도세율 60%
1년 이상~2년 미만 보유

어떤 사람이 2021년 5월에 주택을 취득하고, 2023년 4월에 매각했다고 가정하자. 간혹, '나는 2021년 6월 1일 이전에 취득했으니 괜찮겠지……' 하고 착각하는 경우가 있는데, 설명한 대로 2021년 6월 1일 이후 양도분부터 강화된 단기세율이 적용된다. 따라서 이 경우는 보유기간이 1년 이상이지만 2년 미만이므로 60%의 단기세율이 적용되며 이는 기본세율 중 최고세율인 45%보다 월등히 높다.

이외 주택 분양권은 1년 미만 보유하는 경우 70%, 1년 이상 보유 시 60%의 세율이 적용되며 설령 2년, 3년 이상 보유한다 하더라도 최소 60%의 양도세율이 적용되니 주의하자. 이는 투기세력을 막고 실거주 용도로만 분양권을 전매하도록 하려는 정부의 의도를 이해하면 될 것이다.

결론적으로 주택은 최소 2년 이상 보유해야 한다는 것을 기억하자. 게다가 만약 임대 등 투자용이라면 임차인의 계약갱신청구권을 고려할 때 추가 2년을 더해 총 4년을 보유해야 하므로 장기적인 관점에서 접근할 필요가 있다.

다만 앞서 잠깐 언급한 대로 이와 같은 2년 미만 단기세율은 2020년 이전 수준으로 환원될 예정인데 구체적으로는 아래와 같다.

2년 미만 단기세율

구분	현행	개정(예정)
분양권	1년 미만 70%	1년 미만 45%
	1년 이상 60%	1년 이상 → 폐지
주택·입주권	1년 미만 70%	1년 미만 45%
	1~2년 60%	1년 이상 → 폐지

분양권의 경우 1년 미만 단기 70% 세율을 일반세율 중 최고세율인 45%를 적용할 예정이다. 그리고 1년 이상이라도 주택 준공 전에는 60% 세율을 폐지하고 기본세율, 즉 6~45% 세율을 적용할 예정이다. 주택과 조합원 입주권 역시 마찬가지이다. 다만 해당 내용은 세법개정사항으로 국회 입법이 필수다. 정부는 9월 정기국회를 통해 관련 내용을 통과시키고 2024년 1월 1일 이후 양도분부터 이를 적용한다는 계획이니 매도 전에는 관련 내용 최종 통과 여부를 확인한 후 진행하도록 하자.

지금까지 양도세를 줄일 수 있는 두 가지 절세방법을 알아보았다. 과표에서는 '필요경비', 세율에서는 '최소 2년 이상 보유(개정된다면 1년 이상 보유)'를 기억하자.

양도세 두 가지 절세 포인트

양도세 = 과세표준 × 세율

▼ 필요경비 중요   ▼ 최소 2년 이상 보유

이를 활용한 구체적인 계산방법과 사례는 뒤에서 살펴보기로 하고 이제 가장 큰 절세혜택 중 하나인 '양도세 비과세'에 대해 살펴보겠다.

**무작정
따라하기**

양도소득세 계산하기
(필요경비에 따라 달라지는 양도소득세)

부동산 투자 혹은 자산관리를 함에 있어 양도세 공부는 '기본소양' 중 하나이다. 다른 세목은 그렇게 못하더라도 최소한 양도세만큼은 기본적인 계산을 할 수 있어야 한다. 양도세 계산과정을 통해 필요경비에 따라 얼마나 절세가 되는지 알아보자.

구분	필요경비		
	1천만 원	3천만 원	5천만 원
양도가액	10억 원	10억 원	10억 원
– 취득가액	5억 원	5억 원	5억 원
– 필요경비	1,000만 원	3,000만 원	5,000만 원
양도차익	4억 9,000만 원	4억 7,000만 원	4억 5,000만 원
– 장기보유특별공제	10%(5년 보유 가정)	10%(5년 보유 가정)	10%(5년 보유 가정)
양도소득금액	4억 4,100만 원	4억 2,300만 원	4억 500만 원
– 기본공제	250만 원	250만 원	250만 원
= 과세표준	4억 3,850만 원	4억 2,050만 원	4억 250만 원
세율	40%	40%	40%
누진공제	(–) 2,594만 원	(–) 2,594만 원	(–) 2,594만 원
산출세액 (지방세 제외)	1억 4,946만 원	1억 4,226만 원	1억 3,506만 원
총 납부세액 (지방세 포함)	1억 6,440만 원	1억 5,648만 원	1억 4,856만 원
5억 원에서 세금을 차감한 금액	3억 3,560만 원	3억 4,352만 원	3억 5,144만 원

위 표는 양도세 계산과정을 나타낸 것인데 필요경비를 각각 1천만 원, 3천만 원, 5천만 원으로 구분하여 계산한 것이다. 처음에는 다소 복잡해 보이지만 하나씩 이해하다 보면 생각보다 어렵지 않다.

먼저 몇 가지 조건을 가정해 계산해보자. 취득가는 5억 원, 양도가는 10억 원이고 보유기간은 5년, 필요경비는 1천만 원, 명의는 단독명의라고 가정하자. 이 표는 어떤 사람이 단독명의로 취득한 주택을 5년간 보유한 후 매각하는데 양도차익은 5억 원이고 이때 필요경비가 얼마인지에 따라 최종 부담해야 하는 세금이 달라진다는 것을 나타내는 표이다.

먼저 과세표준을 계산해보자. 먼저 양도가 10억 원에서 취득가 5억 원을 차감한다. 그리고 필요경비를 차감한다. 이때 5년 이상 보유한 주택이므로 장기보유특별공제 10%(= 2% × 5년)가 적용되는데 양도차익의 10%이므로 4,900만 원이다. 이제 기본 공제 250만 원을 차감하면 과세표준이 나온다.

> 과세표준 = 양도가액 10억 원 − (취득가액 5억 원 + 필요경비 1천만 원
> + 장기보유특별공제 4,900만 원 + 기본공제 250만 원) = 4억 3,850만 원

앞의 내용을 잘 이해한 독자라면 '이제 세율만 적용하면 끝이구나.'라는 걸 알 것이다. 세율은 단기세율이 아니므로 기본세율을 적용하고 기본세율은 과표에 따라 모두 다르다. 이 사례는 40% 세율 구간이므로 40%를 곱하고 여기에 누진공제인 2,594만 원을 차감한다. 참고로 누진공제는 계산과정을 빠르게 하기 위해 미리 계산한 값으로 해당 과표에 세율을 적용하고 누진공제를 차감하면 세액이 나온다고 알아두면 편하다.

> 양도세 = 과세표준 4억 3,850만 원 × 세율 40% − 누진공제 2,594만 원
> = 1억 4,946만 원

이렇게 해서 산출세액 1억 4,946만 원이 나왔다. 여기에 지방소득세를 더하면 총 납부세액은 1억 6,440만 원이 된다. 처음 생각한 5억 원에서 세금을 차감하면 3억 3,560만 원으로, 실제 차익인 셈이다.

마찬가지로 필요경비가 3천만 원, 5천만 원인 경우를 계산해보면 양도차익에서 세금을 제한 금액은 각각 3억 4,352만 원, 3억 5,144만 원으로 필요경비가 많아질수록 세후수익은 늘어남을 알 수 있다.

이는 필요경비가 많아짐에 따라 양도차익이 줄고, 그 결과 양도세 과표가 줄기 때문이다. 필요경비가 더 많이 반영된다면 세율 자체가 더 내려갈 수 있고 그 결과 세금은 더욱 줄어들 가능성이 높다. 그 외 보유기간에 따른 장기보유특별공제, 단독명의가 아닌 공동명의에 따른 절세효과 등이 모두 다르므로 이러한 사항을 모두 종합해서 사전에 의사결정을 할 필요가 있다.

지금까지 양도세를 계산해보았다. 이 예들을 통해 사전 절세전략이 매우 중요하며 양도세를 '절세의 꽃'이라고 하는 이유를 깨닫게 되었을 것이다.

생각보다 어려운 1세대 1주택 비과세 - 세대분리의 중요성

앞서 우리는 양도세 절세 포인트를 파악해 세 부담을 줄이는 방법을 살펴보았다. 주택의 경우, 일정 요건을 갖추면 양도세를 하나도 내지 않을 수 있는데 이를 주택 양도세 비과세, 줄여서 비과세라고 한다.

비과세는 말 그대로 '과세하지 아니한다.'란 뜻으로, 과세 자체가 발생하지 않아 세금 신고 의무도 없다. 세금을 안 내도 되며, 신고까지 안 해도 된다니 이렇게 좋은 세제혜택이 있나 싶을 것이다. 하지만 비과세는 그리 쉽게 받을 수 있는 것이 아니다. 또한 비과세라 하더라도 특정 경우에는 신고를 하고 세금을 내야 하는 경우도 있다. 우선 가장 간단한 '1세대 1주택 비과세'를 살펴보자.

1세대 1주택 비과세 요건

1세대 1주택 비과세 요건은 다음과 같다.

 알아두세요

거주자

국내에 주소를 두거나 183일 이상의 거소를 둔 개인을 말한다(소득세법 제1조의2 1항 1호).

- 거주자인 1세대를 기준으로
- 1주택을 보유하고 있고
- 보유기간이 2년 이상이어야 하며
- 취득 당시 조정대상지역이라면 2년 이상을 거주하되
- 양도가액이 12억 원을 초과하는 경우라면 초과분에 대해서는 세금이 발생

어떤가? 생각보다 쉽고 별거 아니라고 생각할 수 있을 것이다. 하지만 알아두어야 하는 사항이 생각보다 많은데, 우선 아래 사례를 살펴보도록 하자.

1세대 1주택 사례

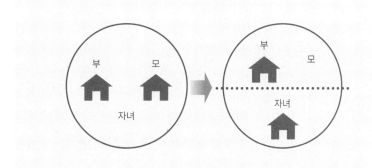

만약 부친 명의 1주택, 모친 명의 1주택으로 1세대 2주택인 세대가 있는데 이 중 모친 명의 주택을 자녀에게 증여하고, 이후 부모와 자녀가 세대분리를 했다고 가정하자. 이 경우 부모 세대도 1주택 비과세, 자녀

세대도 1주택이므로 역시 비과세가 모두 가능할까? 얼핏 보면 가능할 것으로 보인다. 하지만 비과세는 생각보다 만만하지 않다.

현재 우리가 살펴보고 있는 것은 '1세대 1주택 비과세'이다. 앞의 요건에서도 '1세대를 기준으로'라고 하였는데 그렇다면 부모 1세대, 자녀 1세대로 각각 세대를 구성한 다음에 이를 분리해야 '1세대 1주택 비과세'가 가능함을 알 수 있다.

세대구성 핵심 포인트

그렇다면 세대구성은 어떻게 하는 것일까? 다음 세 가지 중 최소 한 가지 이상을 만족해야 한다.

- 혼인하여 배우자가 있을 것
- 만 30세 이상일 것
- '일정소득' 요건을 갖출 것

위 세 가지 요건 중 최소 한 가지 이상을 갖추어야 하는데 예를 들어서 이 사례에서 자녀가 미혼이고, 20대 대학생이며, 별도 소득은 없다고 가정해보자. 그렇다면 세대구성을 할 수 있을까? 안타깝게도 불가능하다.

세법에서는 해당 주택을 보유하고 생계를 유지할 만한 능력이 없다고 보아 세대를 구성할 수 없다고 보는데 문제는 그 다음이다.

비록 명의를 이전하고 주민등록표상으로 세대분리를 하였다 하더라도 세법 기준으로는 자녀가 세대를 구성할 수 있는 능력이 없으므로 여전히 부모와 같은 세대라고 보는 것이다. 따라서 비록 외형상으로는 각각

1주택을 보유하는 것처럼 보이지만, 실질로는 1세대 2주택으로 보아 이 경우 비과세가 불가능하다.

그렇다면 이 경우 어떻게 해야 비과세가 가능할까? 자녀가 세대를 구성할 수 있도록 해야 하는데, 조만간 혼인을 하거나 만 30세를 넘기는 경우라면 그나마 괜찮겠지만 그게 아닌 경우라면 남아있는 방법은 '일정소득'을 갖추는 것이다. 이때 일정소득이란 '기준 중위소득의 40% 이상'의 소득을 의미하는데 2023년도 기준 기준 중위소득은 2,077,892원이므로(1인 가구 기준) 최소 월 831,157원 이상의 소득은 있어야 함을 의미한다.

2023년 기준 중위소득

가구원 수		1인 가구	2인 가구	3인 가구	4인 가구	5인 가구	6인 가구
기준 중위소득	100%	2,077,892	3,456,155	4,434,816	5,400,964	6,330,688	7,227,981
	40%	831,157	1,382,462	1,773,926	2,160,386	2,532,275	2,891,192

(출처: 대한민국 정부, 단위: 원)

그렇다면 자녀가 취업을 해서 일정소득 능력을 갖추어 경제적으로 독립이 가능하다고 가정하자. 그리고 다시 앞의 사례처럼 주소를 달리하고 모친 명의 주택을 명의이전 하였는데 조정대상지역에 위치하여 2년 거주요건이 붙는다고 하자. 그렇다면 이제는 비과세가 되는 것일까?

물론 가능하다. 하지만 한 가지만 더 보도록 하자(이렇듯 비과세가 그리 만만하게 아니다.). 자녀가 해당 주택을 취득할 당시 조정대상지역인 경우, 세대 구성 능력도 갖추었고 이에 따라 2년 이상 거주를 했다면 아무 문제가 없다. 그런데 만약 주민등록상 주소지만 해당 집으로 전입을 하고 실제 거주를 하지 않았다면 어떻게 될까? 이때는 비과세를 장담할 수 없다. '실질과세 원칙'에 따라 비록 외형상으로는 세대분리가 되어 있지만 실제 거주를 하지 않았다면 추후 과세당국에서 이를 소명요청할 수 있고 제대로 입증하지 못할 시 비과세가 적용되지 않을 수 있기에 유의한다. 이제 정리해보자.

- 1세대 1주택 비과세를 받기 위해서는 세대 구성 및 세대분리가 중요하다.
- 세대 구성 요건 중 최소 1개 이상은 갖추어야 세대 구성이 가능하다.
- '2년 거주' 요건의 경우 실제 거주를 하지 않으면 비과세가 적용되지 않을 수 있다.

참고로 과세당국에서 2년 거주에 대해 확인하는 경우, 아래와 같은 자료를 요청할 수 있으니 참고로 알아두자.

- 입주자 관리카드
- 차량 등록증
- 관리비 영수증
- 병원진료기록
- 신용·교통카드 사용내역
- 통신기지국 발신내역

물론 모든 경우에 이렇게 소명을 요청하는 것은 아니다. 그렇다고 '이렇게 해도 그냥 넘어갈 수 있겠지.'라고 생각하고 요행을 바라서는 안 될 것이다. 본인이 통제할 수 없는 확률(조사 여부 가능성)에 기대기보다는 원칙에 맞게 하는 것이 최선의 절세법임을 늘 기억하도록 하자.

국민 절세법,
일시적 2주택 양도소득세
비과세

일시적 2주택 양도소득세 비과세 전략

양도세 절세전략에서 1세대 1주택 비과세에 이어 가장 많이 사용하는
방법이 이제 살펴볼 '일시적 2주택 양도세 비과세'이다. 부동산에 크게
관심이 없는 사람들도 한 번은 들어봤을 방법이기에 '국민 절세법'이라
칭하고 싶다. 하지만 거주요건 등의 조건이 있고 법이 자주 개정되니 핵
심을 잘 숙지해야 한다. 특히 일시적 2주택 양도세 비과세는 취득세, 종
부세에서의 일시적 2주택과 다소 차이가 있으니 우선은 양도세 비과세
에 집중하고 추후 셋을 비교하여 정리해보자.

이사로 인한 일시적 2주택 비과세 방법

기본이 가장 중요하다는 것은 여기에도 통용된다. 다음 그림은 일반적
인 일시적 2주택 양도세 비과세의 사례이다. 우선 이 내용을 숙지하자.
어떤 사람이 A주택(종전주택, 기존주택)을 보유한 상태에서 B주택(신규
주택, 대체주택)을 취득했다고 가정하자. 보통 A주택을 처분하고 B주택
으로 이전하는 것이 일반적이지만, 간혹 B주택을 먼저 취득하고 이후

종전주택인 A주택을 나중에 처분하는 경우도 있다. 이때 무조건 2주택이라고 앞서 살펴본 1세대 1주택 비과세를 못 받게 한다면 어떤 일이 발생할까?

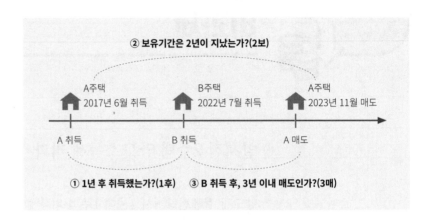

아주 일부라도 '종전주택이 팔리지 않으니 이사하지 않겠다.' 하며 이사하기를 거부하는 경우가 나올 수 있을 텐데 그럴 경우, 헌법에서 보장하는 '거주이전의 자유'를 세법이 침해하는 결과가 나올 수 있다. 따라서 우리 세법은 부득이한 경우 비록 2주택이라도 1주택으로 보아 비과세가 가능하게 하는데 그게 이 사례에서 나오는 '일시적 2주택 양도세 비과세'이다. 이 사례는 이사 등으로 대체주택(B주택) 취득 시 종전주택(A주택)을 비과세 해주는 경우이다.

이제 취지를 알았으니 요건을 살펴보자. 아래 세 가지를 기억하면 된다.

> 1. A주택을 취득하고 '1년 후' B주택을 취득할 것(줄여서 '1후')
> 2. A주택은 1주택 비과세 요건 중 하나인 '2년 이상 보유'할 것(줄여서 '2보')
> 3. A주택은 B주택을 취득하고 나서 '3년 이내 매각'할 것(줄여서 '3매')

이 세 가지를 기억하면 비록 일시적으로 2주택이라 하더라도 종전주택은 비과세가 가능하다. '1후-2보-3매'라고 외우면 쉽게 기억할 수 있는데, '1-2-3 법칙'이라고 외우기도 한다. 편의에 맞게 숙지하도록 하자. 이제 기본을 살펴봤으니 응용을 해보자.

위 2번 요건에서 만약 A주택 취득 당시 '조정대상지역'이었다면 어떻게 될까? 이 경우 2년 보유에 더해 '2년 거주'도 해야 비과세가 가능하다.

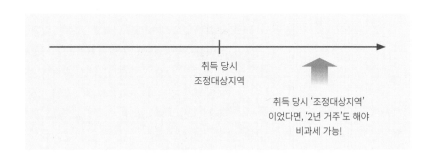

이렇게 종전주택인 A주택 취득 당시 조정대상지역인지 여부에 따라 거주요건이 달라지니 유의해야 한다.

하나 더 응용을 해보자. 위 세 가지 요건 중 3번에 해당하는 것인데 만약 B주택을 취득할 당시 B주택도 조정대상지역이었는데 동시에 A주택도 조정대상지역에 위치하고 있다면 어떻게 될까? 이 경우라면 종전주택 처분기한이 3년이 아닌 '2년'으로 줄어드는 게 맞지만, 다행히 정부의 시행령 개정으로 2023년 1월 12일 이후 양도분에 대해서는 종전과 동일하게 '3년 이내 처분'으로 기한이 연장되었다.

두 번째 응용은 많이들 헷갈리거나 오해하는 경우가 많은데 Q&A로 좀 더 자세히 살펴보자.

Q. 만약 B주택 취득 당시 조정대상지역이었다면 무조건 종전주택 A를 2년 이내에 매각해야 하나요?

A. 그렇지 않다. B주택 취득 당시 A, B 모두 조정대상지역이어야 2년 내 처분이며, 이마저도 시행령 개정으로 이제 3년 내 처분으로 변경된다. 만약 하나라도 비조정대상지역에 있다면(가령 A주택은 비조정, B주택은 조정 등) 원래대로 '3년 이내' 처분이다.

Q. 관련세법 개정으로 둘 다 조정대상지역이라도 B주택 전입요건이 사라졌는데, 그렇다면 B주택은 보유만 해도 비과세가 되나요?

A. 그렇지 않다. 곧바로 전입하는 요건만 없애준 것이다. B주택 취득 당시 조정대상지역이었으므로 추후 B주택을 비과세 받으려면 '2년 거주'가 반드시 필요하다. 즉, 당장 전입을 안 해도 되는 것이지 보유만 해도 비과세 혜택을 주는 것은 아니다. 추후 비과세를 받으려면 양도 전 반드시 2년 거주를 해야 하니 유의하자.

많이들 안다고 생각하는 '일시적 2주택 양도세 비과세'지만 중간중간 조심해야 할 부분들이 꽤 있다. 앞서 설명한 대로 우선 기본을 가장 먼저 숙지하고, 이후 하나씩 응용을 해보는 것이 좋겠다.

혼인으로 인한 일시적 2주택 비과세

앞서 이사 등으로 '대체주택'을 취득한 경우의 일시적 2주택 비과세 방법을 살펴보았다. 즉, 종전주택에서 더 나은 신규주택으로 이사를 할 때 일정요건을 갖춰서 취득과 매도를 하면 비록 2주택이라 하더라도 종전주택 비과세가 가능하다는 것이다. 마찬가지로 혼인으로 합가를 해서 2주택이 되는 경우라 하더라도 일정 요건을 갖추면 비과세가 가능하다.

이 사례에서 남성의 경우 1주택자로 별도 세대를 구성해서(일정소득, 만 30세 이상 등의 이유로 조건을 갖추어 별도 세대를 구성해야 한다. 당연히 주택이 있는 다른 가족과 함께 살고 있다면 주택 수가 추가된다.) 1주택 비과세가 가능하다고 가정한다. 마찬가지로 여성 역시 1세대를 구성하는 능력이 되고 1세대 1주택 비과세가 가능하다고 가정해보자.

이 경우 혼인을 하면 당연히 세대는 합가가 되고 그 결과 1세대 '2주택'이 되는데, 주택 수가 1주택에서 2주택이 되었으니 '비과세 불가'라고 한다면 어떻게 될까?

'비과세가 안 되니 이 사람과 혼인을 하지 말아야겠군.' 하는 경우가 생길 수 있지 않을까? 물론 그런 경우는 매우 드물겠지만 만에 하나 이런 일이 발생한다면 세법으로 인해 혼인의 자유를 침해할 수도 있기에 세법은 적절한 조치를 해놓았다.

혼인 합가 후 5년 이내 매도하는 주택은 비과세 가능

세법은 혼인으로 인해 2주택이 되는 경우 다음과 같은 경우에 비과세 혜택을 준다.

- 혼인신고일 이후 5년 이내에 주택을 매각할 것
- 해당 주택은 1세대 1주택 비과세 요건(2년 이상 보유 혹은 거주 등)을 갖출 것
- 매각하는 주택의 소유자는 남성, 여성을 구분하지 않음

우선 남성과 여성을 구분하지 않으며 어떤 주택이든 5년 이내에 매각을 하면 된다. 이사의 경우에는 3년 이내이며 혼인의 경우에는 지역 상관없이 무조건 5년이다.

물론 해당 주택은 1세대 1주택 요건을 갖춰야 한다. 2년 이상 보유를 했어야 하며 취득 당시 조정대상지역이었다면 2년 거주 의무가 있다. 실제 거주하고 있는 유주택 가족이 있다면 이때는 주택 수가 1주택보다 많아서 비과세가 안 될 수 있으니 유의해야 한다.

혼인 합가 기준일은 '혼인신고일'

여기서 한 가지 재미있는 사실은 혼인 합가 기준일은 '혼인신고일'이라는 점이다(소득세법 집행기준 89-155-22). 지금까지 세대합가는 '실질을 중심으로' 판단했는데, 혼인의 경우 실제 동거일을 파악하기가 모호할 수 있고 단순히 결혼식을 올린 날로 정하기에도 어려움이 있어서 우리 세법에서는 '혼인신고일'을 기준으로 혼인 합가일을 판단하고 있다.

간혹 혼인신고일을 최대한 늦춰서 비과세 받기에 더 유리한 상황으로

두는 경우도 있다. 실제 동거를 하더라도 각각 모두 세대를 구성할 수 있는 조건을 갖춘 상태에서 1주택 비과세 상태를 만든 후, 어느 한쪽이 추가로 주택을 취득하면 당사자는 일시적 2주택 비과세도 가능하기 때문이다.

물론 반대로 이혼을 하는 경우에는 첫째, 서류상 이혼을 하고, 둘째, 실제 생계를 달리하여 세대를 구분해야 세대분리가 된다. 가령 서류상으로만 이혼을 하고 실제 같이 살고 있는 '사실혼' 관계라면 우리 세법은 같은 세대로 본다.

비과세 요건은 중첩 적용도 가능

가령 남성은 일시적 2주택 상태, 여성은 1주택 상태에서 혼인신고를 하면 혼인 합가로 인한 비과세와 일시적 2주택 비과세가 모두 적용될 수 있다. 따라서 남성이 일시적 2주택 상태에서 일부 비과세 혜택을 받고, 또한 5년 내 어느 한쪽 주택을 매도하여 2채를 비과세 혜택을 받고 주택 1채만 남길 수 있다. 하지만 남성도 일시적 2주택, 여성도 일시적 2주택 상태에서 다시 혼인신고를 통해 혼인 합가를 한 후에는 일시적 2주택 비과세 특례와 혼인 합가 비과세 특례를 모두 받을 수는 없다.

물론 비과세 판단은 엄격히 해석하고 무엇보다 '세대 기준 주택 수'가 중요하니 비과세가 가능하다고 생각되면 혼자 판단하지 말고 세무사 등 전문가와 사전에 충분히 논의하여 결정해야 한다.

상속받은 주택, 비과세 혜택 받을 수 있을까?

상속으로 인한 일시적 2주택 비과세

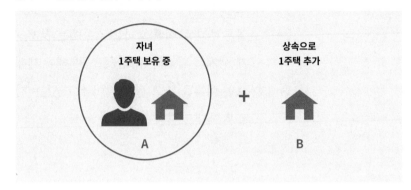

이 경우 먼저 가지고 있는 주택을(A주택) 양도 시 비과세가 적용된다(기한 제한은 없다.). 자세히 살펴보면 자녀가 1주택을 보유 중인데(A주택), 상속이 개시되어 B주택을 상속받았다면, 부득이한 경우로 보아 취득한 상속주택은 비과세 판단에 있어서 주택 수에서 제외한다. 즉, A주택을 매도할 때 B상속주택은 주택 수에서 제외되므로 언제 팔더라도 A주택은 비과세가 가능한 것이다. 물론 해당 주택은 1세대 1주택 비과세 요건을 지켜야 하며, 다른 주택이 추가로 더 있으면 결과는 달라진다.

반면, 주의해야 할 부분이 있다. 가령 무주택 상태에서 B주택을 '먼저' 상속받고 이후 A주택을 추가로 취득한 경우에는 비과세를 받을 수 없다. 이미 상속주택을 받아서 유주택 상태인데 추가로 A주택을 취득하면 취지에 어긋나는 것이니 이때는 상속주택을 주택 수에서 제외하지 않으며, 그 결과 비과세 혜택도 받을 수 없는 것이다.

상속주택 자산가치, 매각시기 등에 따라 절세전략 달라져야

또 다른 예로 A주택을 매도하면 비과세는 가능하지만 B주택을 매도하고 싶을 수도 있다. 예를 들어 A주택이 강남 고가주택이고 B주택이 시골에 위치한 저가주택이라고 한다면 상속주택을 물려받은 자녀 입장에서도 가급적 원래 있던 강남 고가주택을 더 오래 보유하고 상속받은 B주택을 '적당하게' 매각하고 싶어할 것이다. 이때 B주택 역시 양도소득세가 발생할 수 있는데, 이때는 어떻게 해야 할까?

이 경우에는 상속주택 매각시기에 따라 다르게 접근해야 한다. 가령, 상속주택을 장기 보유하지 않고 조만간 처분할 계획이라면 '상속개시일로부터 6개월 이내' 처분하는 것이 좋다.

상속개시일 6개월 내 처분하는 경우

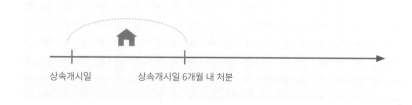

상속개시일　　　　상속개시일 6개월 내 처분

이렇게 하면 '양도가액 = 취득가액'이 되어 그 결과 양도차익은 '0(없음)'이 되기에 세 부담을 줄일 수 있다. 물론 먼저 보유한 일반주택이 아닌 상속주택을 처분한 것이므로 비과세는 아니기에 양도세 신고는 해야 한다. 단지 양도차익이 없다고 신고하는 것이며, 상속개시 후 꼭 6개월 이내 해야 한다는 점을 명심해야 한다.

반면, 상속주택을 매각은 하되 좀 더 보유한 후에 매각을 하고 싶은 경우도 있을 것이다. 개인적인 사정 혹은 향후 개발 호재 등이 있어서 지금 당장 매각하기에는 아까운 경우 등이다. 이런 경우라면 추후 어느 정도 양도차익이 클 것으로 예상되기에 미리 취득가를 시세대로 높여야 한다. 물론 임의대로 하는 것이 아닌, 감정평가 등 객관적인 작업이 필요한데, 이 역시 상속개시 후 6개월 이내에 해야 한다.

상속주택을 상속개시 후 6개월이 지나 양도하는 경우

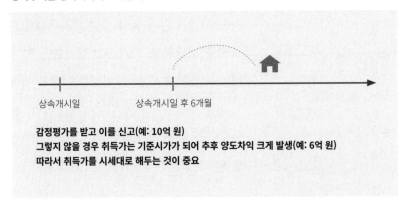

감정평가를 받고 이를 신고(예: 10억 원)
그렇지 않을 경우 취득가는 기준시가가 되어 추후 양도차익 크게 발생(예: 6억 원)
따라서 취득가를 시세대로 해두는 것이 중요

이 그림을 보면 취득가를 10억 원에 책정할 수 있으나, 별도의 평가를 받지 않으면 기준시가인 6억 원(아파트가 아닌 단독주택 가정)에 책정이 될 것이다. 따라서 해당 물건이 추후 12억 원에 매각된다면 감정평가를 받은 경우 양도차익 2억 원(= 12억 원 – 10억 원)에 대해 양도세를 부담하면 되지만, 그렇지 않은 경우라면 무려 6억 원(= 12억 원 – 6억 원)에 대해 양도세를 부담해야 한다.

따라서 상속주택을 취득하게 된다면 단기 매도할지 혹은 장기 보유할지에 따라 대응 방안이 달라져야 하며, 이 모든 작업은 상속개시 후 6개월 이내에 이루어져야 한다.

분양권 포함 일시적 2주택 양도소득세 비과세 전략

'1주택 + 1분양권' 일시적 2주택 비과세

최근 일부 지역에서는 분양권 거래가 다시 증가하는 듯하다. 지역이나 상황에 따라 다르겠지만 종전주택을 처분하고 분양권을 취득한 후 새 아파트로 가고 싶은 건 누구나 마찬가지일 것이다. 그렇다면, 종전주택을 보유한 상태에서 분양권을 취득하고 있는데 준공이 되면 비과세 기간은 어떻게 바뀔까?

본격적인 내용에 들어가기 전, 용어 정리가 필요하다. 서로 생각하는 바가 다르고 그에 따라 결과가 완전히 달라질 수 있기 때문이다. 비과세 전략에서 이보다 더 치명적인 건 없다.

이 책에서는 분양권에 당첨이 되거나 분양권 전매 등으로 취득한 경우에는 '분양권 취득'이라 하겠다. 즉 아직 주택으로 준공되기 전에 분양권 상태로 취득한 것으로 분양권 전매의 경우에는 전매 잔금일을 기준으로 한다. 이를 분양권이 준공되었을 때의 잔금과 많이 혼동한다. 분양권을 취득하고 완공이 되어 입주하게 되면 '주택 준공'이라고 한다. 이때 주택으로 보는 날은 잔금일을 기준으로 한다. 이렇게 구분하는 이유는 주택 잔금일과 분양권 전매 시 잔금일을 혼동하는 경우가 많기 때문이다.

- 분양권 취득: 분양권 상태에서 본인 명의로 당첨되거나 전매 등으로 취득한 경우
- 주택 준공: 분양권이 주택으로 완공되고 잔금을 치른 경우

분양권 취득(당첨 등)을 언제 했는지가 중요

분양권은 '주택을 취득할 수 있는 권리'로 주택이 아니다. 따라서 양도세 비과세 및 중과 여부를 판단할 때 주택 수에 포함되지 않았다. 더 쉽게 말하면 '양도세 주택 수'와 분양권은 무관했다. 그런데 2021년 1월 1일부터 2021년 이후에 취득한 분양권은 주택 수에 포함되었다. 다만 이때 주택 수는 양도세 주택 수이며 취득세는 따로 살펴보아야 한다.

취득세 vs 양도세 주택 수와 분양권

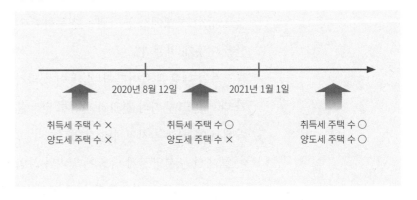

이처럼 분양권은 주택 수에 미포함되었으나 2020년 8월 12일 이후 취득분부터는 취득세 주택 수 판단 시 포함된다. 2021년 1월 1일 이후 취득한 분양권은 양도세 주택 수에도 포함된다. 따라서 2020년 12월 31일까지 취득한 분양권은 양도세 주택 수에는 포함이 되지 않으나 이후 준공이 되면 당연히 포함되고, 2021년 1월 1일 이후 취득한 분양권은 비

록 주택이 아닌 분양권 상태라도 양도세 주택 수에 포함되는 것이다. 이 두 가지는 접근법이 완전히 다르다.

사례 1. 종전주택 + 분양권(2021년 1월 1일 이후 취득)

종전주택이 있는 상태에서 분양권을 2021년 1월 1일 이후 취득하고 이 날로부터 3년 이내 종전주택을 매도하는 경우, 종전주택이 비과세 요건을 갖추고 있다면 이는 일시적 2주택 비과세가 가능하다.

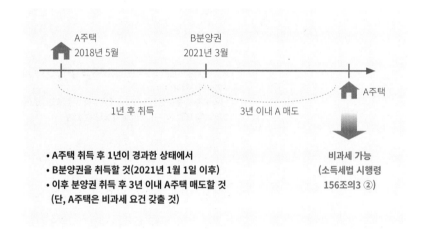

종전주택이 있는 상태에서 1년이 지난 후 분양권을 취득해야 하며, 분양권 취득 후 3년 이내 종전주택을 매각해야 한다. 당연히 종전주택(A)은 1세대 1주택 비과세 요건을 갖추어야 하기 때문에 세대분리가 제대로 되어 있어야 하며, 취득 당시 조정대상지역이었다면 2년 거주를 해야 한다.

이와 비슷한 듯하지만 비과세 혜택을 받을 수 없는 경우도 있다. A주택 취득 후 B분양권을 1년 이내 취득한 경우에는 비과세를 받지 못한다. 또한 B분양권을 취득하고 준공이 된 후 3년 이내 종전주택을 매각한 경우라면 어떨까? 분양권 주택으로 준공될 때가 아닌, 분양권 취득일로부터 3년 이내 종전주택을 매각해야 한다. 기한이 지나면 비과세 혜택을 받을 수 없다.

사례 2. 처분 기한 놓치는 경우

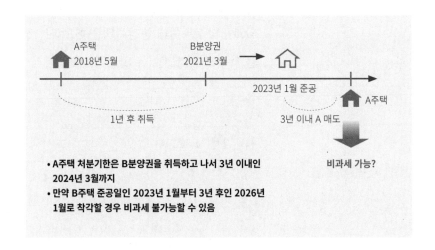

- A주택 처분기한은 B분양권을 취득하고 나서 3년 이내인 2024년 3월까지
- 만약 B주택 준공일인 2023년 1월부터 3년 후인 2026년 1월로 착각할 경우 비과세 불가능할 수 있음

위 사례와 거의 동일한 경우인데, 문제는 B분양권이 B주택으로 준공이 되고 나서 '3년 이내'로 착각을 한 경우이다. 즉, A주택 비과세 처분기한은 B분양권을 취득하고 나서 3년 이내인 2024년 3월인데, 이를 준공 후 3년으로 잘못 이해하면 2026년 1월까지 처분해도 가능한 것으로 착각할 수 있고 그 결과 비과세 처분 기한을 놓쳐서 종전의 A주택 비과세를 못 받을 수 있다.

이렇게 오해할 수 있는 이유는, 앞에서 살펴본 것처럼 2021년 1월 1일을 기준으로 취득한 분양권의 양도세 주택 수 포함 여부가 달라지기 때문이다. 만약 앞의 그림에서 B분양권이 2021년 1월 1일이 되기 전 취득한 것이라면 어떻게 될까? 그때는 준공 후 3년도 가능하다.

사례 3. 종전주택 + 분양권(2020년 12월 31일 이전 취득)

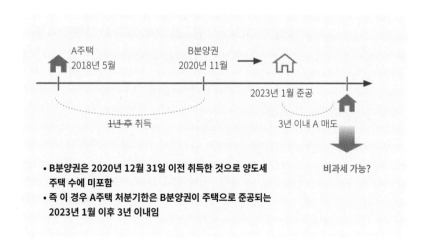

- B분양권은 2020년 12월 31일 이전 취득한 것으로 양도세 주택 수에 미포함함
- 즉 이 경우 A주택 처분기한은 B분양권이 주택으로 준공되는 2023년 1월 이후 3년 이내임

사례 2와 하나만 제외하고 동일하다. B분양권이 2020년 12월 31일 이전에 취득한 것으로 양도세 비과세 판단 시 주택 수에 미포함된다. 즉, 이때는 종전의 일시적 2주택 비과세를 따르면 된다. 또한 준공되는 2023년 1월부터 3년 이내에 종전주택인 A주택을 매각하면 비과세가 가능하다. 그리고 이 경우에는 종전주택 취득 후 1년이 지나서 분양권을 취득할 필요도 없다. 즉 2021년 1월 1일이 되기 전에 취득한 분양권과 그 이후 취득한 분양권은 접근법이 완전히 다르다는 의미이다.

그렇다면 왜 이런 차이가 날까? 바로 분양권이 주택 수에 포함되는지에 따라 결과가 달라지기 때문이다. 2020년 12월 31일까지 취득한 분양권은 양도세 주택 수에는 별 영향이 없다. 즉 해당 분양권이 주택으로 준공되는 시점이 중요하다. 그런데 2021년 1월 1일 이후 취득한 분양권은 다르다. 비록 주택은 아니지만 양도세 비과세 판단 시 주택 수에는 포함되기에 이때에는 정해진 규칙에 따라서만 비과세가 가능하다. 이것이 바로 '비과세 특례'이다. 그 첫 번째가 소득세법 시행령 156조의3 ②항에 있는 것이다(사례 1).

사례 4. 종전주택 + 분양권(2021년 1월 1일 이후 취득) - 준공 후 3년 이내 종전주택 매각 및 세대 전원 거주

2021년 1월 1일 이후 취득한 분양권이 있는데, 간혹 분양권이 주택으로 준공되는 시점이 늦어지는 경우가 있다. 이때는 어떻게 해야 종전주택 비과세가 가능할까?

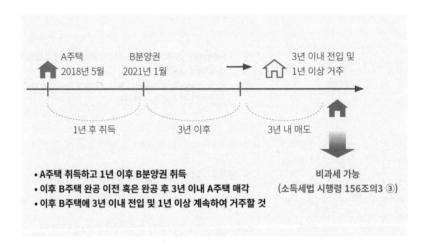

2021년 1월 1일 이후 취득한 분양권의 두 번째 사례인데 다소 복잡하다. 우선 요건을 하나씩 살펴보면 다음과 같다.

- 종전주택 A 취득 후 1년 이후에 B분양권 취득(당초 1년 후 요건이 없었으나 2022년 2월 15일 개정되었다.)
- B분양권은 2021년 1월 1일 이후 취득
- B분양권을 취득하고 3년 이후 종전주택 A를 처분하는 경우로, 준공되기 이전 혹은 준공 후 3년 이내 종전주택 A 처분
- 준공 3년 이내에 세대 전원이 준공된 주택으로 이사하여 1년 이상 계속하여 거주(단, 취학·근무상 형편 등에 따라 세대원 일부가 이사하지 못하는 경우 예외 인정)

사례 1에서는 단순히 종전주택을 3년 이내에만 처분하면 되었는데 이 사례는 따져야 할 게 많다. 취득한 분양권이 준공된 후 세대 전원이 전입하는 경우로 분양권 취득 후 입주까지 다소 시간이 오래 걸리는 경우에 활용할 수 있다.

참고로 A주택과 B분양권 사이에 '1년 후 취득' 요건이 당초에는 없었다. 따라서 간혹 여유가 되는 사람들은 A주택을 취득하고 곧바로 B분양권을 취득해서 종전주택도 비과세를 받고 준공된 B주택으로 입주해서 추후에는 B주택도 비과세를 받을 계획을 세우기도 했었는데, 2022년 2월 15일 개정으로 이제는 둘 사이에 일정 기간이 필요하게 되었다.

지금까지 '종전주택 + 분양권'의 경우에 분양권을 2021년 1월 1일 이후 취득했다면 어떤 경우에 비과세가 되는지 살펴보았다. 모두 '소득세법 시행령 156조의3 ②항과 ③항'에 있는 내용으로, 이외의 경우는 비과세 특례에 해당하는지를 꼼꼼하게 살펴보아야 하며, 본인에게 유리하게 유추하거나 해석하는 것은 금물이다.

사례 5. 분양권(2020년 12월 31일 이전 취득) + 주택

이 경우는 전에는 굉장히 복잡했지만, 최근 시행령 개정으로 다소 간단해졌다. 즉, 분양권 취득 혹은 주택 취득 당시 둘 중 하나라도 비조정대상지역에 있었다면 분양권이 준공된 날로부터 '3년 이내'에 종전주택을 매각하면 비과세가 가능하다. 여기서 분양권의 준공날짜는 종전주택을 취득한 날로부터 1년 이상이 지난 후여야 한다.

사례 6. 분양권(2021년 1월 1일 이후 취득) + 주택

이 경우는 일시적 2주택 비과세 혜택을 받을 수 없다. 2021년 1월 1일 이후 취득한 분양권이 비과세 판단 시 주택 수에 포함되는 것이지, 그 자체가 주택은 아니기에 곧바로 비과세가 되는 건 아니다. 2021년 1월

1일 이후 취득한 분양권이 있는 상태에서 비과세를 받으려면 종전주택
이 있는 상태에서, 즉 주택을 먼저 취득한 후 분양권을 취득해야 한다.
일시적 2주택 비과세는 이사 등의 이유로 대체주택이 필요한 경우에 혜
택을 주기 위한 제도이기 때문이다.

분양권이 2개인 경우의 일시적 2주택 비과세

분양권이 2개인 경우의 일시적 2주택 비과세 여부는 조건에 따라 달라
진다.

사례 1. 분양권 모두를 2020년 12월 31일 이전에 취득

이 경우는 분양권이 주택 수 미포함이니 해당 분양권이 준공되는 경우
를 따져서 일반적인 일시적 2주택 비과세 여부를 살펴보면 된다.

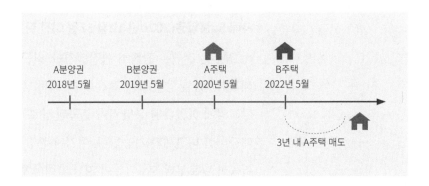

2020년 12월 31일 이전 취득한 두 개의 분양권이 있다면 이후 준공 시
점을 기준으로 주택을 취득한 것으로 보면 된다. 따라서 종전주택 A는
2020년 5월, 신규주택 B는 2022년 5월이 주택 취득 시점이 되고 신규주
택 기준으로 3년 이내에 A를 처분하면 비과세 혜택을 받을 수 있다.

물론 각각의 취득 당시 조정대상지역 여부 그리고 그에 따른 거주 요건 등은 추가로 확인해야 하나 일시적 2주택 처분기한이 3년으로 늘어나기에 A 취득 당시, 즉 준공 당시 조정대상지역이었다면 2년 거주 요건만 유의하면 된다.

사례 2. 2020년 12월 31일 이전 취득한 분양권이 준공된 이후 1년이 지나서 2021년 1월 1일 이후 분양권 취득

이 경우에는 당연히 비과세가 가능하다. 2020년 12월 31일 이전에 취득한 분양권이 준공되면서 종전주택이 되고 이후 1년이 지나서 분양권을 취득한 경우로, 2021년 1월 1일 이후 취득한 것이므로 '소득세법 시행령 156조의3 ②항과 ③항'에 있는 내용과 동일하다.

사례 3. 분양권 모두 2021년 1월 1일 이후 취득

이 경우는 일시적 2주택 비과세 혜택을 받기 어렵다. 두 개의 분양권 모두 주택 수에는 포함되나 주택이 아닌 권리이며 이에 대한 비과세 특례가 별도 조문에도 없다. 관련하여 다음과 같은 해석이 있으니 참고하자.

2021년 1월 1일 이후 분양권을 취득하여 2주택이 된 경우에는 일시적 2주택 비과세가 안 되더라도 하나를 매각하고 남은 하나를 1주택 비과세로 받는 건 당연히 가능하다. 다른 경우에도 모두 마찬가지이다.

분양권 일시적 2주택 비과세 전략 정리

종전	신규	비교
주택	주택	일반적인 일시적 2주택
주택	분양권	① 2020년 12월 31일 이전: 분양권 준공 후 3년 ② 2021년 1월 1일 이후: 분양권 취득 후 3년 등(두 가지: 사례1, 사례4)
분양권	주택	① 2020년 12월 31일 이전: 분양권 준공 후 3년(단, 확인 필요) ② 2021년 1월 1일 이후 ⇒ 불가
분양권	분양권	① 2020년 12월 31일 이전 분양권 2개: 요건 충족 시 일시적 2주택 가능 ② 2020년 12월 31일 이전 분양권이 주택으로 전환 + 2021년 1월 1일 이후 분양권 취득 ⇒ 요건 충족 시 가능 ③ 2021년 1월 1일 이후 분양권 2개 ⇒ 불가

마지막으로 다시 한번 정리해보자.

첫째, '주택 + 주택'은 앞서 살펴본 '일반적인 일시적 2주택'의 경우이다. '1후/2보/3매'를 기억할 것이다. 일시적 2주택 처분기한은 3년으로 늘어났으니 취득 당시의 조정대상지역 해당 여부를 확인하고 '2년 거주' 요건을 유의하면 된다.

둘째, '주택 + 분양권'인 경우는 두 가지로 나뉜다. 먼저 해당 분양권이 2020년 12월 31일 이전 취득한 것이라면 준공 이후 3년 이내 종전주택을 처분하면 된다. 2021년 1월 1일 이후 취득한 분양권이라면 분양권 취득 후 3년 이내 처분 혹은 준공 후 3년 이내 종전주택 처분 및 3년 이내 전입하여 1년 이상 계속 거주해야 한다.

셋째, '분양권 + 주택'인 경우 역시 두 가지로 나뉜다. 중요한 건 분양권 취득일로 2020년 12월 31일 이전이면 그나마 가능성이 있지만, 2021년 1월 1일 이후 분양권을 먼저 취득하고 주택을 취득했다면 일시적 2주택 비과세 적용은 불가능하다.

넷째, 둘 다 분양권인 경우는 세 가지로 나뉜다. 둘 다 2020년 12월 31일 이전에 취득한 경우라면 요건 충족 시 비과세가 가능하다. 또한 2020년 12월 31일 이전 분양권이 준공된 후 분양권을 취득하면 요건 충족 시 역시 비과세가 가능하다. 마지막으로 둘 다 2021년 1월 1일 이후 취득했다면 일시적 2주택 비과세 혜택은 받지 못한다.

입주권 포함 일시적 2주택 양도소득세 비과세 전략

재개발·재건축 절세전략

입주권 비과세 전략을 살펴보기 전에, 재개발·재건축의 절차와 이에 따른 절세에 대해 간략하게 알아보자.

시간이 지남에 따라 주거환경과 건물은 낙후되고 심할 경우 더 이상 주거가 힘들 정도의 수준이 된다. 이 경우 해당 지역을 전부 철거하고 주택은 물론 그 주변 인프라까지 새로 지어 주거환경을 개선하는데 이를 '정비사업'이라고 한다.

정비사업은 '도시 및 주거환경정비법'을 근거로 하는데 우리에게는 재개발·재건축이라는 단어가 더 친숙할 것이다. 그렇다면 재개발과 재건축의 차이는 무엇일까? 기반시설이 열악하고 노후, 불량건축물이 밀집한 지역을 대상으로 하는 '주택재개발사업'을 흔히 재개발이라고 말하고, 기반시설은 상대적으로 양호하나 건물이 오래되어 주택만 새로 짓는 것을 '주택재건축사업', 즉 재건축이라고 한다(시사상식사전 참고).

건물만 새로 지으면 재건축, 건물은 물론 도로, 수도 등 기반시설까지 모두 새로 지으면 재개발이라고 이해하면 좀 더 쉬울 것이다.

그렇다면 이러한 재개발·재건축과 관련하여 알아둬야 할 절세전략은 무엇일까? 이를 위해서는 기본적인 사업진행절차와 함께 부동산 절세의 기본인 '취득 – 보유 – 양도' 단계별 이슈를 보아야 한다.

재개발 사업 추진 절차

(출처: 찾기 쉬운 생활법령정보)

재건축 역시 이와 유사하며 우리는 큰 틀에서만 살펴보기로 한다. 정비사업은 크게 '사업준비-사업시행계획-분양/관리처분-사업완료', 이렇게 네 가지 단계를 거친다. '준비-계획-실행-완료'라고 이해하면 쉬운데 세법상으로 알아두어야 할 단계는 위 그림에서 숫자로 표기해 놓았다. 각각에 대해 살펴보자.

1) 정비구역 지정

정비구역 지정은 말 그대로 '이 지역은 정비사업이 진행되는 곳'이라고 지정하는 것이다. 따라서 향후 시세차익을 바라보고 들어오는 투기수요를 억제하기 위해 세법으로 몇 가지 제재를 하는데, 우선 공시가 1억 원 이하 주택이라도 취득세 주택 수에 포함되고 취득세 중과를 받을 수 있다. 또한 지금이야 양도세 중과배제 기간이지만 1억 원 이하 소형주택 역시 양도세 중과가 될 수 있으니 유의하자.

2) 사업시행인가

구체적으로 사업시행 관련하여 인가를 받은 시점인데 뒤에서 다룰 '대체주택 비과세'에서 중요한 기준이 되는 시점이다. 구체적인 날짜는 해당 조합에 문의하는 것이 가장 좋다.

3) 관리처분계획인가

어찌 보면 재개발·재건축 세법에서 가장 중요한 부분이 이 단계일 것이다. 해당 조합이 어떤 식으로 관리하고 처분할 것인지에 대해 인가를 받으면 관리처분계획인가가 났다고 하는데 줄여서 '관처'라고도 한다. 이때부터 주택은 세법상 조합원입주권으로 변경이 되는데 모두가 그런 것은 아니며, 이에 대해서는 뒤에서 살펴볼 것이다.

4) 이주·철거·착공

이쯤 되면 정비사업은 거의 마무리 단계라고 볼 수 있다. 거주자들이 이주를 하면 해당 건물을 철거하고 공사에 들어가는데, 취득세에서는 이 단계가 매우 중요하다. 세법상으로는 입주권이라 하더라도 취득세(지방세법)에서는 여전히 건물이 남아있다면 주택으로 보기에 취득세 중과를 피하려면 건물이 철거된 후 매매 취득을 해야 토지 취득세(4.6%, 부가세 포함)만 적용받는다.

5) 이전고시 및 청산

마무리 단계이다. 다만 굉장히 긴 시간이 걸려 이 단계에 왔어도 이때 이전고시일 이전에 주택을 양도하면 소유권보존등기를 할 수 없을 수도 있으므로 유의한다. 새 아파트를 곧바로 매각하는 일은 많지 않겠지만 처분하기 전 조합 등에 한 번 더 확인하고 진행하는 것이 좋다.

세금 단계별 재개발·재건축 절세전략

이제 이상의 내용을 바탕으로 '취득-보유-양도' 단계에 따른 절세전략을 살펴보자. 특히 양도 단계에 있어서는 비과세 전략이 있으므로 이 부분을 반드시 숙지해야 한다.

1) 취득 단계

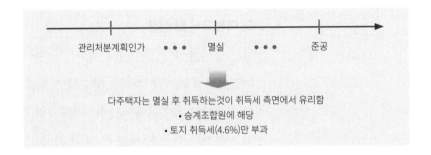

원래부터 해당 주택을 가지고 있는 상태에서 정비사업이 진행될 경우, 이러한 소유자를 흔히 '원조합원'이라고 칭한다. 원조합원과 달리 향후 신축 아파트를 취득하고자 해당 입주권을 취득하면 '승계조합원'이라고 구분한다. 그런데 앞서 살펴본 것처럼 관리처분계획인가가 난 후에 취득하는 경우, 건물(주택)이 남아있다면 다주택자 취득세 중과에 해당할 수 있다.

따라서 다주택자가 입주권을 취득하는 경우에는 가급적 건물이 멸실된 후에 취득하는 것이 취득세 측면에서는 유리하다. 물론 두 번째 취득하는 것이고 비조정대상지역이라면 기본세율(1.1~3.5%, 부가세 포함)이 적용되니 이때는 차라리 멸실 전에 취득하는 것이 유리하다.

2) 보유 단계

입주권은 분양권처럼 주택을 취득할 수 있는 권리에 해당하므로 별도 보유세가 나오지 않는다. 다만 관리처분계획인가가 났더라도 건물분이 남아있고 임대를 주고 있다면 보유세가 나올 수 있다. 반대로 이미 철거를 하고 임대를 할 수 없는 상황인데도 보유세가 부과되었다면 관할 지자체에 적극적으로 소명하여 보유세 과세대상이 아니라는 것을 알릴 필요가 있다. 이미 배운 대로 보유세 과세기준일은 6월 1일이므로 이때를 기준으로 확인해야 한다.

참고로 입주권 상태에서 건물이 멸실되면 토지분 재산세만 나오며 종부세는 부과되지 않는다.

3) 양도 단계

가장 복잡하고 중요한 단계이다. 특히 비과세 부분을 잘 알아둬야 하는데, 그 종류가 무려 네 가지나 된다. 여기에 원조합원, 승계조합원으로 또 구분되니 더욱 주의해야 한다.

먼저 입주권 자체를 양도할 때다. 이때 장점은 입주권은 양도세 중과에 해당하지 않는다는 것이다. 물론 2024년 5월 9일까지 중과 한시 배제가 적용되지만 설령 그 이후 조정대상지역에 다주택자 양도세 중과를 적용한다 하더라도 입주권 자체는 양도세 중과에 해당하지 않으니 이 부분은 장점이 될 수 있다. 물론 2년 이상 보유해야 하는 요건은 주택과 동일하다.

2년 미만 단기 양도세율은 현재(2023년 3월 기준) 개정 전이며, 2023년도 정기국회에서 통과되면, 2024년 1월 1일 이후 양도분부터 적용될 것으로 예상된다.

'1주택 + 1입주권' 일시적 2주택 비과세

일단 조합원입주권에 해당해야 비과세가 가능하다. 조합원입주권 비과세 특례는 세법에서 규정한 조합원입주권이어야 한다. 이에 대한 내용은 소득세법 88조 9호에 있으며, 이를 요약하면 다음과 같다.

> '조합원입주권'이란, '도시 및 주거환경정비법'에 따른 ① 재건축사업, 또는 ② 재개발사업 및 '빈집 및 소규모주택 정비에 관한 특별법', ③ 자율주택정비사업, ④ 가로주택정비사업, ⑤ 소규모재건축사업, 또는 ⑥ 소규모재개발사업을 시행하는 정비사업조합의 조합원으로서 취득한 입주자로 선정된 지위(그 조합원으로부터 취득한 것을 포함함)이다.

따라서 이 여섯 가지가 아닌, 예를 들어 지역주택조합 등의 입주권은 다음에 살펴볼 비과세 특례가 해당되지 않을 수 있기에 반드시 사전에 해당 조합 또는 세무사 상담 등을 통해 비과세 가능 여부를 확인한 후 진행해야 한다. 이후 조합원입주권은 편의상 '입주권'이라 표기하겠다.
입주권과 관련하여 알아두어야 할 비과세 사례는 총 네 가지이다.

조합원입주권 비과세 사례

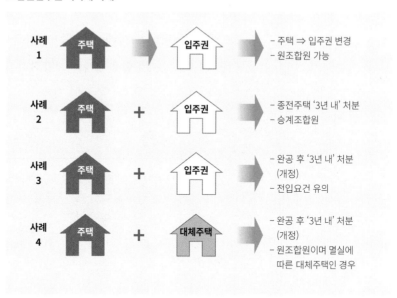

이 중 '사례 3'과 '사례 4'는 최근에 새로 개정된 내용이다. 또한 원조합원이 가능한 경우와 승계조합원이 가능한 경우로 구분되니 이 역시 잘 구분해야 한다.

사례 1. 종전주택이 입주권으로 변경된 경우

정비사업이 진행되면서 종전주택이 입주권으로 변경된 경우이므로 원조합원에 해당되는 사례이다. 즉 이미 관리처분계획인가가 나고 입주권을 취득한 승계조합원에게는 해당되지 않는 내용이다.

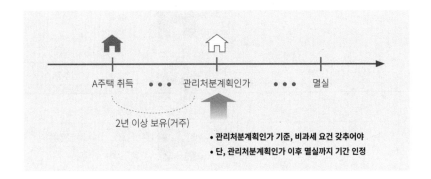

이 경우 비과세 요건은 다음과 같다.

- 양도일 현재 다른 주택이 없을 것
- 종전주택이 관리처분계획인가일 현재 비과세 요건(2년 이상 보유/취득 당시 조정대상지역이었다면 2년 거주 등)을 갖추고 있을 것

이상의 내용은 '소득세법 제89조 제1항 제4호 가목'에 나와 있으며, 세무사 상담 시 해당 조문을 얘기하면 더 유용하다.

이때 추가로 알아야 할 내용은 관리처분계획인가가 났다고 해서 곧바로 주택을 철거하는 것이 아니기에 관리처분계획인가 이후 철거까지의 보유 혹은 거주기간 역시 인정된다는 것이다. 즉, 종전주택 취득 후 1년 10개월 만에 관리처분계획인가가 났는데 2년 보유 기간에서 2개월이 부족한 경우, 관리처분계획인가 이후 5개월 만에 철거가 되었다면 기존 1년 10개월에 관리처분계획인가 이후 5개월이 추가되어 2년 이상 보유

한 것이 되니 비과세가 가능하다.

또한 이 경우 관리처분계획인가 이후 대체주택을 취득하고 3년 이내 종전주택(A)을 매각하는 경우 종전주택이 앞서 살펴본 비과세 요건을 갖추었다면 역시 비과세가 가능하다.

사례 2. '종전주택 + 입주권' 취득 후 3년 이내 종전주택 처분

두 번째 사례는 종전주택이 있는 상태에서 입주권을 취득한 경우로 이미 관리처분계획인가가 난 입주권을 취득하였으니 이를 원조합원이 아닌 '승계조합원'이라고 한다.

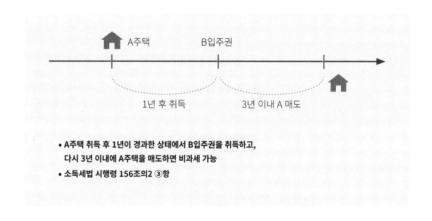

종전주택이 있는 상태에서 1년이 지나 입주권을 취득하고 그로부터 3년 이내 종전주택을 양도하는 경우이다. 당연히 종전주택은 비과세 요건(2년 이상 보유 혹은 거주, 세대분리 등)을 갖추고 있어야 한다. 또한 종전주택, 입주권 조정대상지역 여부와 상관없이 종전주택 처분기한은 3년으로 동일하다. 이에 대해서는 큰 이슈가 없으며, 비과세 요건을 요약하면 다음과 같다.

그런데 이보다는 '활용법'을 더 잘 봐야 한다. 당연히 종전주택은 비과세를 받고 팔고 싶고 앞으로 신축이 될 집을 보유하거나 혹은 거주하고 싶은 것이 일반적이기 때문이다.

이 경우 당연히 신축 자산가치 상승과 같은 투자 목적을 지니고 있을 가능성이 높은데, 만약 당장 신축에 입주해야 하는 경우라면 어떻게 해야 할까? 예를 들어 3년 내 종전주택을 처분하려다 보니 아직 정비사업이 진행되지 않아 입주권 완공 시기가 3년 이후인 경우 말이다. 이에 우리 세법은 특례를 두게 되었는데, 다음 사례를 통해 알아보자.

사례 3. '종전주택 + 입주권' 취득 3년 경과 후 종전주택 처분(개정사항)

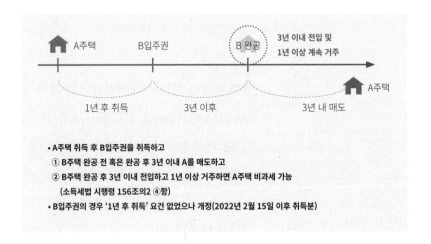

- A주택 취득 후 B입주권을 취득하고
  ① B주택 완공 전 혹은 완공 후 3년 이내 A를 매도하고
  ② B주택 완공 후 3년 이내 전입하고 1년 이상 거주하면 A주택 비과세 가능
    (소득세법 시행령 156조의2 ④항)
- B입주권의 경우 '1년 후 취득' 요건 없었으나 개정(2022년 2월 15일 이후 취득분)

사례 2와 비슷해 보이나 한 가지 차이가 있다. 입주권을 취득한 지 3년이 지나 완공된다는 것이다. 이 경우 종전주택을 3년 이내 미리 매각해 버리면 거주할 공간이 사라진다. 이에 세법은 특례를 두어 다음과 같이 비과세 요건을 두었다.

- 종전주택이 양도일 현재 비과세 요건을 갖출 것
- 조합원입주권 취득 후 3년 경과 후 종전주택을 양도할 것
- 신축주택 완공되기 전 또는 3년 이내 종전주택을 양도할 것(2년 → 3년, 개정사항)
- 신축주택 완공 후 3년 이내 전 세대원이 전입하여 1년 이상 계속하여 거주할 것(단, 취학, 근무상 형편, 질병 요양 등 예외 사유 있음)

바로 여기에서 종전주택 처분기한을 2년에서 3년으로 연장한 개정사항을 확인할 수 있다.

이로써 종전주택 처분기한은 일반적인 일시적 2주택에서 취득·보유·양도 모두 3년이 되었으며, 분양권(2021년 1월 1일 이후 취득분)은 물론 조합원입주권 역시 종전주택 처분기한을 3년으로 함으로써 모두 통일이 되었다.

다만 주의해야 하는 부분이 있다. 이 경우는 입주권이 완공되고 난 후 첫째, 전 세대원이 전입해야 하고(일부 예외 있음), 둘째, 계속해서 1년 이상 거주해야 하는 요건이 붙는다.

따라서 종전주택 처분기한이 늘어났다고 해서 이것만 유리하게 해석한 후 전입, 거주 요건을 제대로 지키지 않으면 이때는 비과세가 불가하니 꼭 유의해야 한다.

만약 전입 및 거주를 못하는 경우라면 사례 2처럼 입주권 취득 후 3년 내 종전주택을 처분하는 전략으로 가야 한다.

사례 4. 종전주택 멸실에 따른 대체주택 비과세(개정사항)

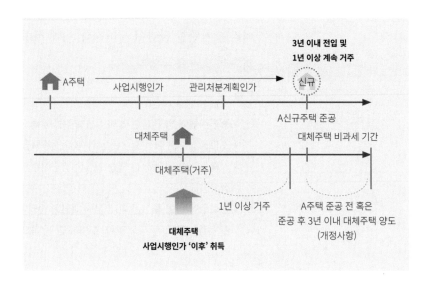

언뜻 봐도 굉장히 복잡해 보일 것이다. 해당 내용은 '소득세법 시행령 156조의2 ⑤항'에 나와 있으며, 요약하면 다음과 같다.

- 대체주택을 종전주택 사업시행인가일 이후 취득하여 1년 이상 거주할 것
- 신축주택 완공 전 또는 완공 후 3년 이내 대체주택을 양도할 것(2년에서 3년으로 개정됨)
- 신축주택 완공 후 3년 이내 전 세대원 전입하여 1년 이상 계속하여 거주할 것(단, 취학·근무상 형편, 질병 요양 등 예외 사유 있음)

어떤 경우에 가능할까? 예를 들어 서울의 목동처럼 정비사업을 오랫동안 추진해온 곳인데 기다렸던 사업시행인가가 나게 된다면 당사자는 해당 지역에서 계속 거주하고 싶을 것이다.

그리고 이 종전주택인 A주택이 이후 관리처분계획인가도 나고 이주 후 멸실이 되면 당장 거주할 집이 필요할 것이다. 즉 '대체주택'이 필요한

상황인데, 이때 이 비과세 전략을 활용하면 된다. 종전주택이 신축이 되면 그때 신규주택으로 들어가서 거주하되, 신규주택 완공 이전 혹은 완공 후 3년 내 대체주택을 처분하는 것이다. 바로 여기에서 개정사항이 나오는데, 신규주택 완공 후 2년에서 3년으로 기한이 연장되었다.

다만 이때 비과세가 되는 건 종전주택이 아닌 대체주택이고, 사례 3처럼 준공 이후 전 세대원이 3년 이내에 전입하고 1년 이상 계속 거주해야 하므로 이런 상황에 맞는 원조합원이어야 비과세 특혜를 받을 수 있다.

일시적 2주택 비과세 전략 정리

지금까지 이야기한 내용을 정리하면 아래와 같다.

- 이사 등 대체주택 취득에 따른 일시적 2주택 양도세 비과세 요건의 처분기한은 3년
- 취득세, 종부세 일시적 2주택 요건의 처분기한은 3년(이 경우 '1년 후 취득' 요건 없음)
- '1주택+1분양권 혹은 1입주권' 비과세 특례에서 해당 분양권 혹은 입주권이 신규주택으로 완공되고 나서 종전주택 처분기한 역시 2년에서 3년으로 연장
- 1주택 상태에서 해당 주택이 정비사업 진행으로 철거된 이후 준공될 때 거주 목적의 대체주택 처분기한 역시 2년에서 3년으로 연장

그 외 혼인, 부모 봉양, 상속 등의 경우에는 처분기한이 5년, 10년 등으로 제각각이니 따로 확인해야 한다. 다만, 비과세가 만능이라고는 생각하면 안 된다. 더 중요한 것은 해당 자산을 어떻게 하면 더 불리고 수익을 낼 것인가이다. 비과세를 통한 절세 수익도 좋지만 추후 자산가치가

더 상승한다면 굳이 팔지 않고 보유하는 것이 더 나을 수 있다.

또한 비과세 요건이 맞다고 판단된다면 반드시 사전에 세무사 등 전문가와 상의를 해서 검증하는 절차를 가져야 한다. 책에 관련 조문을 표기해 두었는데, 이후 세무사 상담 시 관련 조문을 가지고 상담을 받으면 좀 더 정확한 답변을 들을 수 있기 때문이다. 관련 내용을 말로 설명하더라도 상대방(세무사 등)이 잘못 알아들으면 정반대의 결과를 초래할 수 있고 오히려 최악의 상황에 처할 수 있다.

상생임대주택 양도소득세 비과세 전략

상생임대주택 비과세 특례

이번에는 상생임대주택 활용법에 대해 이야기해보자. 상생임대주택에 대해서 우리가 살펴봐야 할 이유는 다음과 같다.

첫째, 비록 강남 3구와 용산을 제외하고 조정대상지역이 모두 해제되었지만 취득 당시 조정대상지역이었다면 여전히 비과세 혜택을 받기 위해 '2년 거주'를 해야 하는데, 이러한 거주요건을 없앨 수 있는 건 상생임대주택이 현재로선 유일하다.

둘째, 상생임대주택을 활용할 수 있는 기한이 얼마 남지 않아서이다. 뒤에서 설명하겠지만 상생임대주택 혜택을 받기 위해서는 직전임대차계약 및 상생임대차계약이 필요한데, 각각 1년 6개월, 2년이 소요되며 2024년 12월 31일까지 상생임대차계약을 해야 하기에 1년 6개월을 최소로 해야 하는 직전임대차계약을 2023년 6월까지는 진행해야 한다.

셋째, 상대적으로 비과세 요건이 쉬워진 만큼 앞서 살펴본 비과세 내용에 상생임대주택 비과세 특례까지 모두 고려해서 본인에게 맞는 최선의 절세전략을 짜기 위함이다.

상생임대주택 혜택에 대해 간략하게 설명하면 다음과 같다.

상생임대인 지원제도 개선

구분		종전	현행
상생임대인 개념		직전계약 대비 임대료를 5% 이내 인상한 신규(갱신) 계약 체결 임대인	좌동
상생임대주택 인정요건		임대개시 시점 1세대 1주택자 + 9억 원(기준시가) 이하 주택	폐지 *임대개시 시점에 다주택자이나 향후 1주택자 전환 계획이 있는 임대인에게도 혜택 적용
혜택	비과세	조정대상지역 1세대 1주택 양도세 비과세 2년 거주요건 중 1년 인정	조정대상지역 1세대 1주택 양도세 비과세 2년 거주요건 면제
	장특공제	없음	1세대 1주택 장기보유특별공제 적용 위한 2년 거주요건 면제
적용 기한		2022년 12월 31일	2024년 12월 31일(2년 연장)

(출처: 정부 보도자료)

상생임대주택의 혜택과 요건

상생임대주택 요건을 갖추면 크게 두 가지 혜택을 볼 수 있다.

1) 조정대상지역 2년 거주요건 면제

취득 당시 조정대상지역이라 하더라도 '2년 거주요건'을 면제한다. 비록 조정대상지역에서 해제가 되었더라도 취득 당시 이미 조정대상지역이었다면 해당 주택에 비과세를 받을 때 2년 거주 요건은 필수이다. 그런데 상생임대주택 요건을 갖추면 이 거주요건을 면제받을 수 있기에 거주가 불가한 상황에서 비과세를 받으려면 이 방법이 현재로선 유일하다.

2) 1세대 1주택 장기보유특별공제 2년 거주요건 면제

1세대 1주택 장기보유특별공제(흔히 '표2 장특공'이라고 함) 적용을 위한 '2년 거주요건' 역시 면제한다. 12억 원 초과 고가주택 비과세의 경우 12억 원 초과분(양도차익이 아닌 양도가액이 기준)에 대해 장기보유특별공제를 받을 수 있는데, 이때 3년 이상 보유한 경우 표1 혹은 표2 장특공을 받을 수 있다. 표1 장특공은 일반적인 경우의 장특공으로 매년 2%씩 최대 30%가 가능하다. 이에 반해 표2 장특공은 최대 80%가 가능한데, 이때 2021년 1월 1일 이후 '양도분'에 대해서는 '2년 거주' 요건이 있고 최대 10년 거주 및 보유를 해야 80% 장특공이 가능하다.

이때 중요한 건 '양도분'이다. 즉 취득 당시에는 이러한 거주요건이 없었더라도 2021년 1월 1일 이후 양도분에 대해서는 표2 장특공을 위한 거주요건이 붙으므로 유의해야 한다. 상생임대주택은 표2 장특공을 위한 거주요건을 면제함으로써 고율의 장특공을 받을 수 있다.

이렇게 혜택이 많은 상생임대주택이지만 두 가지 요건을 만족하지 않으면 받을 수 없다. 하나는 '직전임대차계약'이고 또 하나는 '상생임대차계약'이다. 상생임대차계약은 직전임대차계약에서 5% 이내 인상 및 2년 이상 의무 임대를 해야 하고, 2021년 12월 20일~2024년 12월 31일 기간에 계약금 지급 사실이 확인되는 계약으로, 상대적으로 요건이 명확하고 이슈가 별로 없다.

그에 반해 직전임대차계약의 경우 해당 주택을 '취득한 후' 임차인과 체결한 임대차계약으로 최소 1년 6개월 이상 임대를 해야 하는데, 이때 '취득한 후'라는 문구로 인해 몇 가지 이슈가 생겼다. 즉, 신규 매매의 경우 잔금일과 임대차계약일이 동일하면 과연 이걸 '취득한 후'로 볼 수 있는지 등이다.

다행히 최근 들어 관련 유권해석이 속속 나오고 있기에 몇 가지 궁금증이 많이 해소되었다. 상생임대주택 혜택 가능 여부가 불분명하였거나 혹은 불가능한 경우인데 가능한 경우로 잘못 알고 있는 경우에 특히 유용할 것이다. 상생임대주택으로 비과세를 받고자 하는 사람이라면, 최근에 나온 유권해석을 참고해 활용해보길 바란다.

상상임대주택 유권해석

유권해석 1

주택 취득 전 매도자와 임대차계약을 맺고 이를 매수자가 변경한 계약은 직전임대차계약에 해당하지 않는다는 유권해석이다.

양도, 기획재정부 재산세제과-1446 [법규과-3341], 2022.11.18

[제 목]
상생임대주택 특례의 직전 임대차계약 해당 여부
[요지]
전 소유자와 임차인간 임대차계약을 체결한 후 신 소유자가 같은 내용의 임대차계약을 체결한 후 임대차계약기간이 시작된 경우 소득령§155의3에 따른 직전 임대차계약이 아님
[회 신]

[질의]전 소유자와 임차인이 될 자 사이에 임대차계약이 체결된 후, 임대차보증금의 잔금 지급 및 임대차 목적물 인도 전에 당해 임대차계약의 임대인의 명의를 신 소유자로 변경한 경우, 임대차계약이 소득령§155의3의 '직전 임대차계약'에 해당하는지

(제1안)직전 임대차 계약에 해당함
(제2안)직전 임대차 계약에 해당하지 않음

[회신] 귀 청의 질의는 제2안이 타당합니다.
[관련법령]
소득세법 시행령 제155조의3[상생임대주택에 대한 1세대1주택의 특례]

이 내용은 매도자와 매수자 간 매매계약을 했는데, 매도자와 임차인이 우선 임대차계약을 하고 이후 특약으로 매매잔금 시 매수자와 임차인 간 임대차계약을 맺은 경우이다. 과연 이 계약은 취득 후 계약, 즉 직전 임대차계약에 해당이 될까? 이에 대해 과세당국은 '직전 임대차계약에 해당하지 않음'으로 판단했다. 아래 그림을 살펴보자.

2020년 9월 29일
갑(매도자)과
을(매수자)
매매계약 체결
(A주택)

2020년 10월
갑(매도자)과
병(임차인)
임대차계약 체결
(A주택)

2020년 12월 1일
A주택 매매대금
잔금일
임대인 명의를
갑(매도자)에서
을(매수자)로 변경

사실관계는 다음과 같다.

- 2020년 9월 29일: 갑(매도자)이 을(매수자)과 조정대상지역에 위치한 A 주택에 대해 매매계약 체결
- 2020년 10월: 갑(매도자)과 병(임차인)은 A주택에 대해 임대차계약 체결. 임대차계약서 특약사항으로 '임대차계약 보증금의 잔금 지급일에 임대차계약서의 임대인 명의를 을(매수자)로 고쳐 작성'하기로 함
- 2020년 12월 1일: A주택 매매대금 잔금일. 특약 내용대로 임대인 명의를 갑(매도자)에서 을(매수자)로 바꾸어 동일한 내용의 임대차계약서를 작성한 후, 임대차보증금을 지급하고 병은 전입 신고함

언뜻 보면, 매매잔금과 동시에 임대차계약서를 다시 작성한 것이므로 취득 후가 맞다고 생각할 수 있지만 이에 대해 유권해석은 '그렇지 않다.'라고 명확히 밝혔다. 그렇다면 이 경우 상생임대주택 혜택을 받으려면 어떻게 해야 할까?

- 2020년 12월 1일~2022년 11월 30일: 일반적인 임대차계약
- 2022년 12월 1일~2024년 11월 30일: 직전임대차계약
- 2024년 12월 1일~2026년 11월 30일: 상생임대차계약 → 거주요건 없이 비과세 혜택 가능

비록 상생임대차계약은 2026년 11월 30일에 종료되지만 2024년 12월 31일 이전에 계약금을 지급하고 계약서를 작성하였고, 2024년 12월 1일에 임대차 기간이 시작되었으니 상생임대주택 혜택은 받을 수 있다. 물론 2026년 11월 30일 이전에 임차인이 나가서 2년 임대를 채우지 못하면 혜택은 받지 못할 수 있다.

유권해석 2

주택 취득 전 미리 계약한 임대차계약은 직전임대차계약에 해당하지 않는다는 유권해석이다.

주택 매매계약을 체결하고 이후 임대차계약을 체결한 경우로, 비록 주택 취득일 이후 임대기간이 개시되더라도 주택 취득 전에 임차인과 작성한 임대차계약은 직전임대차계약에 해당하지 않는다.

[제 목]

주택 매매계약 후 임대차계약을 체결한 경우 소득령§155의3의 "직전 임대차계약" 해당 여부

[요 지]

주택 매매계약 체결한 후 임대차계약을 체결한 경우로서 주택 취득일 이후 임대기간이 개시되더라도 임대인이 주택취득 전에 임차인과 작성한 임대차계약은 소득령§155의3의 "직전 임대차계약"에 해당하지 않는 것으로 기획재정부의 해석(기획재정부 재산세제과-1440, 2022.11.17.)을 참고하시기 바랍니다.

[회 신]

귀 서면질의 신청의 경우 기획재정부의 해석(기획재정부 재산세제과-1440, 2022.11.17.)을 참고하시기 바랍니다.

□ 기획재정부 재산세제과-1440, 2022.11.17.

[질의내용]

주택 매매계약 체결한 후 임대차계약을 체결한 경우로서 주택 취득일 이후 임대기간이 개시되는 경우 임대인이 주택취득 전에 임차인과 작성한 임대차계약이 「소득세법 시행령」 제155조의3의 "직전 임대차계약"에 해당하는지 여부
- (제1안) 직전 임대차계약에 해당
- (제2안) 직전 임대차계약에 해당하지 않음

[회신내용]

제2안이 타당합니다.

[관련법령]

소득세법 시행령 제155조의3【상생임대주택에 대한 1세대1주택의 특례】

관련 사실관계를 다음 그림을 보며 살펴보자.

2020년 6월	2020년 7월	2020년	2020년	2022년 9월
A주택 매매계약 (전 소유자 거주)	매수인과 새 임차인이 임대차계약 (A주택 취득일 이후 임대 개시하는 조건)	9월 18일 A주택 취득	9월 28일 임대개시	임대차계약 갱신

핵심은 2020년 9월 18일 소유권이전 완료가 되기 이전인 2020년 7월에 매수인과 새로운 임차인이 직접 임대차계약을 체결하였고, 해당 임대차계약이 대상 주택인 A주택을 취득한 이후인 2020년 9월 28일에 개시

를 하도록 한 것이다. 그럼에도 불구하고 유권해석은 '직전임대차계약에 해당하지 않음'으로 해석하였기에 주의해야 한다. 그렇다면 이 경우 상생임대주택 혜택을 받으려면 어떻게 해야 할까?

- 2020년 9월 28일~2022년 9월 27일: 일반적인 임대차계약
- 2022년 9월 28일~2024년 9월 27일: 직전임대차계약
- 2024년 9월 28일~2026년 9월 27일: 상생임대차계약 → 거주요건 없이 비과세 혜택 가능

비록 2020년 9월 28일 임대개시 계약이 직전임대차계약은 아니지만 이후 직전 및 상생임대차계약을 기한 내 할 수 있으므로 거주하지 않아도 비과세 혜택은 가능하다.

유권해석 3

분양 잔금 전에 체결한 임대차계약은 직전임대차계약에 해당하지 않는다는 유권해석이다.

예를 들어 분양권을 취득했는데 해당 분양권이 주택으로 완공되기 전에 임대차계약을 맺고 이후 완공된 후에 임대개시가 되면 과연 직전임대차계약에 해당하는지에 대한 내용인데, 아쉽지만 해당되지 않는다.

양도, 서면-2022-법규재산-3529 [법규과-3534] , 2022.12.07

관련주제어 ▶ 양도 또는 취득의 시기

[제 목]
주택을 취득하기 전 체결한 임대차계약이 상생임대주택특례의 직전임대차계약에 해당하는지 여부

[요 지]
주택을 취득하기 전 체결한 임대차계약은 상생임대주택에 대한 특례규정(소득령§155의3)의 직전 임대차계약에 해당하지 않음

[회 신]
「주택법」에 따른 사업주체가 공급하는 주택의 입주자로 선정되어 취득하는 주택에 대하여, 해당 주택을 취득하기 전에 임차인과 체결한 임대차계약은 「소득세법 시행령」 제155조의3 제1항의 "직전 임대차계약"에 해당하지 않는 것입니다.

[관련법령]
소득세법 시행령 제155조의3【상생임대주택에 대한 1세대1주택의 특례】

결론부터 말하면 분양 잔금(취득) 이전에 체결한 임대차계약은 직전임대차계약에 해당하지 않는다. 구체적인 사실관계를 다음 그림을 보며 살펴보자.

2018년 8월	2022년 9월	2022년 11월	2022년 12월	2024년 12월
A주택 청약당첨	A주택	A주택	잔금청산 및	임대차계약 갱신
및 계약체결	임대차계약	완공 예정	임차인	
			입주 예정	

2018년 8월에 A주택 청약에 당첨된 후 해당 분양권이 주택으로 완공되기 전인 2022년 9월에 임대차계약을 미리 맺은 경우이다. 이후 주택이 완공되면서 잔금청산 후 임차인이 입주를 한 사례인데, 분양권을 매수해서 임대차계약을 맺은 사람이라면 모두 다 공감할 만한, 아주 일반적인 경우이다.

하지만 분양권은 주택이 아니며 분양권이 주택으로 완공되어 취득한 경우는 사실상의 잔금일로 보아야 하기에 이 경우는 주택을 취득한 후 맺은 임대차계약이 아닌, 그 이전에 한 임대차계약으로 봐야 한다.

상생임대주택 혜택 가능 여부를 정리하면 아래와 같다.

> • 2022년 12월~2024년 12월: 일반적인 임대차계약
> • 2024년 12월~2026년 12월: 직전임대차계약
> • 2026년 12월~2028년 12월: 상생임대차계약 해당하지 않음 → 상생임대주택 혜택 불가(2024년 12월 31일 이전 계약이 아니므로)

안타깝지만 이 경우는 상생임대주택 혜택을 받을 수 없다. 직전임대차계약은 해볼 수 있으나 2024년 12월 31일까지 해야 하는 상생임대차계약이 기한을 넘겼기 때문이다.

동일한 경우라도 계약기간이 좀 빨랐으면 하는 아쉬움이 있으며, 직전임대차계약을 최소 의무기간인 1년 6개월로 하더라도 상생임대차계약이 마찬가지로 2025년 1월 1일 이후가 될 것이므로 상생임대주택 혜택을 받기 힘들다.

주요 유권해석 요약

앞에서 몇 가지 유권해석을 살펴보았다. 최근 나온 유권해석을 다 살펴볼 수는 없지만, 몇 가지 유의미한 결론을 요약하면 다음과 같다.

- 주택 취득 전 매도자와 임대차계약을 맺고 이를 매수자가 변경한 계약은 직전임대차계약에 해당하지 않음
- 주택 취득 전 체결한 임대차계약은 직전임대차계약이 아님
- 분양 잔금(취득) 전 체결한 임대차계약은 직전임대차계약에 해당하지 않음
- 매도인이 임차인이 되는 임대차계약을 '취득 당일' 체결 시 이는 직전임대차계약에 해당
- 승계받은 계약을 갱신하고 이를 재갱신한 경우, 각각 '직전임대차계약' 및 '상생임대차계약'에 해당
- 주택 취득 후 임대, 이후 거주, 다시 임대한 경우 중간에 임대 공백이 있더라도 상생임대주택 적용 가능
- 임차인 조기퇴거 시 2년 미만 임대라면 상생임대차계약에 해당하지 않음
- 단, 임차인 사정으로 임대기간을 미충족하더라도 새로운 임차인과 동일 계약 체결 시 임대기간 합산 가능(종전 계약보다 임대료가 낮거나 동일한 조건이어야 함)
- 임차인이 법인인 경우 상시 주거용 사택으로 사용하는 경우 상생임대주택 특례 적용 가능
- LH에 임대 후 상시 주거용으로 재임대 시 상생임대주택 혜택 가능

유권해석을 정리한 이 내용이 최종 결론인 것은 아니다. 과세당국의 해석은 계속해서 나오고 있으며, 아주 드물게는 기존 해석을 뒤집기도 한다. 따라서 상생임대주택 비과세 혜택에 대해 관심이 있다면 최신 유권해석을 주기적으로 살펴봐야 한다.

상생임대주택 비과세 혜택을 받기 위해서는 양도세 신고기한, 즉 예정신고 또는 확정신고 기한 중 아래 특례적용신고서에 해당 주택에 관한 직전임대차계약서 및 상생임대차계약서를 첨부하여 관할 세무서에 제출하여야 한다.

다음은 상생임대주택에 대한 특례적용신고서 양식이니 참고하자.

■ 소득세법 시행규칙 [별지 제83호의4서식] <신설 2022. 3. 18.>

상생임대주택에 대한 특례적용신고서

※ 위쪽의 작성방법을 읽고 작성하시기 바랍니다. (앞쪽)

접수번호		접수일		
신고인 (양도자)	① 성명		② 주민등록번호	
	③ 주소	(전화번호 :)		

상생임대주택 (양도주택)	④ 소 재 지		
	⑤ 주택 면적(㎡)	⑥ 토지 면적(㎡)	
	⑦ 취득일	⑧ 양도일	
	⑨ 양도가액	⑩ 거주기간(년 월 일 ~ 년 월 일)	
	⑪ 상생임대차계약체결일(년 월 일)	⑫ 임대개시일 당시 기준시가	

임대내역(⑬)

구 분	임차인		임대료		임대기간		
	성명	생년월일	보증금	월세	개시일	종료일	기간
직전 임대차계약							
상생 임대차계약							

「소득세법 시행령」 제155조의3제4항에 따라 상생임대차계약에 대한 특례적용신고서를 제출합니다.

년 월 일

신고인 (서명 또는 인)

세무대리인 (서명 또는 인)

(관리번호)

세무서장 귀하

첨부서류	뒤쪽 참고	수수료 없음

210㎜×297㎜[백상지80g/㎡ 또는 중질지80g/㎡]

일시적 2주택
종류 및 유의사항

'일시적 2주택' 특례는 부득이한 경우로 2주택이 되었을 때, 1주택으로 보아 그에 따른 혜택을 주겠다는 취지로 운영되어 왔다. 앞서 살펴본 일시적 2주택 양도세 비과세가 대표적인데, 그 외 취득세, 종부세 역시 잦은 세법개정과 중과세율 적용으로 일시적 2주택 개념이 적용된다. 그런데 문제는 이 세 가지의 특징이 조금씩 다르다는 것이다. 어떻게 다르고, 어떤 방식으로 활용 가능한지 살펴보자.

양도소득세 일시적 2주택 비과세

② 보유기간은 2년이 지났는가?(2보)

A주택
2017년 6월 취득

B주택
2018년 7월 취득

A주택
2019년 11월 매도

A 취득 　　　　　 B 취득 　　　　　 A 매도

① 1년 후 취득했는가?(1후)　　　③ B 취득 후, 3년 이내 매도인가?(3매)

이 그림은 이미 우리가 앞서 살펴본 것으로 이사 등으로 대체주택을 취득했을 때 일시적 2주택으로 양도세 비과세를 받는 경우의 설명이다. 이 경우에는 종전주택 양도세 비과세가 가장 큰 혜택이 될 것이다. 우리는 이를 '1후-2보-3매'로 외웠다.

1. 종전주택을 취득하고 '1년 후' B주택을 취득할 것(1후)
2. 종전주택은 최소 '2년 이상 보유'할 것(2보)
3. 종전주택은 신규주택을 취득한 후 '3년 이내 매각'할 것(3매)

그 외 세부사항은 이미 보았으니 설명을 생략하고 이제 취득세, 종부세에 있어서 일시적 2주택을 살펴보자.

취득세, 종합부동산세의 일시적 2주택 비과세

취득세의 경우는 세대 기준 주택 수에 따라서 중과세율이 적용되면서 (2020년 8월), '취득세 일시적 2주택' 개념이 도입되었다. 즉, 신규주택이 조정대상지역에 위치할 경우 종전주택 조정대상지역 여부에 따라 일정 기한 내 처분을 하면 신규주택 취득세가 중과되지 않게 해준 것이다. 양도세 일시적 2주택의 경우 신규주택 취득 당시, 신규 및 종전주택 모두 조정대상지역에 위치해야 강화된 일시적 2주택 개념이 도입되는데 취득세는 종전주택 조정대상지역 여부와는 상관없으며 신규주택 조정대상지역 여부가 중요하니 유의하자. 또한 취득세 일시적 2주택의 경우 양도세와 달리 '1년 후 취득' 요건은 붙지 않는다.

그렇다면 조정대상지역에 위치한 신규주택을 취득한 후 어떻게 해야 취득세 중과(이 경우 8%)를 피할 수 있을까?

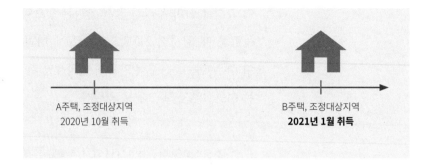

A주택, 조정대상지역
2020년 10월 취득

B주택, 조정대상지역
2021년 1월 취득

이 사례는 신규주택이 조정대상지역에 있으므로 취득세 중과에 해당하고(물론 2022년 12월 21일 이후이고 관련 지방세법이 개정된다면 2주택까지는 취득세 중과가 없어지지만 현재는 미정이다.), 신규주택 취득세 8%를 피하려면 종전주택을 당초 2년 안에 처분했어야 한다. 하지만 시행령 개정으로 해당 기한이 3년으로 늘어났기에 좀 더 여유가 생긴 것이다(지방세법 개정과 지방세법 시행령 개정은 다르다.).

여기에서 재미있는 점은 가령 당초 규정대로 2년이 지난 시점인 2023년 1월까지 종전주택을 매도하지 못해서 신규주택 취득세율 8%가 적용되었다면, 이번 조치로 처분기한이 2024년 1월까지 늘어났기에 만약 해당 기한 내 종전주택을 처분한다면 신규주택 취득세는 1~3%를 적용할 수 있으며 이미 납부한 취득세 일부를 돌려받을 수 있다는 것이다. 혹시 해당이 된다면 관할 지자체에 사전 확인 후 종전주택 매각에 대해 고민해보도록 하자.

종부세 역시 주택 수에 따라 종부세 중과세율이 적용되면서 일시적 2주택 개념이 도입되었다. 지금은 일부 개정이 되었지만 기존에는 조정대상지역에 2주택만 보유하더라도 종부세 중과세율이 적용되었다. 그런데 이 중 종전주택을 처분하는 경우라면 양도세에서는 종전주택 비과세가 가능한데 종부세에서는 별도의 예외를 두지 않아 형평에 맞지 않다는 의견이 많았다. 이에 정부는 종부세 일시적 2주택 개념을 도입하고 매년 9월에 이에 대해 종전주택을 처분하겠다는 특례신청을 받기로 하였는데 종전주택 처분기한 역시 2년에서 3년으로 연장되었다. 즉, 이사 등 부득이한 이유로 일시적으로 2주택이 된 경우라면 종부세 역시 신규주택 취득 후 3년 이내 종전주택을 매각하면 1주택으로 보고 종부세를 결정하겠다는 것이다.

단, 유의해야 할 점은 종부세 일시적 2주택은 실제 종부세 과세대상에서 아예 제외를 하는 것이 아니라 종부세 주택 수만 1주택으로 보고 계산방식을 따르겠다는 것이다. 따라서 실제 과표 적용 등 세 부담 시에는 2주택 모두 포함된다.

특례신청 효과

구분	신청 시	미신청 시
기본공제	12억 원	9억 원
세액공제*	최대 80%	×

* 연령: 60세 이상 65세 미만 20%, 65세 이상 70세 미만 30%, 70세 이상 40%
* 보유기간: 5년 이상 10년 미만 20%, 10년 이상 15년 미만 40%, 15년 이상 50%
(출처: 정부 보도자료)

이 표에서 보듯이 종부세 일시적 2주택은 매년 9월 특례신청을 해야 하며 신청을 별도 하지 않을 경우 2주택으로 보아 기본공제는 12억 원이 아닌 9억 원을 적용한다.

따라서 종전주택을 처분할 계획이라면 신청을 하되, 기한 내 처분을 못할 경우 이자상당액 등 가산세를 부담해야 할 수 있으니 신중하게 접근하자.

이렇듯, 당초 양도세 비과세에서만 있었던 '일시적 2주택' 개념이 취득세, 종부세에도 적용되어 무척 헷갈릴 수 있다. 표로 정리하면 다음과 같다.

구분	취득세	종부세	양도세
1년 후 신규주택 취득 요건	×	×	○
조정/비조정 구분에 따른 2년 혹은 3년 내 처분	모두 3년으로 통일		
일시적 2주택에 따른 세제 혜택	신규주택 기본세율	1주택 계산방식 적용	종전주택

먼저 '1년 후 취득' 요건은 양도세만 있다. 그리고 종전주택 처분기한은 당초 2년, 3년 등이었으나 모두 '3년'으로 통일되었다. 일시적 2주택으로 받을 수 있는 혜택을 정리해보면, 먼저 취득세의 경우 신규주택 기본세율(1~3%) 적용이 가능하다. 종부세는 1주택 계산방식을 적용하여 기본공제가 올라가고 추가세액공제도 가능하다. 양도세의 경우 종전주택 비과세가 가능하기에 양도가액 12억 원까지는 세금이 하나도 없다.

만약 모든 혜택을 다 받고 싶다면 어떻게 해야 할까? 신규주택을 '1년 후' 취득하고 종전주택을 3년 내 처분하면 그만이다. 앞서 살펴본 양도세 일시적 2주택 비과세의 기본과 동일해진 것이다. 부동산 시장 상황에 따라 관련 규정은 또 다시 복잡해질 수 있다. 따라서 시장 변화와 함께 관련 규정도 잘 살펴보아야 한다. 개인적으로 세법은 단순하고 이해하기 쉬워야 하며 예측가능성이 높아야 한다고 생각한다. 앞으로 점차 그렇게 되길 기대해본다.

020 ▶ 3주택 비과세가 가능하다고?

앞에서 1주택 비과세 그리고 일시적 2주택 비과세에 대해 살펴보았다. 그렇다면 '혹시 3주택 이상이라도 비과세가 가능할까?'라는 생각이 들지도 모르겠다. 가능하다. 다음 사례를 보자.

일부 처분 후 남은 2주택 비과세 받는 전략

3주택 비과세 사례

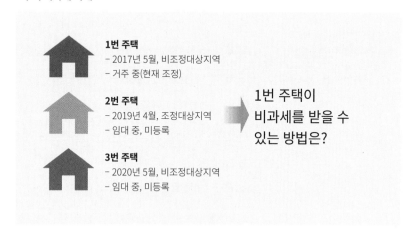

1번 주택
- 2017년 5월, 비조정대상지역
- 거주 중(현재 조정)

2번 주택
- 2019년 4월, 조정대상지역
- 임대 중, 미등록

3번 주택
- 2020년 5월, 비조정대상지역
- 임대 중, 미등록

1번 주택이
비과세를 받을 수
있는 방법은?

세대 기준 3주택의 사례를 살펴보자. 이 상황에서 1번 주택을 비과세 받을 수 있는 방법은 무엇일까? 크게 두 가지 방법이 있을 것이다.

첫째, 2번 주택과 3번 주택을 순차적으로 매각하고 남은 1번 주택은 비과세 혜택을 받으면 된다.

가장 무난한 방법으로, 1번 주택은 취득 당시 비조정대상지역이었으므로 2년 이상 보유만 하면 비과세가 가능하다. 비록 현재 조정대상지역이라고 하더라도 비과세 거주요건은 '취득 당시'로 판단하기 때문이다. 예를 들어, 2번 주택과 3번 주택을 각각 2023년 5월, 6월에 매각했다고 하자(합산과세가 되어 다소 불리할 수 있는데 이건 별도로 살펴보도록 한다.). 그리고 곧이어 2023년 7월에 1번 주택을 매각하면 취득일로부터 2년이 이미 지난 상태이므로 '1주택 비과세'가 가능하다.

이는 2022년에 개정된 소득세법 시행령 때문이다. 보유기간 재산정을 폐지함으로써 비과세를 판단할 때 원래 원칙인 '양도 당시' 기준으로 판단하게 된 덕분이다. 만약 보유기간 재산정 조문이 아직 남아있었다면 2021년 1월 1일 2주택 이상 다주택인 상태에서는 모두 처분하고 최종 1주택이 남은 상태에서 다시 추가로 2년 보유(혹은 취득 당시 조정대상지역이었다면 2년 거주 추가)를 하고 매각을 했어야 했다.

둘째, 3주택 이상 상태에서 일부를 매각하고 남은 2주택이 '일시적 2주택 비과세' 요건에 해당한다면 이 역시 가능하다. 강조하고 싶은 부분은 바로 이 내용인데, 예를 들어 2023년 3월 1일, 2번 주택을 매각한다고 가정하자. 세대 기준 3주택이고 2번 주택은 조정대상지역에 위치하고 있기에 원래는 3주택 양도세 중과가 되어야 하지만(장기보유특별공제를 못 받고, 기본세율에 30% 포인트 가산세율이 붙는다. 이후 다시 살펴볼 것이다.), 2024년 5월 9일까지 '한시적 양도세 중과 배제'이므로 양도세 중과에 해당하지 않는다. 이때 중요한 것은 '2년 이상 보유'인데 앞서 살펴본 것처럼 최소 2년 이상은 보유해야 기본세율(6~45%)이 적용된다. 그리

알아두세요

보유기간 재산정
'보유기간 재산정'은 2021년 1월 1일 현재 2주택 이상 다주택자인 경우에는 다른 주택을 모두 처분하고 남은 주택이 1채가 될 때 최종 1주택이 된 그날부터 추가 2년 보유(만약 취득 당시 조정대상지역에 위치했다면 추가 2년 거주)해야 비과세 혜택을 주는 제도로 '최종 1주택'으로도 불렸다. 이제는 이 규제가 사라져 양도세 비과세는 다시 대원칙인 '양도 당시'로 판단하면 된다.

고 기본세율 적용에는 거주요건이 붙지 않는다.

다시 돌아와서, 2번 주택을 2023년 3월 1일 매각하고 나면 남은 건 1번 주택과 3번 주택이다. 이제 남은 1번, 3번 주택이 일시적 2주택 비과세 요건에 해당하는지 살펴보자. 앞서 살펴본 '1후-2보-3매'를 기억하면 쉬울 것이다. 같이 해보자.

> 1. 1번 주택 취득 후 1년이 지나서 3번 주택을 취득하였는가? → Yes
> 2. 1번 주택은 취득 후 2년 이상 보유했는가? → Yes
> 3. 만약 1번 주택을 2023년 4월에 매각한다면 3번 주택 취득 후 '3년 이내' 매각인가? → Yes

세 가지 요건을 모두 만족하였다. 따라서 1번 주택은 비과세가 가능하다. 이는 앞서 말했던 '비과세 판단은 양도 당시로 판단한다.'는 대원칙 때문에 그러하고, 보유기간 재산정이 폐지된 덕분이다.

참고로 1번 주택 소재지가 지금 조정대상지역이더라도 취득 당시 비조정대상지역이었으므로 보유만 해도 비과세가 되며, 3번 주택은 취득 당시 비조정대상지역이었으므로 종전주택 1번 주택 매각기한이 3년임을 다시 한 번 숙지하자.

이제 남은 건 3번 주택 하나다. 2023년 7월에 곧바로 매각을 한다고 가정해보자. 비과세가 가능할까? 당연히 가능하다. 취득 당시 비조정대상지역이었으므로 2년 이상 보유만 하면 비과세가 되는데 이미 3년을 넘겼으므로 비과세가 가능하다.

그 결과는 다음과 같다.

- 2023년 3월 1일, 2번 주택 매각 → 원래 양도세 중과에 해당하나 일반과세 가능
- 2023년 4월, 1번 주택 매각 → 비과세 가능
- 2023년 7월, 3번 주택 매각 → 비과세 가능

어떤가? 3주택을 보유하고 있었는데 이 중 2채를 비과세로 매각하고 모두 정리하였다. 물론 비과세는 매우 큰 혜택이기 때문에 엄격하게 따져야 한다. 만약 실제 생계를 같이 하는 가족 중에서 다른 주택이 있다면 주택 수가 달라져서 위 결과가 다르게 나올 수도 있다.

따라서 우리는 3주택 이상인 상태에서 일부를 처분하고 2주택이 남으면 해당 2주택이 일시적 2주택 비과세 요건을 갖추는지 꼭 확인하도록 하자. 만약 해당된다면 혼자 판단하지 말고 세무사 등 전문가와 사전 확인을 거쳐 진행하는 것이 바람직하다.

주택임대사업자 거주주택 비과세 특례의 개요

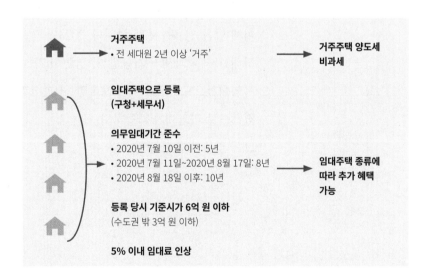

주택을 모두 보유한 상태에서 비과세를 받는 방법도 있다. 바로 주택임대사업자 거주주택 비과세 특례이다. 우선 이 제도는 '취지'를 잘 이해해야 한다. 굉장히 헷갈리기 쉽기 때문에 자칫 전혀 다른 방향으로 갈 수도 있어서이다. 그림에서 보는 것처럼 전제 조건은 주택임대사업자이기 때문에 거주하고 있는 주택을 제외하고 남은 주택은 임대주택으로 등록해야 한다. 즉 미등록임대주택은 해당하지 않는다. 또한 거주주택, 등록임대주택 각각 요건이 다르며 알아야 할 내용도 꽤 많기에 주의를 요한다. 하나라도 어기면 비과세를 받지 못하기 때문이다.

그렇다면 이렇게 주택 수가 많은데 과세당국은 왜 비과세 혜택을 주는 것일까? 이유는 임대차시장 안정을 위해 도입된 주택임대사업자 제도를 초기에 활성화하기 위해서이다. 임대사업자의 주택 수가 늘어나면 그 결과 주택임대사업자가 거주하는 주택은 비과세를 받지 못하는 문제가 생긴다. 이에 정부는, "주택임대사업자가 거주하고 있는 주택을 양도하는 경우, 요건을 갖춰 등록한 임대주택이 있다면 해당 임대주택은 거주주택 비과세 판단 시 제외함으로써 거주주택 비과세를 가능하게 한다."라고 하여 혜택을 주고 있다.

이제 이 문구를 중심으로 해당 내용을 더 구체적으로 살펴보자.

1) 주택임대사업자가 거주하고 있는 주택을 양도하는 경우

이 제도를 통해 비과세를 받으려면 가장 먼저 주택임대사업자가 거주하고 있는 주택을 양도해야 한다. 이때 거주요건은 '무조건' 갖추어야 하며 조정대상지역과, 비조정대상지역을 구분하지 않으니 유의하자.

2) 요건을 갖춰 등록한 임대주택

단순히 임대주택으로 등록했다고 되는 게 아니라, 요건을 갖춰 등록해야 한다. 이 요건에 대해서는 앞으로 상세하게 살펴볼 것이다.

3) 해당 임대주택은 거주주택 비과세 판단 시 제외

가장 헷갈리기 쉬운 부분이다. 많은 이들이 임대주택으로 등록하면 주택 수에서 제외되는 것으로 잘못 알고 있는데, 그렇지 않다. 주택임대사업자가 본인이 거주한 주택을 양도할 때 요건을 갖춰 등록한 임대주택이 비과세 판단 시 주택 수에서 제외되는 것이므로 꼭 이 둘을 구분하자.

만약 이를 구분하지 못하면 간혹, "집이 세 채인데 이 중 두 채를 임대주택으로 등록했으니 남은 게 한 채라서 비과세가 가능하구나.' 하고 잘못 판단할 수 있다.

이제 거주주택과 등록임대주택 요건에 대해 구체적으로 살펴보자. 아래 요건을 '모두' 갖춰야 거주주택 비과세가 가능하니 꼼꼼하게 확인하도록 하자.

임대사업자 거주주택 비과세의 거주요건

우선 거주주택 요건부터 보자. 앞의 그림에서는 '전 세대원 2년 이상 거주'라고 간단하게 써있지만 막상 따져보면 그리 만만치 않다.

1) 거주주택 양도일 현재 '2년 이상' 거주 필수

본 제도는 말 그대로 '거주주택 비과세 특례'이다. 따라서 해당 거주주택에 '무조건' 거주를 해야 한다.

간혹, '비조정대상지역이니 보유만 해도 되지 않나요?'라고 질문하는 사람들도 있는데, 이건 조정·비조정대상지역과 무관하다. 주택임대사업자가 거주하는 주택에 한하여 혜택을 주는 제도이니 2년 거주는 필수이다. 그런데 이 부분을 많은 사람들이 오해하고 놓치는 경우가 허다하다.

2) '2년 거주' 기간은 통산하여 합산

다만 2년 거주 기간은 연속하여 할 필요는 없고 통산하여 합산한다. 즉, '1년 거주 + 임대 + 7개월 거주 + 임대 + 5개월 거주……' 이런 식으로 양도일 현재 통산하여 2년 이상 거주를 했다면 무방하다.

3) 양도 당시 거주하고 있을 필요는 없음

거주주택은 2년 이상 거주하면 되는 것이지, 양도 당시에도 거주할 필요는 없다.

이상의 내용이 거주주택 비과세 특례에 있어서 거주주택 요건이다. 물론 다른 유주택 가족이 함께 살고 있다면 이때는 주택 수가 추가될 수 있다. 주민등록표와 실제 거주하는 가족을 일치시키는 것은 양도세 비과세에 있어서 기본 중의 기본이다.

임대사업자 거주주택 비과세의 등록임대주택 요건

다음으로 등록임대주택 요건인데 생각보다 많고 어렵기 때문에 하나하나 꼼꼼하게 따져봐야 한다.

1) 의무임대기간을 채우지 않았더라도 다른 요건 갖추면 비과세 가능

의무임대기간을 채우지 않더라도 다른 요건을 갖추면 우선 거주주택 비과세를 받을 수 있다. 그러나 '사후관리'에 주의해야 한다. 등록임대주택 요건에는 여러 가지가 있는데 그중 의무임대기간이 10년이라고 할 경우(2020년 8월 18일 이후 등록 시) 10년 임대기간을 먼저 채운 후에 거주주택을 양도해야 비과세가 되는지 문의하는 경우가 많다.

다행스럽게도 우리 세법은 다른 요건을 모두 갖추었다면 '거주주택 비과세'를 우선 해준다. 그리고 이후 의무임대기간 등을 잘 준수하는지 사후관리를 하며 당연히 사후관리 과정에서 해당 요건을 충족하지 못하면 비과세가 불가하며 이자상당액의 가산세까지 물어야 한다.

대표적인 사후관리 내용은 '의무임대기간 준수' 그리고 '5% 이내 임대료 증액제한', 이 두 가지이므로 특히 유의하자.

2) 등록일에 따라 제각각 다른 의무임대기간

주택임대사업자 제도의 취지는 임대차시장 안정화이기 때문에 의무임대기간 준수가 특히 중요한데, 등록일에 따라 모두 다르다.

> • ~ 2020년 7월 10일: 5년
> • 2020년 7월 11일~2020년 8월 17일: 8년
> • 2020년 8월 18일~:10년

조심해야 할 점은 이때 의무임대기간은 거주주택 비과세 특례를 위한 것인지, 아니면 종부세 합산배제, 양도세 중과배제와 같은 다른 혜택을 위한 것인지에 따라 약간씩 다를 수 있다는 점이다. 게다가 2020년 '7·10대책'으로 실시된 자동말소 및 자진말소로 인해 의무임대기간 규정은 더욱 복잡해졌다.

3) 자진말소 및 자동말소인 경우는 첫 말소 후 5년 내 거주주택 양도 시 비과세 가능

자진말소는 임차인 동의를 받고 의무임대기간 도중에 등록임대주택에

서 해지하는 것이고 자동말소란 민특법(민간임대주택에 관한 특별법) 상 정해진 의무임대기간이 종료될 때 자동으로 말소되는 것이다.

모든 경우에 다 되는 것은 아니고 임대주택 기간과 유형에 따라 달라지는데, 민간단기는 모든 주택 유형이 해당하며 장기일반민간임대주택(구 준공공)의 경우에는 아파트만 해당이 된다.

만약 도중에 자진말소를 했거나 의무임대기간 종료로 자동말소가 된 경우에는 첫 말소가 된 후부터 5년 이내에 거주주택을 양도해야 비과세가 가능하다. 무한정 기간 동안 비과세 혜택을 줄 수는 없다는 것인데, 다만 자진말소 시에는 의무임대기간의 절반 이상을 임대해야 한다. 가령 장기일반민간임대주택(구 준공공)으로 등록한 경우 민특법상 의무임대기간을 8년으로 등록했다면 최소 절반인 4년 이상을 임대하고 나서 임차인 동의를 받은 후 자진말소를 해야 의무임대기간을 충족한 것으로 본다.

그리고 다시 이로부터 5년 이내에 거주주택을 양도해야 비과세가 가능하니 자동말소나 자진말소가 된 경우에는 특히 더 유의하자. 이는 민특법상 의무임대기간을 준수하면 세법상으로도 요건을 갖춘 것으로 보아 비과세 혜택을 주는 것이니, 임대주택등록 시기 및 유형 그리고 자동·자진말소에 따라 여러 가지 조합이 나올 수 있다는 걸 염두에 둬야 한다.

자진말소, 자동말소에 따른 거주주택 양도기한

구분	자진말소	자동말소
대상	민간단기 또는 장기 중 아파트(장기 중 아파트 외 불가)	
임대기간(민특법상)	의무임대기간 1/2 이상	의무임대기간
양도기한	자진·자동말소일로부터 5년 이내 양도	

4) 지자체 및 세무서, 2곳 모두 등록해야

처음 임대주택을 등록할 때 관할지자체(시군구청)로 가야 하는데 이곳에서 등록면허세 납부 등 관련 절차를 마치고 인근 세무서를 가서 사업자등록증을 발급받아야 한다. 그런데 간혹 사업자등록증을 발급받지 않고 지자체에만 등록했다면 요건 미달로 거주주택 비과세가 불가할 수 있다. 실제 이와 같은 이유로, 다른 요건은 모두 갖추었는데 세무서 등록을 놓치는 바람에 비과세 불가 판정을 받아서 양도차익 10억 원 중 7억 원을 세금으로 낸 사례도 있다. 그래서 항상 요건 하나하나를 꼼꼼하게 따져봐야 한다.

5) 임대개시 당시 기준시가 6억 원 이하(수도권 밖 3억 원 이하)여야

또 하나 중요한 요건은 '임대개시 당시' 기준시가 요건이다. 즉 임대주택으로 등록하고 실제 임대를 개시할 때 기준시가 6억 원 이하(수도권 밖은 3억 원 이하)여야 한다는 요건을 갖춰야 하는데, 이후에는 기준시가가 이를 초과하더라도 무방하다. 그런데 임대개시 당시 기준시가를 초과한 경우에는 다른 요건을 모두 갖춰 등록한 경우라도 거주주택 비과세를 못 받을 수 있으니 미등록 상태에서 이를 먼저 처분하거나 혹은 모두 처분 후 1주택 비과세를 받는 등 다른 방식으로 비과세 혜택을 받는 것을 고민해봐야 한다.

6) 임대료증액은 5% 이내로 제한

아마도 임대주택등록 시 가장 많이 고민하는 부분이 이것일 것이다. 의무임대기간 중 임대료증액은 5% 이내로 제한되는데 직전 계약에서 5% 이내로 임대료 증액이 제한된다는 의미이다. 의무임대기간이 길수록 주변 시세와 상당한 차이가 날 수도 있다.

또 한 가지, '최초 임대료'의 경우 시세대로 올릴 수 있긴 하지만 2019년 10월 민특법 개정 후에는 기존 임대차계약 역시 최초 임대료로 보아 증액에 제한이 있을 수 있으니 반드시 사전 확인을 받은 후 비과세를 진행하자.

임대료 계산하는 법

그렇다면 임대료 5% 인상액은 어떻게 계산하는 것일까? 이건 '렌트홈(임대등록시스템 https://www.renthome.go.kr)' 사이트를 활용하면 쉽다.

렌트홈 홈페이지 메인 화면

렌트홈 첫 페이지 우측에 '임대료인상률 계산'이라는 아이콘을 찾을 수 있는데 클릭하면 다음과 같은 화면이 별도 창으로 뜬다.

렌트홈 홈페이지 임대료 계산 화면

┃ 임대료 계산

※ 임대료 계산 기능은 임대사업자의 임대차계약 변경 신고 시 활용하기 위한 용도이며, 임대차 제도 개선(개정 주택임대차 보호법) 관련 문의, 상담은 부동산 대책 정보 사이트 를 이용해 주시기 바랍니다.

항목	변경 전	변경 후
임대보증금(원)	원	원
월 임대료(원)	원	원
연 임대료(원)	원	원
임대료인상률(%)	☑인상률 적용	5 %
월차임전환시산정률(%)	2 %	
한국은행기준금리(%)	3.5 %	

◉ 변경 후 임대료   ○ 변경 후 인상률

계산하기   초기화

예를 들어 현재 1억 원 보증금에 월세 50만 원인데, 이걸 보증금 1억 원에 월세 55만 원으로 올리는 게 가능할까?

미등록임대주택이라면 시세대로 올릴 수도 있지만, 등록임대주택이라면, 특히 거주주택 비과세 특례를 받고자 한다면 1원이라도 초과하면 비과세를 받을 수 없다.

렌트홈에서 이 경우의 5%에 해당하는 금액을 계산해보자. 계산 화면에서 '변경 전'에는 현재 임대료를, 오른쪽 '변경 후'에는 임대보증금과 월 임대료 중 하나를 입력하면 된다. 따라서 '변경 전' 란에는 보증금 1억 원, 월세 50만 원 을 입력하고 우측 '변경 후'에는 보증금 1억 원을 입력한다. 월 임대료는 공란으로 두고 '계산하기'를 누르면 다음과 같은 결과가 나온다.

렌트홈 홈페이지 임대료 계산 결과

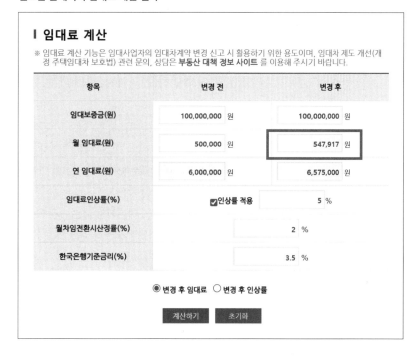

이처럼 5% 이내 증액을 준수하려면 547,917원까지만 올려야 한다. 그런데 이를 무시하고 55만 원으로 증액하면 5% 초과가 되어 거주주택 비과세 특례 시 해당 임대주택은 주택 수 제외가 되지 않기에 거주주택 비과세는 불가능하다.

'겨우 1만 5천 원 정도 올렸는데?'라고 생각할지 모르겠지만 비과세는 엄격히 해석하고 적용하므로 주의를 요한다.

특히 이 '5% 인상'은 한국은행기준금리에 따라 달라지는데 위 사례는 2023년 4월 1일 현재 한국은행기준금리 3.5%를 기준으로 작성한 것이다. 추후 계약서 작성 당시 해당 기준금리는 얼마든지 변할 수 있으니 추가 확인해야 한다는 걸 꼭 기억하자.

임대사업자 거주주택 비과세 특례 Q&A

지금까지의 내용만으로도 충분히 복잡하고 어렵지만 Q&A를 보며 몇 가지만 더 확인하도록 하자. 그만큼 변수도 많고 이슈도 많은 제도이다.

> **Q&A 1**
> **Q. 거주주택 비과세는 평생 1회라는데, 그럼 앞으로 비과세가 한 번 밖에 안 된다는 것인가요?**
> A. 그렇지 않습니다. 여기에서 나온 거주주택 비과세 특례는 주택임대사업자에 한하는 것이고, 우리가 흔히 알고 있는 1세대 1주택 비과세, 일시적 2주택 비과세와는 다르며, 요건만 갖추었다면 몇 회든지 가능합니다.

질문자는 아마도 거주주택은 취득 당시 조정대상지역 주택이라고 생각한 나머지 모든 비과세도 평생 1회라고 오해하는 듯하다.

> **Q&A 2**
> **Q. 주택임대사업자 거주주택 비과세도 어떤 경우 여러 번 된다고 하던데요?**
> A. 물론입니다. 다만 2019년 2월 11일 이전에 취득한 경우만 가능하며, 이 경우도 직전 거주주택을 양도한 이후 양도차익에 대해서만 비과세가 됩니다. 그 이후 취득한 주택은 거주주택 비과세 특례를 중복해서 받을 수 없습니다.

또한 개정 전후 취득한 주택이 섞여 있는 경우라 할지라도 이를 모두 포함하여 '평생 1회'이기 때문에 유의하자. 아래는 관련 유권해석이다.

거주주택 비과세 특례 평생 1회 관련 유권해석

양도, 기획재정부 재산세제과-192, 2020.02.

【제목】
장기임대주택에 대한 거주주택 비과세 특례 적용 여부

【요지】
「소득세법 시행령」 제155조 제20항 전단에 따른 거주주택 비과세를 한번 적용받은 1세대가 다시 거주용으로 사용한 신규주택을 양도할 경우, 거주주택 비과세 특례가 적용되지 않음

【회신】
2019년 2월 12일 전에 거주주택과 2채의 장기임대주택을 소유하고 있는 1세대가 2019년 2월 12일 이후에 이사 목적으로 신규주택을 취득하고 거주주택을 양도하여 「소득세법 시행령」 제155조 제20항 전단에 따른 거주주택 비과세를 적용받은 경우로서, 동 세대가 다시 거주용 주택으로 사용한 신규주택을 양도하는 경우 같은 규정에 따른 거주주택 비과세를 적용하지 않는 것임

Q&A 3
Q. 2018년 9월 14일 이후 조정대상지역에서 신규로 취득한 주택은 거주주택 비과세 혜택이 없나요?

A. 그렇지 않습니다. 물론 2018년 '9·13대책'으로 9월 14일 이후 조정대상지역에서 신규로 취득한 경우에는 종부세 합산배제 및 양도세 중과배제 혜택을 받을 수 없는 것은 맞습니다. 그러나 거주주택 비과세 특례는 이에 대한 제한을 두지 않았기에 앞에서 살펴본 요건을 충분히 갖추었다면 비과세 혜택이 가능합니다.

Q&A 4
Q. 일시적 2주택 비과세와 거주주택 비과세 특례는 중첩 적용이 가능한가요?

A. 가능합니다. 이렇게 활용할 때 그 시너지가 가장 좋다고 할 수 있습니다.

이에 대해서는 이어서 사례로 자세히 살펴보도록 하자.

일시적 2주택 및 임대사업자 거주주택 비과세 중첩 적용

사례 1

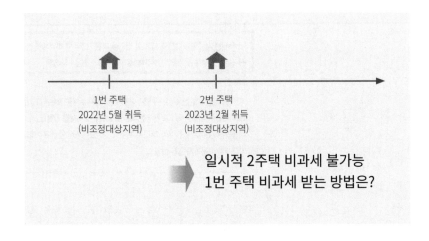

이 사례에서는 1번 주택 취득일로부터 2번 주택 취득일까지의 기간이 1년 이내이므로 일반적인 일시적 2주택 비과세를 받을 수 없다. 1번 주택 비과세를 받고 2번 주택을 보유하려면 어떻게 해야 할까?

이 경우는 2번 주택을 임대주택으로 등록하고 위에서 나온 요건을 모두 갖춘 후에 1번 주택에서 전 세대원이 2년 이상 거주하면 거주주택 비과세 특례가 가능하다. 그런 다음 2번 주택 의무임대기간이 끝나고 1주택 비과세를 받으면 최대한의 절세효과를 누릴 수 있다. 단, 1번 주택 양도 이후 양도차익에 대해서만 비과세이다.

혹시, '1번 주택은 비조정대상지역인데 왜 거주를 해야 할까?' 하고 의문이 든다면, 다시 앞의 내용을 확인하기 바란다. 거주주택 비과세 특례는 조정·비조정대상지역을 불문하고 무조건 2년 이상 거주해야 가능하다.

사례 2

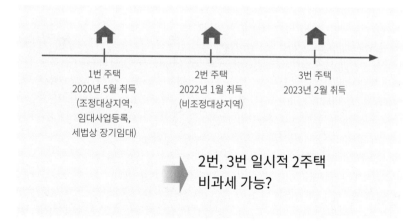

1번 주택
2020년 5월 취득
(조정대상지역,
임대사업등록,
세법상 장기임대)

2번 주택
2022년 1월 취득
(비조정대상지역)

3번 주택
2023년 2월 취득

**2번, 3번 일시적 2주택
비과세 가능?**

이 사례가 정말 중요한데 그림에서 보는 것처럼 주택 수는 3채이므로
일시적 2주택 비과세는 받을 수 없다. 하지만 거주주택 비과세 특례를
이용하면 3채를 모두 보유한 상태에서 2번 주택은 비과세 혜택을 받을
수 있다.

우선 1번 주택을 비과세 판단 시 주택 수에서 제외해야 하는데 이렇게
하기 위해서는 거주주택 비과세 특례를 이용해야 한다. 따라서 2번 주
택에서 거주를 하고, 동시에 2번과 3번 주택이 일시적 2주택 요건을 갖
추면 2번 주택은 비과세를 받을 수 있다. 즉 거주주택 비과세 특례와 일
시적 2주택 비과세를 중첩적용 받을 수 있는 것이다.

사례 2 결과

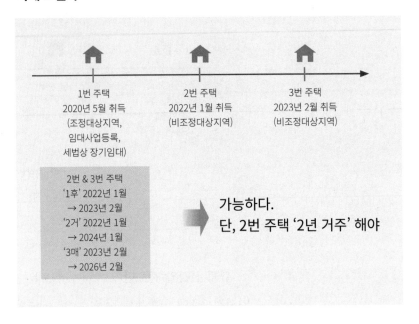

좀 더 구체적으로 살펴보면, 1번 주택은 반드시 요건을 잘 갖춰 임대주택으로 등록해야 하고, 2번 주택과 3번 주택은 일시적 2주택 비과세 요건을 갖춰야 하는데, 여기에 2번 주택은 거주주택 비과세 특례를 받아야 하므로 반드시 '2년 거주'를 해야 한다는 것은 앞에서 충분히 강조하였다.

따라서 2번 주택을 취득한 날로부터 2년 거주한 후인 2024년 1월부터 3번 주택 취득일로부터 3년 이내인 2026년 2월 사이에 2번 주택을 양도하면 비과세가 가능하다.

물론 현재는 아파트 신규 등록이 불가한 상황이므로 1번 주택은 아파트가 아닌 다른 주택이어야 하며, 만약 아파트라면 신규등록 허용에 대한 구체적인 내용이 개정되는 것을 확인한 후에 진행 여부를 결정하도록 하자.

임대사업자 거주주택 비과세에 대한 안타까운 사례

마지막으로, 사례 하나만 더 보고 마무리를 하도록 하자. 실제 사례로, 안타까운 마음에 소개한다.

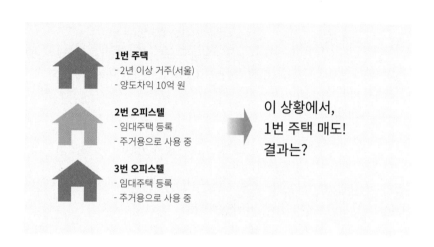

1번 주택은 취득 당시 비조정대상지역이었고, 양도 당시는 서울 조정대상지역이었다. 당사자는 1번 주택에서 2년 이상 거주하였고 양도차익은 10억 원 정도였다. 2번, 3번은 오피스텔이며 주거용으로 사용 중이었다. 당사자는 1번 주택에 비과세 혜택을 적용받길 희망했다.

이 상태에서 1번 주택을 매도하면, 비과세가 가능할까? 혹시 '2번, 3번 주택을 임대주택으로 등록했으니 주택 수에서 빠져서 비과세가 되겠군.' 하고 생각을 했다면, 앞의 내용을 다시 처음부터 복습하길 바란다. 마지막으로 강조하지만 임대주택으로 등록했다고 해서 주택 수에서 제외되는 것이 결코 아니다.

"주택임대사업자가 거주하고 있는 주택을 양도하는 경우, 요건을 갖춰 등록한 임대주택이 있다면 해당 임대주택은 거주주택 비과세 판단 시 제외함으로써 거주주택 비과세를 가능하게 한다."

이 내용을 바탕으로 이 사례를 하나하나 분석해보자.

> - 주택임대사업자가 → OK
> - 거주하고 있는 주택을 양도하는 경우 → OK (1번 주택에 거주 중)
> - 요건을 갖춰 등록한 임대주택이 있다면 → ? (요건을 갖추었는지 자료만으로 판단하기는 불분명하다.)
> - 해당 임대주택은 거주주택 비과세 판단 시 제외함으로써 → ? (요건을 갖추었는지 자료만으로 판단하기는 불분명하다.)

얼핏 보면 비과세가 가능할 것 같지만 그림만으로는 알 수 없다. 이유는 2번, 3번 오피스텔의 경우 제대로 요건을 갖춰 등록했는지 확인할 수 없기 때문이다.

따라서 당사자는 반드시 1번 주택을 양도하기 전에 세무사와 함께 임대주택등록 요건을 살핀 후 비과세 여부를 사전에 확인하고 매도를 했어야 했다. 하지만 현실은 그렇지 못했다. 안타깝게도 '임대주택 등록했으니 주택 수 제외'라고 잘못 판단해 1번 주택을 그냥 매도해버린 것이다. 결과는 어떻게 되었을까? '비과세 불가' 판정을 받았는데 그 이유가 너무 허망하다. 이유는 해당 임대주택을 지자체에만 등록하고 세무서 에는 등록하지 않아서였다. 주택 수 제외가 불가능하여 3주택이므로 비과세를 못 받은 것이다.

하지만 여기에서 끝이 아니다. 당시는 2019년도로 조정대상지역 다주택 양도세 중과가 적용된 기간이었다. 그 결과 첫째, 장기보유특별공제를 하나도 받지 못하였다. 10년 이상 보유 및 거주하였으나 받지 못한 것이다. 둘째, 기본세율에 20% 포인트가 가산(현재는 3주택 30% 포인트 가산)되어 양도차익 10억 원 중 무려 7억 원을 양도세로 납부하게 된 것이다.

단순 실수라지만 그 결과는 너무나 가혹하다. 계약서 작성 전에만 이 사실을 알았더라도 수억 원의 양도소득세를 피할 방법을 논의해볼 수 있었을 텐데 너무나도 안타까운 사례이다.

이렇게 금액이 클수록 그리고 비과세 요건이 복잡할수록 꼭 사전에 세무대리인(세무사 등)과 상담받길 권한다. 이 정도의 큰 금액이라면 최소 2명 이상에게 상담받고 그중 한 명에게 신고대행을 맡기는 것이 좋다.

사전 절세전략이 중요한 이유, 양도소득세 합산과세

부동산 절세에 있어서 '사전 계획' 수립 여부는 굉장히 중요하다. 특히 양도세는 더욱 면밀히 계획을 짜야 한다. 앞서 살펴본 필요경비 역시 매수할 때부터 미리 준비를 했어야 함을 기억할 것이다. 그리고 1년에 2채 이상 주택을 매도할 때에도 반드시 고려해야 하는 게 있는데 바로 '양도세 합산과세'이다. 매도 시기만 조절하여 세금 몇천만 원을 아낀다면 정말 매력적이지 않은가?

합산과세란 '동일연도에 매각하는 주택의 양도차익 및 차손을 모두 더하여 계산하는 것'이라고 이해하면 쉽다. 이때 중요한 건 '동일연도'이다.

양도소득세 합산과세의 이해

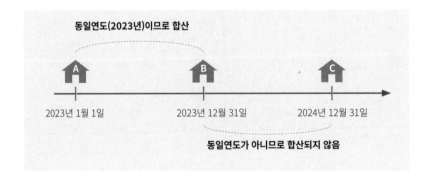

이 사례에서 A와 B는 2023년 동일연도에 매각되었으므로 이에 대해서는 합산이 된다. 반면 B와 C는 그렇지 않다. 그렇다면 이를 어떻게 활용해야 절세에 도움이 되는 될까?

합산과세 사례

구분	주택 A+B	주택 A	주택 B
양도소득금액	1억 6천만 원	8천만 원	8천만 원
기본공제	250만 원	250만 원	250만 원
과세표준	1억 5,750만 원	7,750만 원	7,750만 원
세율	38%	24%	24%
양도소득세	3,991만 원	1,284만 원	1,284만 원

주택 A와 B 모두 8천만 원의 차익이 났다고 가정하자. 두 주택을 2023년도에 모두 매각한다면 합산과세가 적용되어 해당 차익 금액을 합산한 1억 6천만 원에 대해 양도세를 납부해야 한다. 따라서 앞의 표에서 보듯이 1억 6천만 원에 대한 양도세는 3,991만 원이다. 그런데 만약 연도를 달리하여 매각한다면 어떻게 될까?

즉 주택A는 2023년도, 주택B는 2024년도에 각각 한 채씩 매각을 한다면 이 둘은 합산이 되지 않으므로 각각 8천만 원에 대해서만 양도세가 부과되는데 이는 1,284만 원에 해당된다. 이를 더하면 2,568만 원으로 합산과세인 3,991만 원보다 무려 1,423만 원을 절세할 수 있다.

따라서 이렇게 둘 다 양도차익이 발생하는 경우는 특별한 경우가 아니라면 연도를 달리하여 매각하는 것이 좋다. 앞으로 매각해야 할 주택이 여러 채인 경우에는 미리 계획을 세워서 차익을 실현하도록 하자.

다만 최종 주택에 대해 신속히 비과세 혜택을 받고자 하는 경우에는 보유 주택을 최대한 빨리 처분해야 합산과세로 양도세를 더 내더라도 유리할 수 있다. 또한 부동산 시장이 하락기에 들어가는 조짐이 보인다면 역시 조기 매각을 통해 차익을 실현하는 게 더 좋을 수 있다. 반대로 좋은 입지, 증여 등을 이유로 장기보유해야 하는 주택이라면 제외하고 매도 계획을 세우는 것이 당연하다.

양도차손 부동산은 동일 연도에 매도하자

합산과세를 오히려 역으로 이용하는 경우도 있는데 가령 양도차손이 난 부동산이 있는 경우이다. 이때는 합산과세를 적극 활용하여 '동일 연도'에 처분하는 것이 중요하다.

예를 들어, A주택은 양도차익 3억 원, B토지는 양도차손 1억 원인 경우 무조건 같은 연도에 매각을 해야 양도차익 2억 원(양도차익 3억 원에서 양도차손 1억 원을 차감한 금액)에 대해서만 과세가 된다. 만약 연도를 달리하여 매각을 한다면 합산과세를 전혀 활용하지 못하게 된다.

이론상으로는 이렇지만 현실적으로 양도차손인 부동산은 매각하기 힘들다. 따라서 먼저 양도차손주택에 대한 매수자를 찾기 위한 노력을 하면서(가격 조정 등), 동시에 양도차익주택에 대한 매수자도 찾아야 제대로 활용할 수 있을 것이다.

마지막으로 비과세인 주택은 세금이 발생하지 않았으므로 합산과세가 되지 않는다. 가령 A주택은 양도가액이 12억 원 이하여서 비과세 혜택을 받을 수 있고, B주택은 양도차익 1억 원에 대해 과세 적용이 되는 경우 두 채 모두 동일연도에 매각을 하더라도 B주택에 대해서만 과세가 되면 그만이다. 물론 A주택이 12억 원 초과 고가주택이어서 세금이 발생한다면 해당분은 합산이 된다.

고가주택 비과세에 대한 개념 및 계산법

앞에서 살펴봤듯이 양도세 비과세에 해당하면 양도가액 12억 원 이하에 대해서는 한 푼도 과세되지 않는다. 그렇다면 12억 원이 초과되면 얼마의 세금을 내야 할까?

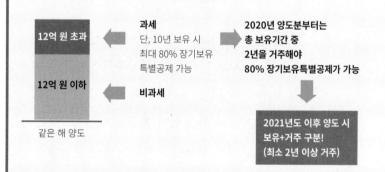

고가주택 비과세 계산법을 알려면 이 그림을 이해해야 한다. 예를 들어 양도가액이 15억 원인 경우 비과세라고 하더라도 12억 원까지는 비과세, 초과분인 3억 원에 대해서는 세금이 붙는다. 이때 양도차익이 아닌 양도가액임을 유의하자.

초과분 3억 원에 대해서는 최대 80%의 장기보유특별공제가 있는데 이는 원활한 '거주이전의 자유'를 위해 주는 혜택이다. 15억 원의 집을 양도하고 세금을 납부하였더니 13억 원 정도로 자산이 줄어버렸다면 일부의 경우 원하는 집으로 이사를 못할 수도 있기 때문이다.

장기보유특별공제

장기보유특별공제율의 변천사

장기보유특별공제는 부동산을 장기 보유한 경우 세금을 절감해주는 제도로 흔히 줄여서 '장특공'이라고 부른다. 장기보유특별공제가 까다로운 이유는 1세대 1주택 장특공이(다음 표2) 2020년, 2021년 연달아 개정되면서 세 부담이 커졌기 때문이다. 즉, 다음 표2에서 보다시피 기존에는 10년 보유만 하더라도 80% 장특공이 적용되었는데(1년에 8% × 10년), 2020년에는 '2년 거주'라는 조건이 붙었고 2021년에는 다시 보유와 거주로 구분하여 각각 40%씩 적용할 수 있게 된 것이다.

문제는 이러한 거주요건의 기준이 취득 당시가 아닌 '양도 당시'라는 것이다. 비록 일찍 취득한 경우라도 2021년도 이후 양도분부터는 2년 이상 거주를 해야 최대 80% 장특공이 가능하다.

장기보유특별공제율

보유기간	표1		표2(1세대 1주택 고가주택)			
	2018년 까지	2019년 이후	2019년 이전	2020년 (2년 거주)	2021년 이후(2년 거주)	
					보유기간	거주기간
2년 이상 3년 미만	–	–	–	–	–	8%
3년 이상 4년 미만	10%	6%	24%	24%	12%	12%
4년 이상 5년 미만	12%	8%	32%	32%	16%	16%
5년 이상 6년 미만	15%	10%	40%	40%	20%	20%
6년 이상 7년 미만	18%	12%	48%	48%	24%	24%
7년 이상 8년 미만	21%	14%	56%	56%	28%	28%
8년 이상 9년 미만	24%	16%	64%	64%	32%	32%
9년 이상 10년 미만	27%	18%	72%	72%	36%	36%
10년 이상 11년 미만	30%	20%	80%	80%	40%	40%
11년 이상 12년 미만		22%				
12년 이상 13년 미만		24%				
13년 이상 14년 미만		26%				
14년 이상 15년 미만		28%				
15년 이상		30%				

장기보유특별공제의 효과

사례별 양도세(취득가 7억 원, 양도가 15억 원, 필요경비 없다고 가정)

구분	거주 사례 1. 거주 2년, 보유 2년	거주 사례 2. 거주 5년, 보유 5년	거주 사례 3. 거주 10년, 보유 10년
양도가액	15억 원		
− 취득가액	7억 원		
필요경비	없다고 가정		
과세대상 양도차익	8억 원×{(15억 원 − 12억 원)/15억 원} = 1억 6천만 원		
장기보유특별공제	− (3년 이하)	40% (4%×5년+4%×5년)	80% (4%×10년+4% ×10년)
= 양도소득금액	1억 6천만 원	9,600만 원	3,200만 원
기본공제	250만 원	250만 원	250만 원
= 과세표준	1억 5,750만 원	9,350만 원	2,950만 원
세율	38%	35%	15%
누진공제	1,994만 원	1,544만 원	126만 원
산출세액(지방세 제외)	3,991만 원	1,728만 원	316만 원
총 납부세액	4,390만 원	1,901만 원	348만 원

사례를 통해 계산법을 살펴보자. 취득가는 7억 원, 양도가는 15억 원이고, 필요경비는 없다고 가정해보자. 여기에서 중요한 건 장기보유특별공제 효과이다. 양도차익까지는 계산법이 동일하다. 다만 '과세대상 양도차익'을 유의해야 하는데, 계산법은 이렇다.

> 과세대상 양도차익 =
> 양도차익 × (비과세 기준 초과분 / 양도가액)

전체 양도가액을 기준으로 비과세 기준, 즉 12억 원 초과분만큼을 양도차익에 적용하는 것이다. 따라서 양도차익 8억 원에 비과세 기준 초과분은 3억 원(= 15억 원 - 12억 원)이 되고 양도가액이 15억 원이니 계산하면 '8억 원 × (3억 원 / 15억 원) = 1억 6천만 원'이 된다. 비과세가 적용되었다는 이유만으로 8억 원에서 1억 6천만 원으로 과세대상 양도차익이 크게 줄어들었다.

이제 여기에 장기보유특별공제를 적용하면 되는데, 우선 장기보유특별공제는 최소 3년 이상 보유해야 한다. 따라서 첫 번째 사례는 2년 보유 및 거주여서 장기보유특별공제에 해당되지 않는다. 간혹 2년 거주했으니 장기보유특별공제 8%를 받을 수 있지 않냐고 문의하는 경우가 있는데 보유기간 3년의 조건을 갖추지 못했으므로 그렇지 않다.

다음은 5년 보유, 5년 거주이다. 우선 3년 이상 보유했으니 장기보유특별공제 적용이 가능하다. 그런데 1세대 1주택 비과세이고 2년 이상 거주했으므로 장기보유특별공제율 표2에서 확인해 보면 '보유 5년 × 4% + 거주 5년 × 4% = 40%' 장특공이 적용된다. 그 결과 총 납부 세액은 1,901만 원으로 크게 줄었다. 마찬가지로 10년 보유, 10년 거주를 했다면 348만 원으로 더욱 크게 줄어든다.

여기에서 중요한 점은, 비과세를 위한 거주요건과 장기보유특별공제를 위한 거주요건이 다르다는 것이다. 둘을 구분해야 하며 거주기간이 길수록 절세에 유리하다는 사실을 우선적으로 인지하고 있으면 편리하다.

돈 되는 매도 전략

'매수는 기술, 매도는 예술'이라는 말이 있다. 사는 것보다 파는 것이 어려운데 단순하게 부동산 시장이 좋지 않아 안 팔려서 그렇다기보다는 매도할 때 고려해야 할 요소가 많아서이다. 부동산 절세와 자산관리 면에서 모두 돈 되는 매도 전략은 다음과 같다.

첫째, 양도차익이 작은 부동산을 먼저 매도한다

이는 마지막에 양도차익이 큰 주택을 남겨두어 가급적 1주택 비과세를 받으려는 것이다. 보유기간 재산정 제도가 폐지되어, 남은 1주택은 취득일로부터 2년 이상 보유(단, 취득 당시 조정대상지역이었다면 2년 거주 필요)하면 비과세가 가능하다는 점을 활용하는 것이 유리하다.

둘째, 합산과세를 활용한다

양도차익 물건이 두 개 이상이라면 가급적 연도를 달리해서 매도하고, 하나라도 양도차손이 있다면 양도차익과 같은 연도에 매도하여 총 양도차익을 줄여야 한다.

셋째, 사고를 유연하게 해야 한다

양도차익 물건이 두 개 이상이라도 곧바로 팔아야 하는 경우가 있다. 최소 3채 이상 보유했을 때 마지막으로 남은 주택으로 최대한 빨리 비과세 혜택을 받고자 하는 경우이다. 빨리 비과세를 받고 양도해 현금을 보유하고 싶거나 더 좋은 물건으로 갈아타기 위해서 쓰는 전략이다. 이 전략은 두 번째 전략과 정면으로 배치된다. 고정관념에서 벗어나 유연하게 대처하는 능력이 양도세 절세전략에서는 무척이나 필요하다.

넷째, 해당 물건의 투자가치를 함께 봐야 한다

간혹 양도세 절세를 위해 투자가치가 높은 물건을 너무 쉽게 던지는 경우를 종종 보곤 한다. 양도세 5천만 원을 절세하려고 매도하였는데 추후 1억 원, 2억 원이 오른다면 어떤 심정일까? 앞일은 아무도 모른다지만 그래도 보유물건 중 옥석을 가려서 장기보유할 물건은 가급적 마지막에 파는 것이 유리하다. 그래서 절세공부뿐만 아니라 부동산 공부도 함께 해야 종합적인 자산관리를 할 수 있다.

**부동산 절세
무작정 따라하기**

023

양도소득세 중과 모르면
큰코 다친다

양도소득세 중과가 무서운 이유

지금까지 우리는 양도소득세가 무엇이고 어떻게 과세가 되는지 그리고 가장 좋은 절세법 중 하나인 '비과세'까지 배워보았다. 이번엔 양도세 중과에 대해 알아보자. 양도세가 굉장히 커지는 경우가 있는데 이를 '양도세 중과'라고 한다. 말 그대로 세금을 무겁게 부과한다고 하여 중과인데 도대체 얼마나 세 부담이 커지는 것일까?

양도세 중과와 일반과세의 세 부담 차이

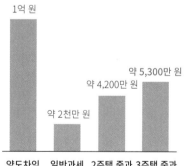

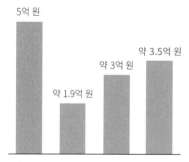

이 그래프는 양도차익이 1억 원인 경우와 5억 원인 경우의 일반과세와 양도세 중과 금액을 비교한 것이다.

먼저 양도차익이 1억 원일 때 일반과세(보유기간 2년 이상으로 기본세율 적용 시)인 경우 2천만 원 정도 양도세가 나온다. 그런데 세대 기준 주택 수가 2주택이라서 2주택 중과가 되면 단독명의라고 가정했을 때 4,200만 원, 만약 3주택 중과라면 5,300만 원 정도까지 치솟는다. 물론 필요경비를 더 많이 인정받으면, 또는 공동명의라면 양도세가 일부 줄어들지만 확실한 건 일반과세에 비해 훨씬 더 많은 세 부담을 져야 한다는 사실이다.

양도차익이 5억 원이라면 그 차이는 훨씬 더 커진다. 일반과세는 양도세가 대략 1억 9천만 원인데 3주택 중과가 되면 3억 5천만 원까지 늘어나기 때문에 양도세 중과는 가급적 피하는 것이 좋다.

그렇다면 양도세 중과를 적용받으면 세금이 왜 이렇게 크게 늘어나는 것일까?

첫째, 양도세 중과에 해당하면 해당 주택을 아무리 장기보유 했더라도 장기보유특별공제는 적용되지 않는다. 그 결과 양도세 과세표준이 증가한다.

둘째, 양도 당시 세대 기준 2주택이라면 기본세율에 20% 포인트를 가산하고, 3주택 이상이라면 30% 포인트를 가산하여 양도세를 구한다.

예를 들어, 양도세 과표가 10억 원 초과이고 10년을 보유했다 하더라도 장기보유특별공제 20%(= 2% × 10년)는 전혀 적용되지 않으며, 기본세율 45%에 30% 포인트가 가산되어 75%의 양도세율이 적용된다. 이렇게 양도세에 중과세율이 적용되면 세 부담이 급격하게 늘어나게 되는 것이다.

그렇다면 양도세 중과를 피할 수 있는 방법은 없을까? 다행히 정부는 2024년 5월 9일까지 양도세 중과 한시 배제를 적용하였다. 다주택 상태에서 조정대상지역에 위치한 주택을 매도하더라도 2년 이상 보유했다면 일반과세 적용을 해주기로 한 것이다. 다음 내용은 양도세 중과에 대한 기본개념을 익히고 중과 한시 배제가 종료되었을 때, 조정대상지역에 위치한 주택을 매도하는 경우 적용되는 세법으로 이해하자. 2024년 5월 9일이 지나면 양도세 중과 한시 배제가 종료되는데, 이때에도 강남 3구 및 용산이 여전히 조정대상지역으로 남아있다면 해당 지역에 위치한 주택 양도 시 양도세 중과가 적용될 것이기 때문이다.

양도소득세 중과 여부 확인을 위한 3단계 방법

비과세도 그렇지만 양도세 중과 여부를 판단하는 기준시점에 있어 대원칙은 '양도 당시'이다. 즉, 취득을 언제 했는지는 상관없이 양도 당시 중과 요건에 해당한다면 거액의 양도세를 부담해야 할 수 있다는 것이다. 따라서 양도세 중과가 언제 적용되는지를 살펴보고 역으로 이를 피한다면 중과를 피할 수도 있을 것이다.

그렇다면 양도세 중과는 언제 적용이 될까? 양도세 중과 여부는 다음 세 가지를 따져봐야 한다.

1. 매도 당시 세대 기준 주택 수가 2주택 이상, 즉 다주택이어야 한다. 보통 '다주택자 양도세 중과'라고 하는 이유도 그래서이다.
2. 매도하고자 하는 주택이 양도 당시 조정대상지역에 소재하고 있어야 한다. 이때 중요한 건 '양도 당시'이다.
3. 1번, 2번에 해당하더라도 양도세 중과 배제 등과 같은 특수한 사례에 해당된다면 중과되지 않는다.

첫째, 양도세 중과가 적용되려면 세대 기준 2주택 이상 다주택자여야 한다. 이때 중요한 건 '세대 기준'이고 이는 단순히 주민등록표상이 아니라 '실제 생계를 유지하고 있는 가족'이 중심이다. 따라서 함께 살고 있는 가족의 주택 수를 모두 파악해야 하며 같이 살고 있지 않은 가족이 있다면 당연히 주민등록표상에서도 제외하여 외형(주민등록표)과 실질(실제 생계를 함께하는 가족)을 일치시키는 것이 중요하다.

만약 1주택자라면 어떻게 될까? 비록 양도 당시 해당 주택 소재지가 조정대상지역이라 하더라도 다주택자가 아니기에 양도세 중과는 적용되지 않는다. 단, 최소 2년 이상은 보유해야 기본세율 적용이 가능하니 이것만은 유의하자. 물론 1주택 비과세를 받으려면 앞에서 살펴본 비과세 요건을 모두 갖춰야 한다.

둘째, 양도 당시 해당 주택 소재지가 조정대상지역에 위치하고 있어야 양도세 중과를 적용받는다. 즉, 아무리 다주택자라 하더라도 매각하는 주택이 조정대상지역이 아닌 곳에 위치하고 있다면 양도세 중과를 적용받지 않는다.

윤석렬 정부는 계속해서 조정대상지역을 해제하고 있다. 예를 들어 A주택 취득 당시에는 조정대상지역이었는데 양도 당시에는 해제가 되어 비조정대상지역이라고 가정해보자. 이때 양도세는 어떻게 될까?

조정대상지역이 해제된 후 A주택을 매도하는 경우

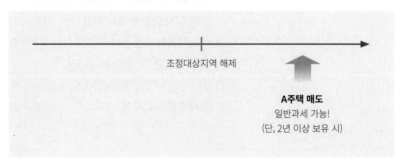

비록 다주택이라 하더라도 양도 당시 A주택이 비조정대상지역에 위치하고 있으므로 양도세 중과는 해당되지 않는다. 하지만 아래 두 가지를 조심해야 한다.

1. 최소 2년 이상은 보유해야 일반과세가 가능하다. 만약 2년 미만 보유라면 단기 양도세율 70%(1년 미만), 혹은 60%(1년 이상~2년 미만)가 적용되니 유의하자. 물론 추후 단기세율이 2020년 수준으로 환원되면 최소 1년 이상 보유 후 양도해도 일반과세가 가능하다.
2. 만약 비과세를 받고자 한다면 취득 당시 조정대상지역인 경우 반드시 '2년 거주'를 해야 한다. 비과세 거주요건은 규제지역에서 해제되었다고 사라지지 않는다는 점을 주의한다.

세 번째는 설령 2주택 이상 다주택이면서 조정대상지역에 위치하더라도 양도세 중과에 해당하지 않는 경우이다. 매우 좋은 사례지만 요건이 만만치 않으니 이에 대해서는 더 꼼꼼하게 살펴봐야 한다. 다음 내용에서 자세히 알아보자.

양도소득세 중과,
이렇게 피하자!

양도세는 중과가 적용되면 눈덩이처럼 불어난다. 그런데 다주택자이고 조정대상지역에 위치한 주택을 매도할 때에도 중과되지 않는 경우가 있다. 이것만 활용하더라도 양도세 수천만 원은 절세할 수 있다. 어떤 경우일까?

양도소득세 중과 한시 배제

'양도세 중과 한시 배제'를 적용받는 경우이다. 가장 쉬운 양도세 절세 방법이다. 정부는 2022년 5월 10일부터 2024년 5월 9일까지 매각하는 모든 주택에 대해서 양도세 중과를 한시 배제하였다. 주택 수가 아무리 많고 조정대상지역에 위치하고 있다고 하더라도 중과에 해당하지 않는다. 최근 정부가 조정대상지역을 계속해서 해제하고 있지만 서울 중심지 같은 곳은 해제되기 어려울 텐데, 이런 곳이라도 해당 기간에 매각을 하면 양도세 중과가 적용되지 않는 것이다. 2023년 1월 5일 현재, 용산·서초·강남·송파구만 제외하고 모든 지역이 규제지역에서 해제되었다. 다만 두 가지 유의할 점이 있는데 2년 이상 보유해서 기본세율을 적용받는 것(만약 3년 이상 보유라면 장기보유특별공제도 가능하다.)과 1년에 2채 이상 매각 시 합산과세를 유의해야 한다는 점이다.

세법에서 정한 양도소득세 중과배제 요건

세법에서 정한 양도세 중과를 배제해 주는 경우들이다. 이 경우는 양도세 중과 한시 배제와는 별도이므로 설령 2024년 5월 10일 이후 조정대상지역에 위치한 주택을 매각하는 다주택자라도 적용된다.

> 1. 수도권, 광역시(군, 읍/면 지역 제외) 외 지역에 소재하는 주택으로 양도 당시 기준시가가 3억 원을 초과하지 않는 주택
> 2. 세법상 '장기임대주택'으로 등록한 임대주택
> 3. 상속받은 주택으로 5년이 경과하지 않은 주택
> 4. 위의 중과배제 주택을 제외하고 남은 주택이 1채인 경우 그 남은 1주택

이 내용은 소득세법 시행령 제167조의3 중에서 핵심 내용을 추린 것이다. 1번은 지역요건과 가액요건이 동시에 충족되어야 한다. 수도권 외지방에 있으면서 양도 당시 기준시가가 3억 원을 넘지 않거나 혹은 수도권에 있더라도 읍·면 지역 등에 있으면서 역시 기준시가 3억 원을 넘지 않는 경우 양도세 중과가 적용되지 않는다. 다만 기준시가는 해마다 변동되므로 양도 전에 반드시 3억 원 초과 여부를 확인해야 한다.

2번의 세법상 '장기임대주택'은 다소 복잡하다. 임대주택으로 등록한 주택임대사업자이면서 동시에 아래 요건을 갖춰야 가능하니 주의하자.

- 지자체와 세무서, 2곳에 임대주택으로 등록할 것
- 임대개시 당시 기준시가 6억 원 이하일 것(수도권 외는 3억 원 이하)
- 2018년 4월 1일 이후 등록 시에는 장기일반민간임대주택(구 준공공임대주택)으로 등록할 것
- 유주택자가 2018년 9월 14일 이후 조정대상지역에서 신규로 취득한 주택이 아닐 것
- 5% 이내로만 임대료를 증액했을 것(2019년 2월 12일 이후 계약분부터)

이 모든 요건에서 하나만 갖추지 못하더라도 세법상 '장기임대주택'으로 양도세 중과가 배제될 수 없으니 임대주택으로 등록한 주택을 양도시에는 반드시 사전에 세무사 등을 통해 확인한 후 진행하자.

사례 1. 중과배제 주택 외 남은 주택이 1채인 경우

4번의 '중과배제 주택 후 남은 1주택'은 매우 흥미로운 경우이다. 다음 사례를 살펴보자.

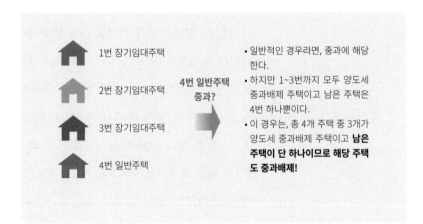

이 사례에서 세대 기준 주택 수는 모두 4채이다. 이때 1~3번 주택은 앞서 살펴본 세법상 '장기임대주택'으로 양도세 중과배제 대상이다. 이제 이를 제외한 주택이 4번 주택 1채인 경우라면 비록 4번 주택이 조정대상지역에 위치하고 있더라도 양도세 중과배제가 가능하다.

간혹 1~3번 주택이 임대주택으로 등록되어 있으므로 주택 수에서 제외되어 중과배제라고 생각하는 사람들이 있는데, 그렇지 않다. 등록임대주택이 양도세 비과세 판단 시 주택 수에서 제외되는 딱 한 가지 경우가 있는데 바로 '거주주택 비과세 특례(소득세법 시행령 155조 ⑳항)'에 해당할 때이다. 이를 활용하면 앞의 사례 4번 주택에서 전 세대원이 2년 이상 거주했다면 4번 주택은 중과배제뿐만 아니라 비과세까지도 가능하다. 하지만 역시 요건이 까다롭고 실제로 비과세인 줄 알고 매도했다가 비과세 불가 판정을 받아 거액의 세금을 내는 경우도 많기에 '임대주택 등록했다고 주택 수에서 무조건 제외되는 건 아니다.'라고 알아두는 게 좋다.

사례 2. 중과배제 주택 외 남은 주택이 2채인 경우

앞의 사례를 염두에 두고 다음 사례를 보자.

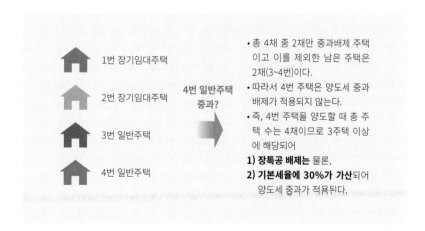

1번 장기임대주택

2번 장기임대주택

4번 일반주택 중과?

3번 일반주택

4번 일반주택

- 총 4채 중 2채만 중과배제 주택이고 이를 제외한 남은 주택은 2채(3~4번)이다.
- 따라서 4번 주택은 양도세 중과배제가 적용되지 않는다.
- 즉, 4번 주택을 양도할 때 총 주택 수는 4채이므로 3주택 이상에 해당되어
1) 장특공 배제는 물론,
2) 기본세율에 **30%가 가산**되어 양도세 중과가 적용된다.

이 사례는 언뜻 보면 앞의 중과배제 주택 외 남은 주택이 1채인 경우와 같아 보인다. 하지만 자세히 보면 세법상 장기임대주택 외 남은 주택이 1채가 아닌 2채라는 것을 발견할 수 있을 것이다. "그래서 뭐 얼마나 다른데요?"라고 할지 모르겠지만 실제로 많은 차이가 있다.

일단 전체 주택 수는 4주택이다. 앞서 말했듯이 등록임대주택이라고 무조건 주택 수에서 제외되지 않는다. 따라서 4번 주택을 양도하고 조정대상지역에 위치한다면 이때는 2주택 중과가 아닌 4주택 중과가 되어 장기보유특별공제를 못 받으며, 기본세율에 30% 포인트가 가산된다.

실제로 이런 상황에서 2주택 중과라고 착각하여 그냥 매도를 하였는데 본인이 생각한 세금보다 무려 9,500만 원이나 더 많이 부과되어 망연자실한 납세자의 소식을 들은 적이 있다. 실수한 것 치고는 참으로 큰 대가이다. 만약 양도세 중과 한시 배제인 기간(2022년 5월 10일~2024년 5월 9일)에 '사례 1'처럼 매각했다면 그래도 중과는 피했을 텐데 참 안타까운 경우이다. 주택 수 판정은 생각보다 까다로우니 유의하지 않으면 이렇게 큰 손해를 입게 된다.

넷째
마당

또 다른 보유세, 주택임대소득세

1주택인데도 세금을 내나요?

Q 주택 한 채를 가지고 있는데 월세를 받고 있어요. 1주택인데도 세금이 붙나요? 만약 내야 한다면 얼마나 부담해야 하나요?

A 주택을 전세나 월세로 임대하고 그로 인해 소득이 발생한다면 이에 대해 세금이 붙는데 이걸 '주택임대소득세'라고 합니다. 그런데 모두 그런 것은 아니며 부부합산 보유주택 수에 따라 다릅니다. 즉 부부합산 주택 수가 1채라면 비과세(단, 고가주택 월세는 과세한다.), 2채라면 월세만 과세, 3채 이상이라면 월세 그리고 간주임대료에 대해 과세가 됩니다. 그리고 이를 매년 2월과 5월에 세금신고를 해야 합니다.

임대소득세 파헤치기

주택을 임대하면 이제는 임대소득세가 과세된다!

지금까지 우리는 주택을 취득할 때 내는 취득세부터 보유할 때 부담해야 하는 재산세와 종합부동산세, 마지막으로 이를 처분할 때 내는 양도소득세까지 단계별 세금에 대해 살펴보았다.

그런데 주택을 다른 사람에게 임대한다면 또 하나의 세금이 붙는데 바로 '주택임대소득세'이다. 주택임대소득세는 엄밀히 말해 사업소득으로 과세대상이 된다면 매년 5월 분리과세 혹은 종합과세로 별도 세금 신고, 납부를 해야 한다. 성격은 사업소득이지만 이 역시 매년 부담을 해야 하고 과세대상도 점점 늘어나고 있기에 나는 '제3의 보유세'라고 칭하고 싶다. 보유세는 아니지만 이걸 간과하고 주택 수를 늘린다면 생각지도 못한 세금을 부담해야 할 수 있고, 더 나아가 건강보험료 이슈도 발생할 수 있다. 앞으로 주택을 통해 임대사업을 할 계획이 있다면 반드시 주택임대소득세를 고려하자.

또한 주택이 아닌 상업용 부동산(상가 등) 임대업을 한다면 이는 주택임대소득이 아닌 일반임대소득이 되며 주택과는 다르기에 이 둘을 구분할 필요가 있다.

부동산을 통해 자산관리를 하고 싶다면 시세차익도 좋지만 매월 현금이

 알아두세요

종합과세와 분리과세

소득세법상 동일한 과세소득이라 하더라도 그 방식에 따라 이를 모두 더하여 과세하면 종합과세라 한다. 반면 다른 소득에 영향을 미치지 않고 따로 과세를 하여 그 자체로 과세가 종결되면 이를 분리과세라 한다. 예를 들어 어떤 직장인이 근로소득이 있고 이자, 배당과 같은 금융소득이 추가로 있을 경우 일정 요건을 갖추면 이 둘을 더하여 과세가 되는데 이를 종합과세라 한다. 당연히 둘을 더한 값이 커지므로 세 부담은 커지게 마련이다. 그렇지 않고 금융소득 그 자체로 과세가 종결되고 당사자의 다른 소득인 근로소득과 합산되지 않으면 이를 분리과세라 한다. 분리과세 세율은 14%이므로 다른 소득(여기에서는 근로소득) 세율이 이보다 높으면 분리과세가 유리하고 이보다 낮으면 종합과세가 유리하다.

나오는 수익형에도 관심이 갈 것이다. 그중에서도 주택은 상대적으로 접근이 용이하고 세제 혜택도 일부 있기에 주택임대를 하고 싶다면 이 내용에 집중하길 바란다.

부동산임대업자가 부담하는 세금

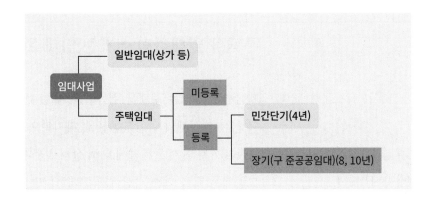

부동산을 임대하고 매월 월세를 받는 것은 아마 대다수가 원하는 희망 사항 중 하나가 아닐까? 부동산 임대사업에는 크게 두 가지가 있는데 하나는 일반임대 그리고 다른 하나는 주택임대다. 보통 '건물주'라고 하면 빌딩, 상가 등에서 나오는 월세를 받는 임대인을 의미하며 이 경우 '일반임대'라고 칭한다. 그 외 주택을 전세나 월세로 임대하면 주택임대라고 하는데 지자체 등록은 자율이지만 세무서 등록은 현재 의무사항이다. 다시 지자체 등록 유형은 단기와 장기로 구분하는데 현재 단기임대주택은 폐지되었으며 의무임대기간 10년인 장기일반민간임대주택만 있다. 2020년 7월 10일 이후 아파트 신규등록이 폐지되었으나 2023년 중으로 신규 등록이 허용될 예정이다(2023년 3월 기준으로 별도 개정된 내용은 없는 상태이다.).

그렇다면 부동산임대업자가 내는 세금에는 어떤 것이 있을까? 임대사업은 엄연히 사업소득 중 하나이므로 이에 대해 매년 5월 종합소득세 신고를 해야 한다. 일반임대는 모두 신고대상이다. 주택임대는 먼저 부부합산 주택 수에 따른 과세대상 요건에 해당이 되어야 하며 수입금액이 연간 2천만 원 이하라면 분리과세 혹은 종합과세 중 선택이 가능하고, 만약 2천만 원이 초과된다면 종합과세대상이다. 물론 해당 주택을 취득, 양도하는 데에 따르는 취득세, 양도세는 별개이다. 하지만 이 둘은 거래비용에 해당하고, 임대소득세는 임대가 발생하면 매년 납부해야 하는 것이기에 이에 대한 대비가 필요하다. 그래서 필자는 이를 '제3의 보유세'라 부르곤 한다. 이제부터는 구체적인 주택임대소득 과세대상 여부를 확인해보고 관련 세금을 살펴보자.

주택임대소득 과세체계(과세대상 여부 확인)

앞서 주택을 임대하면 세금이 부과될 수 있다고 하였다. 그렇다면 보유 중인 주택을 전세나 월세로 임대하면 무조건 과세가 되는 것일까? 그렇지는 않다. 주택임대소득세가 부과되는지 살펴보려면 우선 그 요건에 해당하는지를 먼저 봐야 하는데, 이를 '과세요건'이라고 한다. 본인에게 발생하는 주택임대소득에 대해 과세가 되는지, 안 되는지를 살펴보려면 다음 표와 같은 순서로 살펴보는 것이 중요하다.

주택임대소득 과세체계

1단계	2단계	3단계	4단계
주택 수 확인	수입금액 계산	2천만 원 초과 여부 확인	과세방식에 따른 세액(세금) 계산
• 부부합산 주택 수 (매우 중요)	• 1채: 해당 없음 • 2채: 월세 • 3채: 월세+간주임대료	• 2천만 원 이하: 분리과세 또는 종합과세 중 선택 • 2천만 원 초과: 전액 종합과세	• 분리과세: 15.4% (지방소득세 포함) • 종합과세: 타 소득과 합산, 개인별 모두 상이

가장 먼저 주택 수를 확인해야 하는데, 이때 흥미로운 점은 '부부합산 주택 수'라는 점이다. 지금까지 취득세, 양도세에서는 세대 기준 주택 수, 그리고 보유세에서는 개인별 보유 중인 주택 수가 기준이었는데 주택임대소득에서는 '부부합산 주택 수'가 기준이 된다. 헷갈릴 수 있지만 이를 통해 절세할 방법을 모색할 수도 있으니 잘 구분하자.

이때 주택이란 '상시 주거용으로 사용하는 건물'을 의미하고 단독주택, 공동주택, 다가구주택, 다세대주택, 원룸 등 형태를 불문하며 주거용 오피스텔도 해당한다. 또한 다가구주택은 1개의 주택으로 보며 만약 구분등기된 경우라면 각각을 1개의 주택으로 계산한다. 공동소유주택은 지분이 가장 큰 자의 소유로 보아 계산하며 지분이 가장 큰 자가 2인 이상인 경우 각각의 소유로 보지만 같은 세대라면 하나로 본다. 또한 지분이 가장 큰 자가 2인 이상인 경우 상호 합의 하에 특정 1인을 임대수입 귀속자로 할 수 있다.

이렇게 부부합산 주택 수를 확인하였다면 이제는 주택 수에 따라 어떤 부분이 과세되는지를 구분해야 한다.

부부합산 주택 수에 따른 과세요건

주택 수	월세	간주임대료
1주택	비과세 (단, 고가주택은 과세)	비과세
2주택	과세	비과세
3주택 이상	과세	과세 (단, 보증금 합계액 3억 원 초과분에 한함)

먼저 부부합산 주택 수가 1주택이라면 월세 그리고 보증금에 대해 모두 비과세를 적용한다. 과세당국에서 1주택인 경우는 실거주라고 보기에 그러하다. 단, 해당 1주택이 고가주택이고 월세로 임대를 주고 있는 형태라면 이에 대해서는 과세된다. 따라서 고가주택 1주택 상태에서 임대를 주고 싶다면 전세 형태로 임대를 줘야 비과세가 된다. 참고로 이때 고가주택이란 기준시가 12억 원 초과인 주택을 의미한다.

부부합산 주택 수가 2주택이라면 어떨까? 이때는 월세에 대해 과세가 된다. 1채는 실거주, 다른 하나는 월세를 주고 있다고 보아서 그렇다. 따라서 주택임대소득 과세대상에서 피하려면 하나는 실거주하고, 다른 주택은 전세를 주면 된다. 물론 2채 모두 전세를 줘도 주택임대소득은 비과세다.

마지막으로 부부합산 주택 수가 3주택 이상이라면 이때는 주택임대소득에 대해 모두 과세가 된다. 즉 월세는 물론 보증금에 대해서도 과세가 되는데 여기서 잠깐 '간주임대료'라는 개념에 대해 알아보자.

간주임대료란 보증금이 3억 원을 초과할 때 이에 대해 발생하는 정기예금 이자 정도의 수준에 대해서는 과세하겠다는 의미로, 실제 보증금으로 이자 소득이 발생하지 않더라도 요건을 갖추면 과세가 된다. 그래서 '간주'임대료라 칭하는데 계산식은 다음과 같다.

주택 간주임대료 계산 방법

장부신고	(보증금 등 − 3억 원)의 적수 × 60% × $\dfrac{1}{365(윤년은\ 366)}$ × 정기예금 이자율 (2022년 귀속: 1.2%) − 해당 임대사업부분 발생한 수입이자와 할인료 및 배당금의 합계액
추계신고	(보증금 등 − 3억 원)의 적수 × 60% × $\dfrac{1}{365(윤년은\ 366)}$ × 정기예금 이자율 (2022년 귀속: 1.2%)

*보증금 등을 받은 주택이 2주택 이상인 경우에는 보증금 등의 적수가 가장 큰 주택의 보증금 등부터 순서대로 차감
*참고로 간주임대료 계산 시 2023년 귀속 이자율은 2.9%이다. 이는 최근 금리인상을 반영한 것인데, 2023년 5월 종합소득세 신고 시에는 2022년도 귀속이므로 이 책에서는 2022년도 기준 이자율로 계산한다.

(출처: 국세청)

알아두세요 ────

적수

세법에서 말하는 적수란 한자 그대로 '쌓아올린 숫자'를 의미하는데, 더 구체적으로는 매일매일의 계정 잔액을 계산하여 합산할 때 쓰는 개념이다. 예를 들어 '1일차 1만 원 + 2일차 1만 원 + 3일차 2만 원 + 4일차 2만 원 + 5일차 3만 원'이 계좌에 입금되었다고 할 경우 누적잔액은 9만 원(= 1 + 1 + 2 + 2 + 3)이고 해당 기간 5일로 나누면 하루 평균 1만 8천 원이 된다. 이는 기간별로 어떤 형태로 자금이 사용되었는지를 파악하기 위해 사용되는데, 간주임대료뿐만 아니라 가지급금 인정이자, 지급이자 손금불산입(경비처리 불가) 등에 활용된다.

참고로 간주임대료 계산 시 주택 수에서 하나 주의할 것이 있다. 바로 '소형주택'은 간주임대료 계산 시 제외된다는 점이다. 전용면적이 40㎡ 이하이면서, 동시에 해당 과세기간의 기준시가가 2억 원 미만이어야 한다. 두 가지 요건을 동시에 갖춰야 하며 간주임대료 계산 시에만 제외되고 그 외 월세 등에는 포함되니 주의하자. 그리고 이때 말하는 보증금 역시 소형주택만 아니라면 월세, 전세 형태를 불문하고 모두 포함되니 간혹 월세 보증금을 빼는 등의 실수는 하면 안 된다.

> 1. 부부합산 주택 수를 구한다.
> 2. 그에 따라 과세대상이 월세인지 간주임대료까지인지를 파악한 후에 '수입금액'을 계산한다.
> 3. 계산한 수입금액이 연간 기준, 2천만 원을 초과하는지 여부에 따라 과세방식이 분리과세인지 종합과세인지 결정된다.

따라서 우리는 수입금액, 분리과세, 종합과세 등에 대해 알아두고 이를 본인 상황에 맞게 적용해야 할 것이다. 이 역시 매년 납부해야 하는 '제3의 보유세'이기 때문이다.

주택 수에 따른 수입금액 계산해보기

수입금액은 비용을 차감하기 전, 일종의 '매출액'으로 이 자체가 부담해야 할 세금은 아니다. 수입금액에서 관련 경비를 차감하고 세율을 적용해야 세금이 나온다. 종합과세 여부 판단은 수입금액으로 하기에 다양한 사례를 알아두는 것이 좋다. 다음 사례들은 주택 수에 따라 수입금액을 계산한 것이다.

1. 부부합산 2주택 소유, 월세 250만 원인 경우

이 경우 주택 수(부부합산 주택 수이며 이하 동일)가 2채이므로 월세만 과세대상이다. 따라서 연간 수입금액은 1월부터 12월까지라고 가정하면 아래와 같은 금액이 나온다.

> 250만 원 × 12개월 = 3천만 원

이렇게 연간 수입금액은 3천만 원이 되고 '전액' 종합과세대상이 된다. 여기에서 유의해야 할 점은 2천만 원 초과분이 아닌 3천만 원 전액이 종합과세대상이 된다는 것이다. 단, 수입금액은 그 자체가 세금은 아니다. 실제 세금을 계산하기 위해서는 몇 가지 절차가 더 있으며, 이에 대해서는 뒤에서 더 자세히 살펴보도록 한다.

2. 2주택 소유, A주택은 전세 5억 원(남편 단독명의), B주택은 보증금 1억 원, 월세 250만 원(공동명의)

이 사례도 2주택이다. 역시 월세만 살펴보면 되는데 마찬가지로 월세가 250만 원이지만 1번 사례와 다른 건 '공동명의'라는 점이다. 따라서 5:5 지분이라고 가정한다면 아래와 같은 금액이 나온다.

> 250만 원 × 12개월 × 0.5 = 1,500만 원

이 경우에는 수입금액이 2천만 원 이하이므로 분리과세 혹은 종합과세 중 선택할 수 있다. 공동명의를 하면 수입금액이 줄어들고 그에 따라 분리과세를 선택하여 절세할 수 있게 되는 것이다. 물론 분리과세가 무조건 절세에 유리하다고는 할 수 없지만 대체적으로는 종합과세보다 유리하다.

3. 3주택 소유, 모두 전세이며 보증금 합계액은 31억 원

이번에는 3주택의 사례이다. 월세, 간주임대료 모두에 대해 살펴봐야 하는데, 월세는 없고 모두 전세이다. 따라서 간주임대료만 구하면 될 것이다.

$$(31억 원 - 3억 원) \times 60\% \times 1.2\% = 2,016만 원$$

간주임대료는 일단 보증금 합계액에서 3억 원을 차감한다. 그리고 여기에 60%를 곱하고(3억 원 초과분 보증금의 60%만 이자수익이 발생한다고 가정하는 것이다.), 여기에 다시 이율 1.2%를 적용한다(2022년 귀속이며, 해당 이율은 매년 변동된다.).

실제로는 임대기간에 따라 '적수' 계산을 하며, 실제 금융소득이 발생했다면 이미 금융소득과세가 되었을 것이므로 이것을 다시 차감해야 하지만, 현재는 그 과정을 이해하는 것이 우선이니 이 부분은 생략하여 단순화한 사례이다.

계산 결과 2,016만 원이 나오게 되는데, 2천만 원 초과이므로 전액 종합과세대상이 된다.

4. 3주택 소유, 모두 전세이며 보증금 합계액은 25억 원

다른 조건은 3번 사례와 모두 같은데 보증금 합계액만 25억 원으로 다르다.

$$(25억 원 - 3억 원) \times 60\% \times 1.2\% = 1,584만 원$$

보증금이 낮아지니 당연히 수입금액도 낮아져서 2천만 원 이하가 되었다. 그 결과 분리과세 혹은 종합과세 중 선택이 가능하다. 참고로 1.2% 이율일 때 수입금액이 2천만 원이 되는 보증금은 약 30억 7,770만 원이다. 위 산식에서 보증금을 'x'로 놓고 수입액을 2천만 원으로 해서 역산해보면 계산할 수 있다. 이는 분리과세와 종합과세 선택이 가능한 보증금은 대략 30억 7천만 원까지라는 의미로, 해당 금액 이하로 임대를 하면 과세방식을 선택할 수 있다는 것을 뜻한다.

5. 3주택 소유, 1채는 월세 100만 원, 2채는 전세, 3채 보증금 합계액은 10억 원

이 사례도 3주택이다. 월세와 보증금이 모두 있기에 각각 계산해야 한다.

> - 월세: 100만 원 × 12개월 = 1,200만 원
> - 간주임대료: (10억 원 − 3억 원) × 60% × 1.2% = 504만 원
> - 월세 + 간주임대료 = 1,704만 원

월세와 간주임대료 모두 발생하였지만 다행히(?) 수입금액은 2천만 원 이하이므로 분리과세 또는 종합과세 중 선택이 가능하다. 월세와 전세를 이렇게 적절하게 섞어서 절세하는 것도 하나의 방법이 될 수 있다는 것을 알 수 있다.

6. 100주택 소유, 모두 전세이며 보증금 합계액은 100억 원

마지막으로 다소 극단적인 사례인데, 주택 수가 100채이고, 월세는 하나도 없고 모두 전세라고 가정해보자.

> 간주임대료: (100억 원 − 3억 원) × 60% × 1.2% = 6,984만 원

수입금액이 2천만 원을 훌쩍 넘어서 전액 종합과세대상이며 세 부담은 꽤 클 것으로 예상이 된다.

그런데 만약 100주택이 모두 '소형주택'이라면 어떻게 될까? 즉, 전용면적 40㎡ 이하이면서 동시에 기준시가 2억 원 이하라면(동시 조건) 비록 월세에 대해서는 과세가 되지만 간주임대료 계산 시에는 주택 수에서 제외되어 간주임대료가 '0'이 된다. 그런데 월세 역시 하나도 없기에 결과적으로 수입금액은 '0'이 되어 주택임대소득에 대한 세금을 '0'으로 만들 수 있다.

물론 어디까지나 가정을 한 것이고, 소형주택의 경우 그 요건이 기한이 지나면 없어질 수도 있으며, 또한 현재는 소형주택 요건을 갖추었다 하더라도 기준시가가 올라가면 과세대상이 되므로 이해를 돕기 위한 사례로 이해하면 되겠다.

주택임대소득, 실제 세 부담은?

종합과세와 분류과세

수입금액을 살펴보았으니 이제 주택임대소득의 실제 세금은 어떻게 되는지 살펴보자. 그 전에 분리과세 그리고 종합과세에 대해 살펴보아야 하는데 분리과세는 말 그대로 다른 소득과 분리하여, 즉 해당 소득만 따로 계산하여 세금을 결정짓는 것을 의미한다.

그에 반해 '종합과세'는 해당 명의자의 다른 소득 중 종합과세대상을 모두 합산하여 과세한다. 당연히 그 결과값은 커지게 마련이고 따라서 과세표준도 증가하며 적용되는 세율도 커져서 세 부담은 늘어나게 된다. 고소득자가 가장 두려워하는 세금 가운데 하나가 바로 '종합과세'인 이유이다.

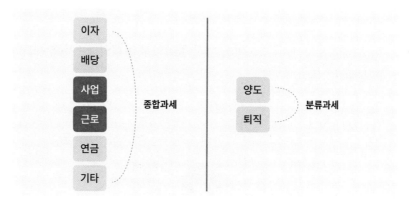

종합과세와 분류과세

개인소득세에서는 모든 소득을 8개로 구분한다. 이자, 배당, 사업, 근로, 연금, 기타 그리고 양도, 퇴직, 이렇게 8개 소득인데 양도소득과 퇴직소득은 별도로 분류하여 과세한다고 하여 '분류과세'라고 한다. 즉 급여를 받는 근로소득자가 주택을 사고팔아서 양도소득세가 과세된다고 해서 근로소득과 양도소득이 합산되지 않는다. 양도소득은 장기간에 걸쳐 누적된 소득인데, 수시로 발생하는 근로소득 등과 합산할 경우 세 부담이 너무 올라가는 불합리한 면이 있기 때문이다. 이런 이유로 직장인들이 집을 사고 팔 때는 양도소득세만 걱정하면 된다.

반면 앞의 그림 왼편에 있는 여섯 가지 소득은 계속 수시로 발생하는 성격이므로 조건에 해당한다면 모두 합산하여 과세되는데 이를 '종합과세'라고 한다. 예를 들어 어떤 직장인이 월급을 받으면서 퇴근 후 그리고 주말에 별도 사업소득을 일으킨다고 가정하자. 이 직장인은 두 가지의 소득이 발생하는데 하나는 근로소득, 또 하나는 사업소득이고 특별한 경우가 아니라면 해당 사업소득은 근로소득과 합산된다. 그 결과 더 높은 세율을 적용받을 수 있는 것이다. 즉, 똑같은 사업소득이 발생하더라도 고소득자가 세 부담을 더 많이 지게 된다.

주택임대소득 계산

이제 다시 돌아와서 주택임대소득의 세금을 구체적으로 살펴보겠다.

3주택 사례

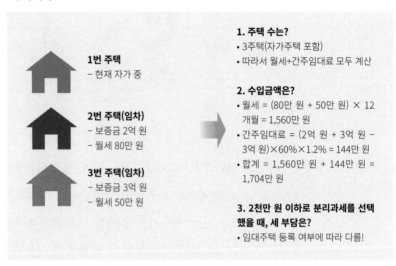

1번 주택 – 현재 자가 중	**1. 주택 수는?** • 3주택(자가주택 포함) • 따라서 월세+간주임대료 모두 계산
2번 주택(임차) – 보증금 2억 원 – 월세 80만 원	**2. 수입금액은?** • 월세 = (80만 원 + 50만 원) × 12개월 = 1,560만 원 • 간주임대료 = (2억 원 + 3억 원 – 3억 원)×60%×1.2% = 144만 원 • 합계 = 1,560만 원 + 144만 원 = 1,704만 원
3번 주택(임차) – 보증금 3억 원 – 월세 50만 원	**3. 2천만 원 이하로 분리과세를 선택했을 때, 세 부담은?** • 임대주택 등록 여부에 따라 다름!

앞에서 살펴본 대로 이 사례의 수입금액을 계산해보자. 이미 해보았으므로 그리 어렵지 않을 것이다.

그렇다면 분리과세를 선택하면 주택임대소득세는 어떻게 될까? 이때는 해당 임대주택을 등록했는지 그렇지 않은지에 따라 다르다.

> • 3주택 → 월세, 간주임대료 과세대상
> • 월세: (80만 원 + 50만 원) × 12개월 = 1,560만 원
> • 간주임대료: (2억 원 + 3억 원 – 3억 원) × 60% × 1.2%(2022년 귀속) = 144만 원
> • 수입금액: 월세 + 간주임대료 = 1,704만 원
> • 2천만 원 이하 → 분리과세, 종합과세 중 선택 가능

앞에서 살펴본 대로 '수입금액'을 계산하였다.

그렇다면 분리과세를 선택하면 세 부담은 어떻게 될까? 이때는 해당 임대주택을 등록했는지 그렇지 않은지에 따라 다르다.

분리과세 시 주택임대소득세 부담 계산

구분	임대소득		계산식	세 부담 (분리과세, 15.4%)
	필요경비	기본공제		
등록임대주택	60%	400만 원	(1,704만 원 − 1,704만 원 × 60%) − 400만 원 = 281.6만 원	약 43.3만 원
미등록임대주택	50%	200만 원	(1,704만 원 − 1,704만 원 × 50%) − 200만 원 = 652만 원	약 100.4만 원

이 표의 2번, 3번 주택이 모두 지자체와 세무서에 등록한 등록임대주택이라고 가정하자. 이 경우 필요경비 60% 그리고 기본공제 400만 원(단, 다른 종합소득금액이 2천만 원 이하인 경우)을 적용할 수 있다.

따라서 표에서 계산한 수입금액 1,704만 원에 이를 적용하면 281만 6천 원이 나오고 여기에 분리과세 세율 15.4%(지방세 포함)를 곱한 결과 약 43만 3천 원이 나온다. 이 금액이 최종 세금이라고 생각하면 된다. 공제과정 등에서 약간의 오차가 있을 수 있으나 여기서는 계산과정에 집중하자.

만약 두 채 모두 세무서 등록만 하고 지자체 등록을 하지 않은 미등록임대주택이라면 필요경비는 50%, 기본공제는 200만 원으로 줄어들고 그 결과 나온 값은 652만 원, 여기에 세율을 적용하면 약 100만 4천 원의 세 부담을 져야 한다.

여기에서 알 수 있는 점은 미등록인 경우, 등록했을 때보다 2배 넘게 세금을 더 많이 져야 한다는 것이다. 또한 일부는 등록, 일부는 미등록이라면 수입금액을 기준으로 안분 계산해야 하는데, 대략 43만 3천 원에서 100만 4천 원의 사이가 될 것이다.

현실적으로 직장인이 이렇게 주택임대소득이 있다면 기본공제 400만 원, 200만 원은 적용할 수 없다. 종합소득금액이 2천만 원을 초과할 것이기 때문에 그러하다. 그렇다면 세 부담은 다시 104만 9천 원(등록 시), 131만 2천 원(미등록 시)이 되고 다수는 지자체 등록을 안 했을 것이므로 약 130만 원이 세금이라고 생각하면 된다.

그런데 이 사례의 한 달 월세 합계액(80만 원 + 50만 원 = 130만 원)도 130만 원이다. 물론 개인차는 있겠지만 그동안 여러 사례를 통해 계산을 해보니 대략 한 달치 월세 정도가 임대소득세로 나가는 것을 파악할 수 있었다.

혹여 지금까지의 계산과정이 너무 어렵다면 이렇게 생각하자. '1년에 월세 열두 번을 받지만 이 중 한 달치 월세는 세금으로 나가는구나.'라고 말이다. 종합과세이고 이미 다른 소득금액이 크다면 더 많은 금액이 세금으로 나갈 수 있다.

그런데 이것 말고도 또 지출해야 하는 비용이 있으니 그건 바로 건강보험료를 비롯한 4대 보험이다. 여기까지 살펴보아야 주택임대소득 세금을 마무리할 수 있겠다.

주택임대소득세보다 더 무서운 '건강보험료'

부동산 재테크를 통해 자산을 불리려면 크게 두 가지 유형이 있다. 하나는 시세차익형, 그리고 다른 하나는 현금흐름형이다. 이 중 주택임대는 현금흐름형에 더 가깝다고 할 수 있다. 물론 월세 등 현금흐름도 만들고 시세차익까지 누리면 금상첨화이겠지만 보통은 매수할 때부터 목적을 분명하게 하고 접근하는 것이 좋다.

주택임대를 통해 월세를 받고 싶은 사람은 누구일까? 대부분이 이러한 방식을 원하겠지만 그중에서도 특히 은퇴 후 현금흐름을 만들고자 하는 이들일 것이다. 그런데 한 가지 조심해야 하는 것이 있으니 그건 바로 건강보험료이다. 왜 그럴까?

건강보험료 대상자

우선 건강보험료 대상자에 대해 간단히 알아보자.

- 직장가입자: 사업장의 근로자와 사용자, 임의계속가입자 등이 대상
- 피부양자: 직장가입자에 의해 생계를 유지하는 자 또는 소득이 없는 자
- 지역가입자: 직장가입자와 피부양자를 제외한 자(주로 자영업자가 여기에 해당)

여러분은 이 중 어디에 해당하는가? 만약 직장가입자 밑에 있는 피부양자라면 주택임대소득이 발생하는 경우 유의해야 한다.

예를 들어, 수입금액이 1천만 원이고 등록임대주택이며 다른 기본공제 등 요건을 갖추었다고 가정하자. 그렇다면 아래와 같은 결과가 나온다.

(1천만 원 − 1천만 원 × 60%) − 기본공제 400만 원 = 0 → 세 부담 없음

해당 임대주택이 미등록이고 수입금액이 400만 원이라면 역시 세 부담은 없다.

(400만 원 − 400만 원 × 50%) − 기본공제 200만 원 = 0 → 세 부담 없음

그런데 만약 수입금액이 임대주택 등록 시 1천만 원을 초과하거나 미등록 시 400만 원을 초과한다면 어떻게 될까? 이때는 소득금액이 0보다 크기에 세금이 발생하여 피부양자 자격에서 박탈될 수 있다.

국민건강보험법 시행규칙 별표 1의 2

피부양자 자격의 인정기준 중 소득 및 재산요건(제2조제1항제2호 관련)

1. 직장가입자의 피부양자가 되려는 사람은 다음 각 목에서 정하는 소득요건을 모두 충족하여야 한다.
   가. 영 제41조제1항 각 호에 따른 소득의 합계액이 연간 2천만원 이하일 것
   나. 영 제41조제1항제3호의 사업소득(이하 이 표에서 "사업소득"이라 한다)이 없을 것. 다만, 피부양자가 되려는 사람이 다음의 어느 하나에 해당하고, 사업소득의 합계액이 연간 500만원 이하인 경우에는 사업소득이 없는 것으로 본다.
      1) 사업자등록이 되어 있지 않은 경우(「소득세법」 제19조제1항제12호에 따른 부동산업에서 발생하는 소득 중 주택임대소득이 있는 경우는 제외한다)

국민건강보험법 시행규칙에는 사업소득의 합계액이 연간 500만 원 이하인 경우에는 사업소득이 없는 것으로 본다. 그 결과 피부양자 자격을 계속 유지할 수 있다. 다만 주택임대소득이 있는 경우는 제외하기에 비록 비용을 차감한 후의 사업소득금액이 연간 500만 원 이하라 하더라도 세금이 발생하면 피부양자 자격에서 박탈될 수 있다. 그 결과 해당 명의자의 재산, 소득, 자동차 등에 별도의 점수가 부과되고 이에 따라 보험료가 부과될 수 있으니 주의해야 한다.

피부양자로 있을 때는 별문제 없었는데 지역가입자로 전환이 되면(직장가입자도 아니고 피부양자도 아니기에 지역가입자가 된다.) 생각보다 많은 건강보험료를 내야 할 수 있다. 따라서 월세 한 달 치 정도는 1년 치 보험료로 나갈 수 있음을 미리 예상하고 접근하는 것이 좋다.

직장인이라면

그렇다면 직장인이라면 어떨까? 직장인은 근로소득 외 다른 소득이 연간 2천만 원 이하라면 별다른 이슈가 없다. 이때 소득금액은 비용을 차감하고 난 후의 금액이다. 초과하는 경우가 많지 않으며 설령 초과를 한다 하더라도 추가 금액은 별도로 고지되기에 너무 염려할 필요는 없다. 다만 이러한 기준금액은 계속해서 하향 조정되어 와서 개인적으로 아쉽다는 생각이다. 이에 대해서는 뒤에서 다시 다룰 것이다.

> **건강보험료 부과체계 개편에 따른 소득월액보험료 부과 기준 변화**
> 7,400만 원 → 3,400만 원(2018년 7월~) → 2,000만 원(2022년 7월~)

다섯째 마당

부자들은 왜 법인을 좋아할까?

법인으로 부동산을 매입하는 것이 유리한가요?

Q 얼마 전 연예인 ○○○씨가 빌딩 재테크로 성공을 했다는 기사를 봤어요. 그런데 하나같이 그런 기사를 보면 모두 법인으로 건물을 사고팔더라고요. 건물 살 때는 모두 법인으로 하는 게 좋은가요?

A 꼭 그런 것은 아니지만 법인 거래가 유리한 것은 사실입니다. 무엇보다 양도차익에 대한 세금 면에서는 개인보다 법인이 유리합니다. 개인 양도세의 세율은 최고 45%이지만 법인세는 24%에 불과하기 때문입니다. 게다가 법인으로 임대를 하면서 얻는 임대소득은 법인소득이므로 각종 비용처리가 가능하죠. 물론 이 소득을 개인 급여, 배당 등으로 신고하면 또 한 번의 세금이 발생하지만 그럼에도 법인은 유용한 도구임에는 틀림 없습니다.

지금까지의 소득세는 잊어라!
또 다른 세상, 법인

개인이 유리할까? 법인이 유리할까?

지금까지 우리는 취득할 때 내야 하는 취득세부터 보유할 때 내야 하는
재산세와 종합부동산세, 보유세는 아니지만 대상자라면 매년 납부해야
하는 주택임대소득세, 마지막으로 이를 양도할 때 내는 양도소득세까지
부동산 세금의 전반에 대해 살펴보았다.

앞에서도 살펴본 다음 도표를 다시 한번 들여다보자. 앞서 국세와 지방
세의 차이를 유의해서 공부해야 한다고 했는데, 이 중 별표 표시된 세금
에 대해 지금까지 공부했다면 이제는 법인세에 대해 살펴보고자 한다.

뒤에서 더 살펴보겠지만 법인이라고 해서 과세체계가 완전히 다르진 않
다. 부동산을 취득할 때 취득세를 내고, 보유하면 보유세를 내면 된다.
다만 주택 등을 임대하면 해당 임대소득은 법인 명의이므로 개인처럼
사업소득이 아닌 법인세 하나로 포함이 되고(이 역시 넓게 보면 사업소득
이다.), 양도차익에 대해서는 역시 법인세가 부과되며 주택이라면 '토지
등 양도차익에 대한 법인세(이하 추가 법인세)'가 더 과세된다. 하지만 이
걸 '세금 좀 더 내면 되는구나.'라고 간과해서는 안 된다.

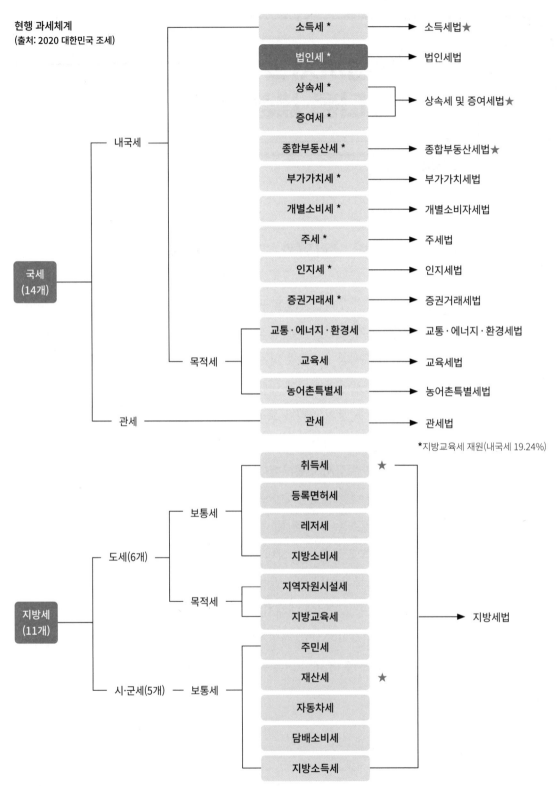

현행 과세체계
(출처: 2020 대한민국 조세)

		소득세 *	→ 소득세법 ★
		법인세 *	→ 법인세법
		상속세 *	→ 상속세 및 증여세법 ★
		증여세 *	
	내국세	종합부동산세 *	→ 종합부동산세법 ★
		부가가치세 *	→ 부가가치세법
		개별소비세 *	→ 개별소비자세법
국세 (14개)		주세 *	→ 주세법
		인지세 *	→ 인지세법
		증권거래세 *	→ 증권거래세법
	목적세	교통 · 에너지 · 환경세	→ 교통 · 에너지 · 환경세법
		교육세	→ 교육세법
		농어촌특별세	→ 농어촌특별세법
	관세	관세	→ 관세법

*지방교육세 재원(내국세 19.24%)

		취득세 ★	
	도세(6개) 보통세	등록면허세	
		레저세	
		지방소비세	
	목적세	지역자원시설세	
지방세 (11개)		지방교육세	→ 지방세법
		주민세	
		재산세 ★	
	시·군세(5개) 보통세	자동차세	
		담배소비세	
		지방소득세	

개인 vs 법인 과세체계 이해하기

구분	개인	법인
취득 단계	취득세	취득세
보유 단계	재산세, 종부세	재산세, 종부세
임대소득	종합소득세 (사업소득)	법인세 (각 사업연도소득)
양도 단계	양도소득세	법인세 + 추가 법인세

혹시 〈메트릭스〉라는 영화를 아는가? 평범한 삶을 살고 있던 주인공(키아누 리브스)이, 나중에 알고 보니 자신의 삶은 가상공간이었고 또 다른 '실제 삶'이 있었다는 게 주요 내용이다.

여기에서 아주 거창한 철학 이야기를 하고자 하는건 아니다. 적어도 양도세 중심인 소득세라는 매트릭스와 앞으로 살펴볼 법인세 매트릭스는 아예

영화 〈매트릭스〉(1999)

다른 것이라는 것을 인지해야 한다는 점을 강조하고 싶은 것이다.

이렇게 이해해야 두 세계(매트릭스)가 섞이지 않는다. 간혹 보면 '왜 법인으로 주택을 취득했는데 비과세가 되지 않아요?'라는 질문을 받을 때가 있다.

비과세는 주택 '양도세'에 적용되는 것으로 이는 소득세법에서 규정한다. 법인세는 양도차익에 대해 법인세를 부과하는 것이지 개인소득세와는 다르다. 그래서 비과세가 없지만 대신 양도세 중과도 없다. 양도세가 아니기 때문이다. 마찬가지로 양도세에 적용되는 장기보유특별공제 그리고 기본공제(250만 원 공제)도 없다. 모두 다른 매트릭스라서 그렇다.

우선은 두 개가 다른 것이라는 것만 이해하자. 이제 구체적인 내용과 사례를 통해 새로운 세계로 들어가보자.

잠깐만요

법인 설립의 장단점

장점	단점
명의 분산	세법상 의무 추가
단기 매도가 가능	엄격한 비용관리 (3만 원 초과 시 증빙 필요)
개인 양도세 대비 상대적으로 낮은 세율	급여, 배당 지급 시 추가 소득세 발생
높은 레버리지 활용 가능 (단, 금리인상기에는 유의)	세무대리인 필요에 따른 추가 비용 발생 (일명 기장료)
개인 대비 '영속성'(가족법인 등)	소득세, 법인세, 부가가치세 등 체크해야 할 세법 범위가 방대해짐

법인, 주택보다는 상업용 부동산에 주목하자

그렇다면 법인으로 부동산 투자를 하면 얼마나 유리할까? 개인 명의로 진행하는 것보다 정말 더 좋을까? 다음 사례를 통해 살펴보자.

개인 및 법인으로 주택을 취득 후 매각하는 경우 세 부담 비교

- 취득가 5억 원
- 양도가 6억 원(차익 1억 원)
- 공시가 4억 원
- 법인 경비 2천만 원 가정
- 1주택(단, 비과세 ×)
- 세 부담 상한은 없다고 가정

구분	개인	법인
취득 단계	500만 원	6,000만 원
보유 단계	100만 원	1,080만 원
양도 단계	1,500만 원	980만 원
총계	2,100만 원	8,060만 원

5억 원에 주택을 취득하고 6억 원에 양도하는 경우, 개인 명의로 했을 때와 법인으로 했을 때 세 부담을 비교해보자. 참고로 개인의 경우 2년 이상 보유해야 하지만 편의상 2년 미만 단기세율은 적용되지 않는다고 가정하였다.

우선 개인 명의로 진행을 할 때이다. 취득세는 1주택이므로 1% 세율이 적용되며, 500만 원이다. 보유세는 공시가격이 6억 원 이하이므로 재산세만 고려하면 되는데 100만 원 정도이다. 양도세는 차익이 1억 원이므로 대략 1,500만 원으로 책정하였다. 명의는 단독명의라고 가정하자.

그 결과 총 세 부담은 2,100만 원 정도이고 세후수익률은 단순하게 보자면 7,900만 원(= 1억 원 – 2,100만 원) 정도가 된다.

이제 법인으로 진행하는 경우를 살펴보자. 참고로 법인으로 주택을 취득하는 경우에는 다음을 먼저 알아야 한다.

- 주택 취득세는 지역, 주택 수 상관없이 12% 세율이 적용된다.
- 종부세의 경우 공제금액 6억 원이 적용되지 않고 곧바로 2.7%(2주택 이하) 또는 5.0%(3주택 이상)의 단일세율이 적용된다.
- 양도차익에 대해서는 추가 법인세 20%가 가산된다.

이제 하나씩 살펴보자. 취득세는 12% 세율이 적용되며 6천만 원이다. 보유세는 재산세, 종부세가 모두 과세되는데 공시가격 4억 원에 2.7% 종부세율을 적용하면 이것만 해도 1,080만 원이 나온다. 재산세는 없다고 가정하자.

양도세는 두 가지를 보아야 한다. 법인세와 추가 법인세가 그것이다. 먼저 법인세는 주택을 매각하는 당시의 법인 소득을 봐야 하는데 주택만 보면, 4천만 원(=양도가 6억 원 − 취득가 5억 6천만 원)이 된다. 왜냐하면 앞서 부담한 취득세가 취득원가를 구성하기 때문이다. 여기에 기타 경비를 2천만 원이라고 가정하면(급여 및 그 외 법인 경비) '4천만 원 − 2천만 원 = 2천만 원'이 된다. 따라서 법인세율 9%를 적용하면 법인세는 180만 원이다.

하지만 토지 등 양도차익에 대한 법인세가 추가되는데, 이때는 양도차익 4천만 원(= 양도가 6억 원 − 취득가 5억 6천만 원)에 대해 20%가 가산되므로 800만 원이 된다.

따라서 매각 시 발생하는 세금을 계산하면 '법인세(180만 원) + 추가 법인세(800만 원) = 980만 원'이 되며 그 결과 법인으로 진행 시 총 세 부담액은 8,060만 원이 된다.

물론 계산과정을 단순화하였고 개인의 경우 2년 이상 보유 기간을 배제하였기에 약간의 오차는 있을 수 있지만, 확실한 건 법인으로 주택을 취득하는 경우에는 수익률이 현저하게 떨어짐을 알 수 있다.

왜 그런지 그 원인을 잘 살펴보면 다음과 같다.

- 무엇보다 취득세율(12%)이 높다.
- 종부세 역시 곧바로 단일세율이 적용되므로 장기 보유할 때 수익률은 더 떨어진다.
- 마지막으로 처분 단계 역시 추가 법인세 20%가 적용되어 개인보다는 다소 낮지만 그래도 여전히 세 부담이 크다.

그렇다면 이를 피할 수 있는 방법은 무엇일까? 두 가지밖에 없다. 하나는 관련 내용이 개정되는 것이다. 또 하나는 이와 상관없는 종목으로 눈을 돌리는 것이다. 이때 중요한 건 본인이 스스로 통제가 가능한지이다. 법이 개정되길 기다리는 것은 기약 없이 비가 내리기를 기다리는 것과 같다. 그렇다면 주택 외 다른 부동산, 즉 토지와 상가쪽에 눈을 돌리되 임대용이 아닌 자기 사업에 활용할 '사옥 마련'을 위한 방법을 강구하는 것이 더 유리하지 않을까?

법인 설립 노하우

법인 설립 방법 비교

부동산 법인에 대해 전반적으로 살펴보았다면 이제 실제 설립과 운영에 대해 살펴보려고 한다. 우선 법인 설립 방법부터 알아보자. 다음과 같이 크게 세 가지 방법이 있는데 각각을 비교하면 다음과 같다.

법인 설립 방법 비교

구분	법인 신설	법인 인수	현물 출자
내용	자본금을 출자하여 법인을 새로 만드는 것 (가장 일반적)	기존 법인 인수	보유 자산을 법인에 출자하여 설립
장점	쉽고 간단	취득세 중과 회피 가능	양도세 이월과세 가능
단점	일부 비용 발생	정보 비대칭에서 오는 리스크 존재	비용(수수료) 발생
비고	과밀억제권 본점 소재 시, 취득세 중과 유의	개인적으로 추천하지 않음	사후관리 또는 요건 미충족 시 양도세 추징

법인을 설립하는 방법은 크게 세 가지로 신설, 인수 그리고 현물출자가 있다. 우선 가장 일반적인 경우는 법인을 신설하는 것이다. 자본금을 출

자하고 법인명을 짓고 절차에 따라 설립하면 된다. 셀프 등기처럼 스스로 해볼 수도 있고 법무사 등에 맡길 수도 있다. 필자의 경우 첫 번째 법인은 셀프로 설립을 하였고, 두 번째 법인은 법무사 사무실에 맡겼다. 각자 장단점이 있지만 시간을 아끼고 진행 과정에서 실수를 줄이고 싶다면 대행업체에 맡기는 걸 추천한다. 신설 법인을 설립할 때 주의할 점은 뒤에서 따로 살펴보기로 하자.

온라인 법인설립시스템(https://www.startbiz.go.kr)

온라인 법인설립시스템은 내가 첫 번째 법인을 설립했을 때 활용한 사이트로, 설립 매뉴얼 및 확인사항 등 다양한 정보를 제공한다.

두 번째 방법은 기존 법인을 인수하는 것이다. 이전부터 타인이 운영해온 법인을 말 그대로 이어받아 내 것으로 만드는 것이다. 보통 취득세 중과를 피하기 위한 것인데, 예를 들어 서울에 부동산을 취득해서 사무실로 사용하고 싶은 경우, 취득하는 법인 설립 연도가 5년을 초과해야 취득세 중과를 피할 수 있다. 그런데 이제 막 사업을 시작하려는 단계이고, 사옥을 임차하지 않고 취득을 하고 싶은 상황이라면 5년이라는 시간은 너무 길다. 그래서 원래 있던 법인을 인수해서 취득세 중과를 피하기도 하는 것이다.

그 외에 다른 목적으로 인수를 하는 경우가 있는데, 개인적으로 별로 추천하지 않는다. 이유는 인수 대상 법인이 기존에 어떻게 운영되었는지를 전혀 모르고, 그에 따라 예상하지 못한 리스크를 떠안아야 할 수 있기 때문이다. 마치 중고차시장에서 정보 비대칭으로 인해 원치 않은 차를 매입하는 것과 비슷하다. 그래도 이런 방법이 있다는 건 알고 넘어가자.

마지막으로 현물출자이다. 법인 설립 시 금전 이외의 재산인 토지, 건물과 같은 부동산 등으로 출자를 하는 경우를 말한다. 당초 개인 명의로 보유한 부동산 등을 법인에 현물출자하여 명의를 이전하기도 하는데 그 과정에서 자산 평가 등 전문가의 도움을 받아야 한다. 당연히 관련 수수료도 상당히 들고, 세제 혜택을 보더라도 사후관리가 있으니 사전에 세무사 등 전문가와 충분히 상담한 후 진행하자.

이상의 세 가지 방법을 보면 법인 신설이 가장 무난하고 현실적인 방법이라 생각될 것이다. 그렇다면 법무사 사무실에 그냥 맡기면 될까?

잠깐만요

법인 설립 절차

1. 법인 정보 결정하기(본점 소재지, 상호 등)
2. 은행 잔고증명서 발급
3. 등기소 제출할 서류 준비 및 신고(법무사 대행 추천)
4. 세무서에서 사업자등록증 발급받기
5. 법인통장 발급 및 한도 풀기

법인 설립 전 알아두면 유용한 정보

신설 법인을 만들기로 하고 법무사 사무실에 이를 맡긴다고 가정하자. "알아서 잘 해주세요." 하며 맡기면 끝나는 것일까? 결코 그렇지 않다. 아는 만큼 보이는 법이고, 설립하려는 법인에 애정이 있을수록 이를 더 잘 키울 것이다. 법인 설립을 이렇게 생각해보면 어떨까?

"나는 언젠가는 생을 달리하겠지만, 지금 만드는 이 법인은 앞으로 그보다 훨씬 더 오래 사회에 기여하고 발전하는, 그런 조직이 되어 나의 후손은 물론 사회에도 기여하게 될 것이다."

이렇게 말이다. 조금은 거창하게 보일지 몰라도, 실제 법인으로 할 수 있는 것은 굉장히 많다. 그런데 단순히 명의를 달리해서 양도세를 좀 줄이고자 법인 설립을 남발하고 더 나아가 제대로 운영을 하지 못한다면, 이는 마치 고가의 스마트폰을 구입하고 아주 일부분의 기능만 쓰는 것과 다름이 없다.

법인 설립 전에 다음 사항을 미리 알아두고 고민하면 좋을 것이다.

1) 본점 소재지는 과밀억제권 '밖'에 설립하는 것이 유리하다

통상 법인으로 부동산을 취득하면 실제 사용하기보다는 임대를 줄 가능성이 높다. 그리고 매수하고자 하는 부동산은 서울 등 과밀억제권 내부에 소재하고 있을 경우가 많다. 그런데 본점 소재지도 과밀억제권 안에 있고 설립 후 5년이 지나지 않은 상태에서 다시 과밀억제권 안에 있는 부동산을 취득하게 된다면 이때는 취득세 중과에 해당될 수 있다. 따라서 이러한 리스크를 피하려면 법인 본점소재지를 과밀억제권 밖에 설립하는 것이 유리하다.

수도권정비계획법 시행령 [별표 1]
과밀억제권역·성장관리권역 및 자연보전권역의 범위(제9조 관련)

과밀억제권역	성장관리권역	자연보전권역
• 서울특별시 • 인천광역시[강화군, 옹진군, 중구 운남동·운북동·운서동·중산동·남북동·덕교동·을왕동·무의동, 서구 대곡동·불노동·마전동·금곡동·오류동·왕길동·당하동·원당동, 연수구 송도매립지(인천광역시장이 송도신시가지 조성을 위하여 1990년 11월 12일 송도 앞 공유수면매립공사면허를 받은 지역을 말한다.), 남동유치지역을 제외한다.] • 의정부시 • 구리시 • 남양주시(호평동, 평내동, 금곡동·일패동·이패동·삼패동·가운동·수석동·지금동, 도농동에 한한다.) • 하남시 • 고양시 • 수원시 • 성남시 • 안양시 • 부천시 • 광명시 • 과천시 • 의왕시 • 군포시 • 시흥시(반월특수지역을 제외한다.)	• 동두천시 • 안산시 • 오산시 • 평택시 • 파주시 • 남양주시(와부읍, 진접읍, 별내면, 퇴계원면, 진건면, 오남면에 한한다.) • 용인시(기흥읍, 구성읍, 수지읍, 남사면, 이동면과 원삼면 목신리·죽릉리·학일리·독성리에 한한다.) • 연천군 • 포천군 • 양주군 • 김포시 • 화성시 • 안성시(가사동·가현동·명륜동·숭인동·봉남동·구포동·동본동·영동·봉산동·성남동·창전동·낙원동·옥천동·현수동·발화동·옥산동·석정동·서인동·인지동·아양동·신흥동·도기동·계동·중리동·사곡동·금석동·당왕동·신모산동·신소현동·신건지동·금산동·연지동·대천동, 대덕면, 미양면, 공도면, 원곡면, 보개면, 금광면, 서운면, 양성명, 고삼면과 죽산면 두교리·당목리·칠장리 및 삼죽면 마전리·미장리·진촌리·기솔리에 한한다.) • 인천광역시 중 강화군, 옹진군, 중구 운남동·운북동·운서동·중산동·남북동·덕교동·을왕동·무의동, 서구 대곡동·불노동·마전동·금곡동·오류동·왕길동·당하동·원당동, 연수구 송도매립지, 남동유치지역·시흥시 중 반월특수지역	• 이천시 • 남양주시(화도읍, 수동면, 조안면에 한한다.) • 용인시(중앙동, 역삼동, 유림동, 동부동, 포곡면, 모현면, 백암면, 양지면과 원삼면 가재월리·사암리·미평리·좌항리·맹리·두창리·고당리·문촌리에 한한다.) • 가평군 • 양평군 • 여주군 • 광주시 • 안성시(일죽면과 죽산면 죽산리·용설리·장계리·매산리·장릉리·장원리·두현리 및 삼죽면 용월리·덕산리·율곡리·내장리·배태리·내강리에 한한다.)

표 왼편에 있는 '과밀억제권역'의 지역을 살펴보면, 용인시, 김포시, 안산시 등이 제외되어 있음을 알 수 있으니 설립 시 이를 참조하자.

2) 조기에 진행하는 것이 상호(법인명)를 정하는 데 유리하다

개인도 마찬가지지만 법인 역시 원하는 상호를 짓고 운영하길 바랄 것이다. 상호는 본점 소재지 관할 등기소에서 검색해볼 수 있다. 가령 용인시에 본점을 설립하고 싶다면 인터넷등기소(http://www.iros.go.kr)에 접속해 '등기열람/발급 → 법인 → 상호 찾기' 경로로 들어가서 관할 등기소를 선택해야 한다. 용인의 경우 수원지방법원 용인등기소가 관할이다.

인터넷등기소의 '상호 찾기' 메뉴

나 역시 당시 법인 설립 시 '엠제이'라고 짓고 싶었으나 이미 해당 명의를 가진 법인이 많아서 '엠제이원'으로 상호를 결정한 기억이 난다. 지금의 상호명도 만족하지만 혹시 이마저도 없었다면 조금 아쉬울 뻔했다. 따라서 법인 설립을 하기로 결정했다면 가급적 일찍 만들어두는 것도 방법이다.

3) 정관에는 하고자 하는 사업을 모두 기재하자

'정관'이란 법인 운영의 기본적인 규칙 등을 정해둔 것이라 생각하면 쉽다. 이 중 제2조는 해당 법인의 목적을 기재하게 되어 있는데 이때 법인 설립 목적은 꼭 당장하는 사업이 아니라, 앞으로 할 사업을 모두 기재하면 된다.

제2조 (목적) 당 회사는 다음 사업을 목적으로 한다.
　1. 경영컨설팅 및 교육
　1. 교육서비스업 (창업, 경영, 재무관리)
　1. 부동산 매매 및 임대업
　1. 부동산 개발 및 컨설팅업
　1. 부동산 투자
　1. 부동산 분양 및 분양대행업
　1. 토목 및 건축공사
　1. 전기 및 소방공사
　1. 철근 콘크리트 공사
　1. 창호 및 샷시공사업
　1. 건설설비 및 가스배관
　1. 주택 신축 및 판매
　1. 건물 개축 및 판매
　1. 건물관리 및 청소 용역
　1. 부동산 투자자문
　1. 소프트웨어 개발 및 공급업
　1. 시스템 통합 및 구축서비스업
　1. 정보통신컨설팅업
　1. 어플리케이션 개발 및 공급업
　1. 온라인 정보 제공업
　1. 인터넷 등 통신판매업
　1.
　1.
　1. 광고대행 및 광고물작성 및 기타광고
　1. 마케팅컨설팅 및 교육서비스업
　1. 전 각 항에 관련된 제반 사업 일체
　1. 위 각 호에 관련된 부대사업 일체

법인 정관 중 목적 사항

내가 운영하는 법인의 정관 중 일부이다. 이걸 보면 경영컨설팅부터 부동산 매매, 임대업 그리고 통신판매업까지 꽤 다양한 내용이 들어가 있음을 알 수 있다. 정관에는 이렇게 하고자 하는 걸 가급적 폭넓게 작성하고 이후 실제 하는 사업을 사업자등록증에 주업종으로 등록하는 것이 좋다.

개 업 연 월 일 : 2017 년 11 월 08 일	법 인 등 록 번 호 : 1▓▓▓ ▓▓▓▓
사 업 장 소 재 지 : 경기도 용인시 ▓▓▓▓▓▓▓▓▓▓▓▓▓ ▓, ▓▓▓▓▓	
본 점 소 재 지 : 경기도 용인시 ▓▓▓▓▓▓▓▓▓▓▓▓▓ ▓, ▓▓▓▓▓	
사 업 의 종 류 : [업태] 서비스(사업관련)업	[종목] 경영컨설팅업 (사업경영 및 관리자문, 중재 및 공공관계 서비스)

사업자등록증 예시

이처럼 정관 사항 중 일부가 주업종으로 표기되면 된다. 만약 실제 주업종이 정관에 없다면 정관에 이를 반영해야 하고, 그때는 다시 변경등기를 해야 해서 스스로 하거나 법무사 사무실 등에 맡겨야 하므로 이중의 비용이 들게 된다.

4) 자본금은 부동산업이라면 넉넉하게

자본금은 법인 설립 시 주주가 출자하는 것으로, 주식회사의 경우 별도의 제약이 없다. 즉, 아주 소액으로도 법인 설립이 가능한데 부동산 매매 혹은 임대업을 하는 경우라면 상대적으로 경영컨설팅이나 1인 미디어 콘텐츠 창작업과 같은 업종보다는 상대적으로 자금이 더 필요하다.

따라서 자본금은 부동산의 경우 최소 3천만 원 정도는 하기를 권하는데, 물론 1천만 원만 해도 무방하다. 그리고 설립 수수료도 자본금이 적을수록 더 적기 때문에 실제로도 그렇게 많이들 설립을 하고 운영을 한 것이 사실이다. 하지만 앞서 언급한 대로 부동산업의 경우 상대적으로 자금이 더 들어가고, 매월 기장료 등 고정지출이 발생하기에 자본금은 다소 넉넉하게 마련해두는 것이 더 좋다고 개인적으로 생각한다.

또한 다 그런 것은 아니지만 금융기관과 같은 외부 기관에서도 1인 기업의 경우 대표자 혼자 운영할 텐데, 자본금이 너무 작으면 '이 사람은 회사에 정말 애정이 있을까?'라는 시선으로 보기도 한다. 자본금을 많이 출자한다고 꼭 회사에 애정이 많다고 단정지을 수는 없겠지만 일부 그런 시각도 있기에 여유가 되는 선에서 넉넉히 준비하길 권한다.

5) 자가 주택의 일부를 법인 사무실로 활용할 수 있다

법인을 설립하면 법인의 본점 소재지, 즉 사무실이 필요한데 처음부터 그럴듯한 사무실을 구하기도 그렇고 부동산업의 경우 주로 물건지(현장)를 자주 방문하기에 고정 사무실이 없는 경우가 많다. 이때 자가주택의 일부를 사무실로 할 수 있는데 해당 주택의 명의자가 임대인이고 법인이 임차인이기 때문에 임대차계약서 등 증빙을 갖추는 것이 좋다.

무상임대차계약서 사례

그렇다면 월세로 해야 할까, 전세로 해야 할까? 처음에는 법인의 소득이 없을 테니 '무상 임대차계약서'를 활용하는 것이 좋다. 나중에 법인 소득이 늘어나면 유상 임대차계약을 하되, 과세체계를 좀 쉽게 가져가고 싶다면 전세 형태가 좋다고 생각한다. 물론 시세대로 하는 것이 중요하다.

6) 직장인이라면 무보수 확인서를 준비하자

법인 설립을 하면 아마도 가장 먼저 건강보험공단 등에서 우편물을 하나 받을 것이다. 요지는, '대표자이신데 급여는 얼마로 책정할 건가요?'이다. 급여에 따라 국민연금 그리고 건강보험료가 추가로 발생할 수 있는데 혹시 직장인이라면 설립한 법인에서 급여 책정을 하지 말고 '무보수 확인서'를 준비해서 보내길 바란다.

이유는 원래 다니던 회사에서 급여를 받고(이하 급여 1), 설립한 법인에서 또 급여를 받는다면(이하 급여 2) 당장은 두 개의 급여를 받기에 매우 좋을 수 있지만 추후 연말정산 때 이를 정산하는 과정에서 급여 1을 담당하고 있는 원래 회사에서 해당 내용을 감지할 수 있다. 그 결과 법인 대표자라는 것을 알게 되면 다른 문제가 발생할 수 있으니 유의하자. 급여를 두 곳 이상에서 받으면 어느 한쪽에서 연말정산을 해야 한다. 통상 급여가 높은 쪽(급여 1, 즉 다니던 회사)에서 하는 것이 일반적이고, 그러지 않더라도 재직 중인 회사에서 다른 급여가 있음을 알 수 있기에 겸직을 금지하는 회사라면 문제가 될 수 있다.

법인대표자 무보수 확인서

사업장	사업장명		사업자등록번호 (고유번호)	
	전화번호		사업장관리번호	
대표자	성 명		생년월일	
	전화번호		휴대전화번호	

※ 대표자 보수 미지급기간: 20 . . . ~ 20 . . . (□ 기한없음)

1. 본 법인(업체, 단체)의 대표자는 보수를 지급받지 않는 무보수 대표자로 이에 해당 확인서를 제출합니다.
2. 추후 국세청, 지도점검 등을 통하여 보수지급 사실이 확인될 경우, 상기 사업장의 직장가입자 자격취득 사유발생일로 소급 취득하며 그로 인해 발생된 건강(장기요양)보험료를 납부할 것을 확인합니다.
3. 6개월 이상 소급하여 신고할 경우 해당 확인서가 아닌 대표자의 무보수 및 해당 기간을 확인할 수 있는 정관, 규정, 이사회회의록, 조례 중 하나를 제출하셔야 합니다.

20 . . .

법 인 : (인)

국민건강보험공단 이사장 귀하

법인 대표자 무보수 내역 확인서 샘플

이 외에도 막상 법인을 설립하고 나면 이것저것 부딪히는 것이 많을 것이다. 너무 디테일한 것까지는 여기에 다 담을 수 없고, 위에 있는 내용만이라도 미리 알아둔다면 설립 전 크게 도움이 될 것이다.

잠깐만요

법인이 필요한 사람과 그렇지 않은 사람

법인이 필요한 사람

– 개인사업을 함에 있어서 자기 사옥(사무실 등)을 필요로 하는 사람(사업과 부동산을 엮을 때 가장 유용함)

– 본인 사업을 하면서 외부 투자를 받고 싶은 경우

– 부동산 임대업보다는 매매업을 하고자 하는 사람

– 퇴사 후 직장가입자를 유지하고 싶은 경우(법인 소득의 일부를 본인 급여로 지급)

법인이 필요치 않은 경우

– 양도세 비과세를 받고자 하는 경우(법인은 비과세가 없음)

– 단순히 명의 분산이 목적인 경우

– 개인소득세와 법인세에 대한 준비와 이해가 충분히 되지 않은 경우

건물주,
이제는 내 차례!

건물 투자의 장점은 무엇인가요?

Q 건물이라면 투자금도 많이 들고 공실도 날 수 있어서 좀 꺼려지네요. 그럼에도 투자했을 때 유리한 점이 있을까요?

A 대부분의 경우 부동산 투자는 주택, 그중에서도 아파트 투자에 머무르는 경우가 많습니다. 하지만 월세수익형에 관심이 있거나 더 나아가 본인이 사업을 하고 있다면 상업용 부동산에 대한 이해가 반드시 필요합니다. 1차적으로는 대출이자 등 경비를 제외한 후에 현금흐름을 만들기에 용이하며, 2차적으로는 본인 사업장과 결합한다면 사업소득에 집중하면서도 향후에는 자산가치가 상승하여 자본소득도 얻을 수 있기 때문입니다.

상업용 부동산, 이것이 다르다

상업용 부동산에 관심을 가져야 하는 이유

《트렌드 코리아 2023》(김난도 외 지음)라는 책에 '오피스 빅뱅'이라는 용
어가 등장한다. 엔데믹 시대에 따른 일터 문화의 큰 변화를 일컫는 말인
데, 나는 오피스 빅뱅에 대한 원인 중 하나인 '자산가격 상승과 임금가치
하락'에 주목하고자 한다.

우선 자산가격 상승에 있어서는 다음과 같은 점을 고려해야 한다. 잘 알
고 있듯이, 지난 정부에서는 주택에 관한 규제를 여러 차례 하였고 지금
정부는 이를 풀어가는 과정에 있는데 이 과정에서 주택 외 다른 부동산,
즉 사무실과 같은 상업용 부동산으로 수요가 일부 이전하였다. 그래서
일까? 뉴스와 같은 언론 기사를 보면 중심지의 사무실 수요는 여전하며
특히 MZ세대를 위한 역세권, 인기지역에 대한 오피스 수요는 오히려 더
늘어났다.

여기에 코로나 팬데믹으로 주춤하던 오프라인 상권마저 이제는 회복세
에 접어들어 오피스, 상가 등 상업용 부동산의 수요는 계속될 것으로 보
이며 이는 자산가격 상승으로 이어질 수 있다.

반대로 '월급 빼고는 다 오른다.'는 푸념처럼 상대적 임금수준은 자산가
격 상승에 미치지 못하여 평범한 직장인들이 체감하는 임금가치는 일부

알아두세요

MZ세대
1980년대 초부터 2000년대에 출
생한 밀레니얼 세대와 1990년대
중반부터 2000년대 초반에 출생
한 Z세대를 통칭하는 말이다.
(출처: 네이버백과사전)

를 제외하곤 하락 중이다. 이에 직장인들은 사이드 프로젝트, N잡 등 추가 소득을 얻기 위해 별도의 일을 하거나 퇴사 후를 위한 자신만의 프로젝트에 몰두하기도 한다.

그렇다면 생각을 바꿔서 이런 계획을 세워보면 어떨까? 직장인이라면 언젠가 회사를 나와(자발적이든 비자발적이든) 자신만의 일을 해야 한다. 이때 필요한 것이 사무실이라면 차라리 임차가 아닌 매수를 해서 가지고 있는 것은 어떨까? 일부를 실제 사용하고 일부는 임대를 해도 될 것이다. 사무실이 아닌 상가가 필요해도 비슷하다. 앞서 배운 법인을 활용하여 법인 명의로 사무실, 상가 등을 매입하고 임차로 들어가는 것도 방법이 될 것이다.

본인(혹은 본인이 대표로 있는 법인) 소유 상업용 부동산을 보유하면서 실제 사용을 하거나 임대를 주면서 나중에는 시세차익도 가져가는 것도 나쁘지 않은 방법이다.

책《돈의 속성》(김승호 지음)에서는 본인이 맛집 운영자로 일정 수준의 고객 트래픽을 일으킬 수 있다면 자신의 사업 능력을 활용하여 최고의 부동산 사업자가 될 수 있다고 강조하였다. 비단 맛집만 해당되는 것이 아니다. 사무실, 상가 등의 부동산을 임차하는 비용을 뛰어넘어 더 많은 이익을 남길 수 있다면 오히려 그 부동산을 자신의 것으로 만드는 것을 생각해볼 수 있다. 결국 동일한 내용이다. 이런 관점에서 상업용 부동산을 바라보자. 생각보다 더 큰 기회가 여러분에게 있을 수 있다.

주택 세금과의 유사점과 차이점

그렇다면 상업용 부동산을 취득할 때는 어떤 세금이 나올까? 큰 틀에서는 주택과 유사하다. 즉, 취득하면 취득세, 보유하면 보유세, 그리고 나중에 처분을 하면 양도차익에 대해 양도소득세가 나온다.

상업용 부동산 세금 개요

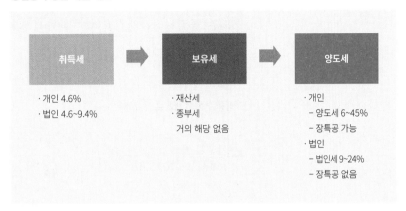

이 그림에서 보듯이 상업용 부동산 역시 각 단계마다 주택처럼 발생하는 세금이 같은데, 구체적으로 들여다보면 약간의 차이가 있다. 하지만 너무 걱정은 하지 말자. 그 차이점을 살펴보면 오히려 더 유리한 경우가 많기 때문이다. 이는 주택 부동산 규제가 너무 많아서라고 나는 생각한다.

1) 취득세

먼저 취득세를 살펴보자. 상업용 부동산의 취득세율은 4%에 지방교육세 등이 붙어 4.6%이다. 중요한 것은 다주택자 취득세 중과세율처럼 여러 채라고 하여 취득세가 중과되지 않는다는 점이다. 물론 법인 명의로 취득하는 경우 일부 취득세 중과세율이 적용되어 9.4%가 적용될 수 있지만 개인 명의로 취득할 때에는 이러한 이슈가 없다. 이렇게 주택 대비 상업용 부동산은 취득세 측면에서 유리하다.

2) 보유세

다음은 보유세이다. 보유세도 똑같이 재산세와 종합부동산세로 구분된다. 우선 재산세는 일반 주택보다는 조금 더 나오는 편이다. 이유는 적용되는 공정시장가액비율이 주택은 60%인데 반하여 상업용 부동산은 보통 70%이기 때문에 그러하다.

상업용 부동산 재산세 산출 과정

3) 종합부동산세

다음은 종합부동산세인데 두 가지 측면에서 상업용 부동산이 유리하다고 할 수 있다. 먼저 주택처럼 종부세 중과세율 같은 것이 없다. 게다가 상가, 사무실의 경우 부속토지 공시지가가 80억 원이 넘어야 종부세가 부과되기에 처음부터 종부세를 크게 고민할 필요는 없다. 뒤에서 설명하겠지만 상업용 부동산 종류에 따라 종부세에 있어 더 유리한 부분도 있으니 이 역시 참고하자.

4) 양도세

마지막으로 양도세를 알아보자. 양도세 역시 주택보다 훨씬 유리하다. 우선 상업용 부동산의 경우 '양도세 중과'가 없다. 즉 2년 이상 보유한 경우 기본세율(6~45%)이 적용되며 3년 이상 보유 시 장기보유특별공제(최대 30%, 3년 이상 보유 시 연 2%씩) 역시 동일하게 적용된다. 2년 미만 단기세율마저 유리한데, 주택과 달리 1년 미만 50%, 1년 이상부터 2년 미만까지 40%의 세율이 적용된다.

주택 외 부동산(상업용) 양도소득세 세율

구분		종전			현행		
		주택 외 부동산	주택, 입주권	분양권	주택 외 부동산	주택, 입주권	분양권
보유 기간	1년 미만	50%	40%	(조정지역) 50% (기타지역) 기본세율	50%	70%	70%
	2년 미만	40%	기본세율		40%	60%	60%
	2년 이상	기본세율	기본세율		기본세율	기본세율	

상업용 부동산은 '주택 외 부동산'에 포함되어 있다. 한때 주택 외 부동산의 단기세율 상향이 논의된 적이 있었으나 무산되었다. 앞으로도 주택 외 부동산 세율은 큰 변화가 없을 것으로 생각된다.

물론 상업용 부동산은 주택이 아니므로 주택처럼 비과세가 없다. 상가주택(흔히 겸용주택이라 한다.)의 경우 주택 면적 부분이 더 크다면 비과세가 될 수는 있으나 이번 마당에서는 주택 부분이 없는 상업용 부동산을 다루기로 하자.

만약 개인 명의가 아닌 법인 명의로 상업용 부동산을 취득할 때 양도세는 어떻게 될까? 앞서 배웠지만 이때는 개인 양도소득세가 아닌 법인세를 따라 양도차익에 대해 세 부담을 하면 되는데, 상업용 부동산은 주택이 아니므로 '토지 등 양도차익에 따른 추가 법인세' 20%를 부담하지 않아도 된다.

여러모로 상업용 부동산은 절세적인 측면에서 유리한 점이 많다. 하지만 상업용 부동산에 별다른 혜택을 준 것이 아니라, 주거용 부동산의 규제가 그만큼 심해서라는 점을 기억하자.

생소하고 어려운 부가가치세

 알아두세요

부가가치세

거래단계별로 재화나 용역에 생
성되는 부가가치(마진)에 부과되
는 조세로, 간접세의 일종이다.
(출처: 네이버 지식백과)

이제 조금은 어려운 이야기를 해야 할 것 같다. 바로 '부가가치세(VAT,
Value Added Tax)'에 대한 내용이다. 우리나라의 경우 현재 최종가격에
10%의 부가가치세(부가세)를 포함하는데 예를 들어 삼성전자 노트북을
110만 원을 주고 구입했다면 이 중 10만 원이 부가가치세에 해당되는
것이다.

그렇다면 부동산 절세에서 갑자기 왜 부가가치세를 언급하는 것일까?
다음 두 가지 이유에서이다.

부가가치세는 아무래도 생소하다

그동안 주택 중심의 부동산 절세법을 살펴보았는데 부가가치세 언급은
단 한 번도 없었다. 이는 주택이 부가가치세가 과세되지 않는 대상이라
서 그렇다. 주택 매매업을 하는 경우 전용면적이 85㎡를 초과하면 건물
분에 대해 부가가치세가 과세될 수 있지만 그런 경우는 흔치 않다.

하지만 상업용 부동산은 다르다. 상업용 부동산 자체가 부가가치세 과세
대상 재화이며, 상업용 부동산을 취득하고 임대하는 경우 이때 받는 월
세 역시 부가가치세 과세대상에 해당하기에 이를 잘 알아두어야 한다.

전 단계에 걸친 부가가치세 이슈

이상의 내용에서 보듯이 상업용 부동산의 경우 취득·보유·양도 전 단계에 걸쳐 부가가치세 이슈가 있다. 따라서 상업용 부동산의 취득세부터 양도세까지 모든 단계에서 부가가치세에 유의해야 한다. 상업용 부동산을 사고팔 때와 보유할 때(즉 임대를 줄 때)로 구분하여 살펴보자.

건물분 부가가치세 사례

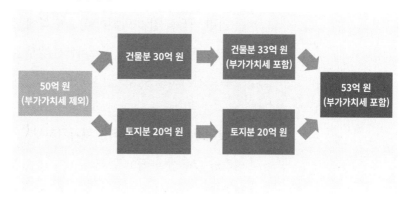

1) 상업용 부동산을 사고팔 때 알아야 하는 부가가치세

예를 들어 살펴보자. 어떤 사람이 50억 원 하는 상업용 부동산(건물 등)을 매수한다고 하자. 50억 원이라는 부동산 가격은 건물분과 토지분으로 구분할 수 있는데, 해당 부동산의 경우 건물분이 30억 원, 토지분이 20억 원이라고 가정해보자. 이때 상업용 부동산의 경우 건물분 가격의 10%가 부가가치세로 붙는데 그렇게 되면 건물분 부가가치세 포함 가격은 33억 원이 된다. 그러나 토지는 면세이므로 그대로 20억 원이 된다. 그 결과 건물 가격은 최종 53억 원에 거래되어야 한다.

만약 미처 이를 알지 못하고 50억 원으로만 알고 있다가는 거래 시 3억 원(부가가치세 해당분)에 해당하는 자금이 부족하여 낭패를 볼 수도 있다. 물론 3억 원에 해당하는 부가가치세는 다시 환급받을 수 있다. 이쯤 되면 이상한 생각이 들 것이다. '아니, 어차피 환급을 받아 돌려받는 세금이라면 왜 이렇게 불편하게 하는 것일까?' 하고 말이다.

이는 부가가치세를 통해 거래 단계마다 해당 내역을 손쉽게 파악하고자 하는 의도가 있어서이다. 물론 그 외 다른 목적도 많이 있겠지만 부가가치세를 통해 매도자와 매수자는 누구이며 얼마의 금액으로 거래가 되는지를 모두 파악할 수 있다는 점이 가장 큰 이유일 것이다. 부가가치세가 발생되면 발행되는 것이 '세금계산서'이다. 부가가치세에 있어서는 관련 내용을 잘 파악해야 하고 원칙에 맞게 진행하는 것이 매우 중요하다. 잘 모른다고 해서 세금계산서 발행을 하지 않거나 불성실하게 할 경우 부가가치세를 공제받지 못할 수도 있어서이다.

2) 임대를 줄 때 알아야 하는 부가가치세

상업용 부동산을 사고팔 때 알아야 하는 부가가치세가 위 내용이라면, 마찬가지로 해당 부동산을 통해 임차인에게 임대를 줄 때도 부가가치세에 대해 알아야 한다.

예를 들어 위 건물을 매입하여 임차인에게 월세 1억 원을 받는다고 하자. 이때 1억 원에는 부가가치세가 역시 붙어야 하는데, 임대료의 10%인 1천만 원에 해당하는 부가가치세를 포함하여 총 1억 1천만 원을 받아야 한다. 만약 그렇지 않고 월세 1억 원에 안에 부가가치세가 포함된다면 월세와 부가가치세를 모두 포함하여 1억 원이라는 의미로, 임대인 입장에서는 손해이고 반대로 임차인 입장에서는 유리하게 된다.

그리고 1억 1천만 원을 받았다면 1억 원은 임대소득에 해당하므로 개인 명의로 취득한 경우에는 매년 5월 종합소득세 신고를 하고, 법인 명의로 취득한 경우에는 3월에 법인세 신고를 해야 한다. 그리고 부가가치세로 받은 1천만 원에 대해서는 부가가치세세 신고를 별도로 하는데,

개인 명의라면 보통 1년에 두 번, 법인 명의라면 보통 1년에 네 번을 신고하게 된다. 이는 법인의 경우 예정신고까지 해야 해서이다.

부가가치세 신고

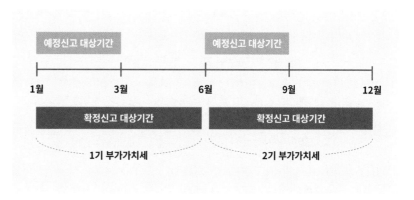

이 도표에서 보듯이 부가가치세는 전반기 6개월이 1기 과세기간, 하반기 6개월이 2기 과세기간이라고 하여 6개월마다 신고를 해야 한다. 이를 확정신고라고 하며 매년 1월, 7월에 한다. 법인의 경우 확정신고 대상기간의 전반기 3개월마다 예정신고를 해야 하므로 법인의 경우, 1월, 7월 확정신고에 덧붙여 4월, 10월 예정신고까지 총 4회 신고를 해야 한다.

신고할 때는 당연히 세무대리인(세무사 등)의 도움이 필요하며, 상업용 부동산에 관심이 있다면 부가세 신고 일정을 꼭 기억하는 것이 좋다.

세금 신고는 관련 자료를 세무대리인 측에 전달하면 되지만 월세 임대료를 받으면 다음 달 10일까지 세금계산서 발행을 꼭 해야 한다. 예를 들어 11월 25일에 월세를 받았다면 다음 달 12월 10일까지는 해당 내용에 대해 세금계산서 발행을 해야 하는 것이다. 놓치면 가산세가 붙으니 이 역시 유의하자.

이렇듯 부가가치세는 상업용 부동산을 거래하고 임대를 줄 때 필수로 알아야 하는 내용이다. 다소 생소하고 어려울 수 있지만 최소 위에서 언급한 내용은 꼭 알아두고, 세무대리인과 지속적으로 소통하는 것이 중요하다.

오피스텔 과세체계와 절세법

구체적으로 상업용 부동산에 대한 세금은 어떤 것들이 있는지 사례를 통해 알아보자. 먼저 오피스텔에 대해 살펴보겠다. 오피스텔은 상업용 부동산 중 금액 부담이 적은 데 반해 과세 이슈는 많기 때문이다. 이는 오피스텔을 주거용으로 사용할 수도 있어서인데 이에 대해 잘 알아둔다면 오히려 이보다 더 금액이 큰 건물 같은 부동산은 상대적으로 쉽게 느껴질 것이다. 개인 명의로 취득하는 경우 그리고 법인 명의로 취득하는 경우를 구분하여 살펴보자.

취득세

취득세율은 4.6%로 별다른 이슈가 없다. 다만 법인사업자로 취득할 때는 취득세 중과가 될 수 있으니 유의한다. 법인 취득세 중과는 앞에서 일부 살펴보았는데 구체적으로는 다음 경우를 유의한다.

첫째, 법인 본점으로 사용하는 부동산을 취득할 때 중과가 될 수 있다. 아래 세 가지 요건에 해당해야 하는데 다음과 같다.

> 1. 본점·주사무소가 '과밀억제권역' 안에 있고
> 2. 본점·주사무소 용도 부동산을 취득해야 하며(단, 지점은 제외)
> 3. 신축 혹은 증축하는 경우이다(승계는 제외).

쉽게 말해 본점소재지가 서울 등 과밀억제권 안에 있고 실사용을 하며 신축하는 경우에는 취득세 중과가 된다. 이에 해당하는 경우는 그렇게 많지 않을 것이다. 이런 취득세 중과 요건이 있다는 것을 알아두면 되고, 우리가 조심해야 하는 건 다음 두 번째 경우이다.

둘째, 법인 명의로 부동산을 취득할 때는 다음 두 가지 경우 중 하나에 해당하면 취득세 중과가 될 수 있다.

> 1. '대도시' 내 법인 본점 설립 후 5년 이내이면서 '대도시' 내 부동산을 취득하는 경우이다.(참고로 이때 '대도시'는 과밀억제권역에서 '산업 단지'를 제외한 곳을 의미한다.)
> 2. '대도시' 내 법인 본점을 이전하고 나서 5년 이내이면서 '대도시' 내 부동산을 취득하는 경우이다.

예를 들어 서울에 법인 본점을 설립하고 5년이 되지 않은 상태에서 서울에 있는 상업용 부동산을 취득하는 경우는 취득세 중과 대상이다. 2번도 예를 들어 살펴보자. 용인에 설립 5년이 지난 법인이 있는데 이번에 서울로 이전을 하였고, 이전한 지 5년 이내에 서울 소재 상업용 부동산을 취득하는 경우라면 이 역시 취득세 중과 대상이다.

결론적으로 다음과 같이 한다면 취득세 중과를 피할 수 있다.

하나씩 따져보자. 2번의 경우 설립 혹은 이전 후 5년이 지나야 한다. 앞서 말했듯이 법인을 설립하려면 빨리 하는 게 유리한 것도 바로 이런 이유에서이다. 혹은 기존 법인을 인수하는 경우도 가능하지만 별로 추천하지는 않는다.

3번 역시 가능하지만 아무래도 투자가치, 추후 활용도 등을 고려하면 중심지 소재 부동산이 유리할 수 있다.

그렇다면 남는 건 1번밖에 없다. 즉, 대도시 밖에 법인 본점을 설립하고 중심지 부동산을 취득하여 임대를 주는 것이 가장 현실적이다. 만약 이 방법이 싫다면 개인 명의로 취득하면 된다. 해당 내용은 오피스텔뿐만 아니라 다른 상업용 부동산 모두에 해당하는 내용이니 잘 숙지하자.

보유세

다음으로 보유세를 살펴보자. 오피스텔의 경우 다소 특이한데, 일단 오피스텔은 공부상 '업무용'이기 때문에 업무용 재산세가 부과된다. 그 결과 종부세에 있어서도 주택 종부세가 아닌 업무용 기준으로 따지기 때문에 어지간하면 종부세가 나오지 않는다(부속토지 공시지가가 80억 원이 넘어야 부과된다.). 그런데 주택분 재산세가 부과되면 어떻게 될까? 그때는 종부세 역시 주택 기준을 따라 해당 명의자의 다른 주택과 합산

알아두세요

공부

관공서 등에서 법규에 따라 작성, 비치하는 장부를 의미한다. 오피스텔의 경우 건축물대장 표기는 '일반업무시설(오피스텔)'과 같이 업무용으로 표기되어 있다.

이 되고 공제금액 9억 원이 넘으면 부과되며, 3주택 이상 및 종부세 과표 12억 원 초과이면 종부세 중과세율 역시 적용이 된다. 결국 오피스텔 종부세는 재산세를 따라간다고 이해하면 된다.

그렇다면 오피스텔은 언제 '주택분' 재산세가 부과될까? 다음 두 가지 경우이다.

1. 지자체에 임대주택으로 등록한 경우
2. 재산세를 조금 낮추기 위해 본인이 스스로 주거용으로 사용한다고 신고한 경우

1번은 너무 명확하다. 본인 스스로 '임대주택'이라고 지자체에 신고하였으므로 지자체 역시 업무용 재산세를 부과하지 않는다. 문제는 2번이다. 혹시 기억하는가? 주택분 재산세 산정 시 공정시장가액비율은 60%이지만 상가는 70%가 적용된다. 오피스텔 보유자 중 일부는 이 재산세를 조금이나마 줄이기 위해 일부러 주거용으로 신청을 하기도 하는데, 비록 재산세는 다소 낮아질지 몰라도 오히려 종부세가 더 나올 수 있으니 미리 따져보는 것이 좋다. 설령 주거용으로 사용하더라도 위 두 가지 경우가 아니라면 계속해서 업무용 재산세가 부과될 수 있다.

양도소득세

마지막으로 오피스텔에 부과되는 양도세를 살펴보자.

오피스텔 양도차익에 대한 과세(개인 vs 법인)

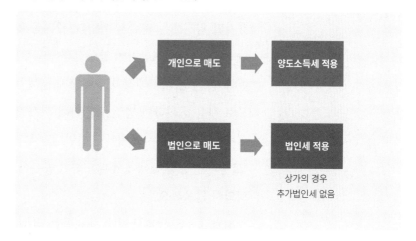

오피스텔의 양도세는 두 가지를 기억한다.

> 첫째, 지금까지의 취득세, 보유세 내용은 잊어라. 양도세는 이와 별개이다.
> 둘째, 개인 명의인지, 법인 명의인지에 따라 과세체계가 다르다.

먼저 첫 번째 내용을 보면, 간혹 업무용 재산세가 부과되어서 종부세도 업무용 기준으로 따지기 때문에 양도세 역시 주거용이 아닌 업무용으로 과세된다고 잘못 이해하는 경우가 많은데 그렇지 않다. 양도세는 국세에 해당하여 지방세에 해당하는 재산세와 과세체계가 다르다. 종부세 역시 국세지만 앞에서 이야기한 것처럼 재산세를 따라간다.

그렇다면 국세인 양도세는 어떤 점이 다를까? 바로 '실질과세 원칙'이 적용될 수 있다는 점이 다르다. 비록 외형상으로는 공부상 '업무용'이고 업무용 재산세가 부과되더라도 실제 주거용으로 사용을 하고 있다면 이때는 양도세 주택 수에 포함되어 다른 주택에 비과세 적용이 안 될 수 있고 조정대상지역의 경우 '다주택자 양도세 중과'에 해당될 수 있다.

즉, 오피스텔에 투자할 때 취득세 중과나 종부세 중과세율은 피할 수 있겠지만 양도세는 피하기 어렵다. 주거용으로 사용 중이라면 그냥 깔끔하게 주택 수에 포함하여 양도전략을 세우는 것이 바람직하다.

만약 법인 명의로 매각하면 어떻게 될까? 이 역시 마찬가지다. 주거용으로 사용 중이라면 법인세에 더해 추가 법인세(20%)를 부담해야 하며 실제 업무용으로 사용해야만 법인세만 부담하고 종결지을 수 있다.

"그렇다면 공실 상태에서 매도하면 공부상 '업무용'이니 주택 수에서 제외되지 않을까요?"

오피스텔 양도세에 관련해 자주 묻는 질문 중 하나이다.

충분히 그렇게 생각할 수 있다. 하지만 안타깝게도 공실 전 주거용으로 사용했다면 이 역시 주택으로 본다는 예규가 있다.

오피스텔 주거용 임대 후 공실상태 양도 시 주택 여부

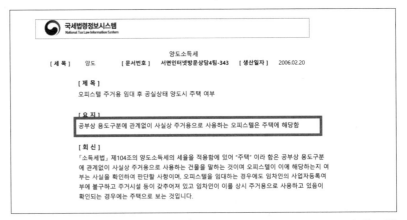

[출처: 국세법령정보시스템 예규(양도, 서면인터넷방문상담4팀-343, 2006년 2월 20일)]

만약 정 공실 상태에서 매각하고 싶다면 처음부터 공실로 두는 것이 안전할 것이다. 이미 주거용으로 사용 중이라면 해당 오피스텔을 먼저 처분하는 것도 방법이다. 혹은 실제 업무용으로 임차를 주고 본인은 일반임대사업자로 등록을 하여 임차인으로부터 받은 월세에 부가가치세를 붙여서 이에 대해 적절히 신고하고 업무용으로 인정받는 수밖에 없다.

잊지 말자. 오피스텔은 주거용, 업무용이 혼재되어 있는 카멜레온 같은 성격을 지녔다. 혹시 다른 주택을 꼭 비과세 받아야 하는데 주거용으로 사용 중인 오피스텔이 있다면 본인에게 유리하게 확대, 유추해석 하지 말고 이에 대해 세무사 등 전문가와 상담을 받는 것이 좋다.

지식산업센터
과세체계와 절세법

오피스텔을 살펴봤으니 이번에는 지식산업센터를 알아보자. 예전에는
'아파트형 공장'이라고 불리던 지식산업센터는 최근 가능한 업종도 더
확대되었고, 중심지 역세권에 위치한 경우 수요도 꽤 높아 인기 부동산
상품이다. 근래 들어 가격이 큰 폭으로 상승하였다가 높아진 금리로 일
부 가격이 조정되기도 하였다. 그럼에도 서울 중심지역(성수, 문정, 영등
포 등)의 경우 여전히 임차수요가 높은데 지식산업센터 역시 아파트처
럼 본격적인 옥석 가리기가 진행될 것으로 예상된다. 특히 실제 사용할
것이라면 일반 건물 등에 비해 접근성도 용이하다. 이 역시 취득, 보유,
양도 단계별로 어떤 세금 이슈가 있는지를 개인, 법인 명의로 비교하여
살펴보자.

다양한 법인 취득세 세율

먼저 취득세는 오피스텔과 동일하다. 즉, 4.6%의 취득세율이 적용되는
데 법인 명의인 경우에는 마찬가지로 취득세 중과만 조심하면 된다. 한
가지 재미있는 점은 지식산업센터의 경우 실사용을 하고 최초 분양자라
면 취득세율 50%(2023년 1월 35%로 개정) 감면도 가능하다는 점이다. 따

라서 개인사업자로 최초 분양을 받고 이를 실제 본인 사업에 사용한다면 취득세는 2.3%까지 줄어들 수 있다. 다만 법인의 경우 다소 복잡한데, 2.3%, 4.6%, 4.7%, 9.4% 이렇게 다양한 세율을 적용한다. 하나씩 알아보자.

1) 2.3%인 경우

법인 명의로 취득할 때 취득세 중과가 아닌 상태에서 최초 분양을 받은 경우와 실제 사용을 하는 경우이다. 이때는 원래 4.6%의 취득세율이 적용되어야 하나 50%(2023년 1월 35%로 개정) 감면을 받아 2.3%까지 내려갈 수 있다. 물론 4년 이상 실사용을 해야 한다.

2) 4.6%인 경우

취득세 중과가 아닌 일반적인 경우이다. 과밀억제권 외 본점소재지가 있거나 임대를 주는 경우가 이러하다.

3) 9.4%인 경우

앞서 살펴본 취득세 중과에 해당하는 경우이다. 구체적으로는 다음과 같이 계산된다.

취득세 중과로 9.4% 취득세율이 적용되는 경우

취득세 4.6%	취득분	2.0%	2.2%	중과	2.2%+ (2.4%×3)=9.4%
	농특세 (취득분 10%)	0.2%			
	등록분	2.0%	2.4%		
	교육세 (등록분 20%)	0.4%			

취득세 중과 해당 시 등록분과 교육세를 합한 2.4%에 3배 세율이 적용되어 '2.2%(취득분 + 농특세) + 7.2%(등록분 + 교육세 중과)'가 되고 그 결과 9.4%가 된다.

4) 4.7%인 경우

취득세 중과로 위와 같이 9.4% 취득세율이 적용되어야 하나, 최초분양을 받고 실제 사용함으로써 다시 감면을 받는 경우이다. 중과는 등록분에 대해 3배 세율이 적용되지만 감면의 경우 전체에 대해 50%(2023년 1월 35%로 개정) 감면되므로 9.4%의 절반인 4.7%가 된다.

법인의 경우 이렇듯 취득세율이 다양하다. 대부분은 임대용일 가능성이 높으므로 4.6%로 알아두면 되며, 이상의 내용이 복잡하고 번거롭다면 개인 명의로 취득하는 경우 4.6%가 적용되니 이 점도 참고하자.

보유세는 실질적으로 재산세만 고려하면 된다. 종합부동산세는 주택과 토지에 대해 부과되는 세금으로, 다시 토지는 종합합산대상대지와 별도합산대상토지로 나뉘는데 지식산업센터의 토지는 분리과세대상 토지로 종부세 과세대상이 아니다. 즉 재산세만 부담하면 된다.

법인 명의일 경우 양도소득세

다음으로 양도세다. 앞서 오피스텔의 경우 실제 주거용으로 사용하는 경우가 많기에 이에 따라 과세체계가 달라짐을 보았다. 하지만 지식산업센터의 경우 주거용이 아닌 업무용으로 사용되기에 명의가 개인인지 혹은 법인인지에 따라 과세체계가 다를 뿐이다.

개인 명의라면 양도세가 적용되며 이 경우 앞서 배운 대로 기본공제

250만 원, 3년 이상 보유시 장기보유특별공제(최대 30%)가 적용이 되고 다주택자 양도세 중과와 같은 것은 없다(물론 비과세도 없다).

만약 법인 명의라면 양도차익에 대해 법인세만 부담하면 된다. 추가법인세(20%) 역시 주택이 아니므로 해당되지 않는다.

이상의 내용을 표로 정리해보자.

지식산업센터 과세체계

구분	취득 단계	보유 단계	양도 단계
개인 명의	취득세율 다소 유리 **(최저 2.3%)**	특별한 이슈 없음 (단, 임대 시 임대소득세가 발생하며, 개인/법인 다소 차이가 있음)	장특공 가능하나 타 부동산과 합산 (양도소득세)
법인 명의	감면, 중과 혼재 **(최고 9.4%)**		장특공 없으며 각 사업 연도소득에 포함 (법인세)

개인적으로는 지식산업센터의 부동산 세금이 오히려 오피스텔보다 더 쉽다고 생각한다. 금액이 더 클 뿐이지 주거용으로 사용될 가능성이 없어서이다.

물론 각 단계마다 부가가치세 이슈가 추가된다. 즉, 사고팔 때 부가가치세를 붙여서 사거나 팔아야 하며 임대를 주고 임대소득을 받을 때도 부가가치세를 붙여서 받아야 하고 적정 시기에 세금계산서 발행까지 해야 한다. 부가가치세 신고를 별도로 해야 함은 물론이다.

상업용 부동산
명의 선정 시 고려사항

지금까지 우리는 상업용 부동산의 전반적인 과세체계를 알아보고 오피스텔과 지식산업센터를 예로 들어 어떤 과세 이슈가 있는지를 살펴보았다. 이보다 더 큰 금액의 건물 역시 큰 틀에서는 이를 벗어나지 않는다. 따라서 본인 상황에 맞게 이를 잘 활용하고 실제 하나씩 경험하면 분명 미래의 건물주가 되는 데에 도움이 될 것이다.

앞에서 각 사례마다 항상 강조한 것이 있는데 그건 바로 개인 명의로 하는 경우와 법인 명의로 하는 경우 각각 과세체계가 다르다는 점이다. 상업용 부동산을 구입 시 '개인 명의로 하는 게 좋을까? 법인 명의로 하는 게 좋을까?' 하는 고민에 빠지게 된다면 다음 사항을 고려하자.

개인 명의와 법인 명의의 가장 큰 차이점

개인 명의의 경우는 소득세 중 양도소득세를, 법인 명의의 경우는 법인세 과세체계를 따른다. 이는 가장 큰 차이점이다. 앞서 둘의 차이는 또 다른 세계, 즉 '매트릭스'라고 표현하기도 하였다. 둘의 세계는 엄연히 다름에도 간혹 이를 혼동하거나 본인에게 유리하게 해석하기도 한다. 예를 들어, 오피스텔을 법인으로 매수하면 법인세 과세체계를 따라야 하는데 간혹 "2년 거주하면 비과세 되나요?"라고 질문하는 분들이 종종 있다. 실제 주거용으로 사용했으니 주택으로 보아 비과세가 되는 게 아니냐고 물은 것이겠지만 주택에 대한 양도세 비과세는 소득세법에서만 적용된다. 만약 법인으로 주택을 취득하였다면 이는 소득세가 아닌 법인세 적용을 받는 것이고 그에 따라 양도세 비과세는 적용되지 않는다.

개인 명의는 종합과세를 유의하자

개인 명의로 취득 시 다른 소득과의 합산, 즉 종합과세를 유의해야 한다. 이는 고소득자일수록 불리하다.

똑같은 건물이 있는데 이를 법인 명의가 아닌 개인 명의로 취득해서 월세를 받는다고 하자. 이제 이 월세는 임대소득이 되며 주택임대소득이 아닌 일반임대소득으로 이는 모두 종합과세대상이다. 종합과세란 해당 명의자의 다른 종합과세대상 소득을 모두 합산하여 과세하는 걸 말하는데 가령 당사자가 직장인이고 근로소득이 있다면 근로소득과 임대소득을 합산하여 매년 5월 종합소득세 신고를 해야 한다.

주의할 점은 똑같은 임대소득이라 하더라도 근로소득이 적은 경우보다 많은 경우에 세 부담이 크다는 것이다. 가령 급여가 연간 3천만 원인 경우 직장인이라면 15% 세율이 적용되는 과세구간일 텐데 이때 임대소득 역시 15%의 세율로 추가 부담해야 한다. 반대로 급여가 연간 1억 5천만 원이라면 35%의 세율을 이미 적용받고 있기에 같은 임대소득이라도 앞의 경우보다 더 높은 세금을 부담해야 한다.

종합소득세율과 법인세율 비교

종합소득세율

(단위: 원)

과세표준	세율	속산표
1,400만 이하	6%	과표×6%
1,400만~5천만	15%	과표×15% - 126만
5천만~8,800만	24%	과표×24% - 576만
8,800만~1억 5천만	35%	과표×35% - 1,544만
1억 5천만~3억	38%	과표×38% - 1,994만
3억~5억	40%	과표×40% - 2,594만
5억~10억	42%	과표×42% - 3,594만
10억 원 초과	**45%**	**과표×45% - 6,594만**

법인세율

(단위: 원)

과세표준	세율	속산표
2억 이하	9%	과표×9%
2억~200억 이하	19%	과표×19% - 2천만
200억 초과~3천억 이하	21%	과표×21% - 4.2억
3천억 초과	**24%**	**과표×24% - 94.2억**

따라서 고소득자라면 차라리 명의를 달리하여, 즉 법인 명의로 취득하는 것이 세 부담 측면에서 더 유리할 수 있다. 물론 법인 소득을 다시 개인 급여나 배당 등으로 가져오는 과정에서 또 한 번의 세금을 부담해야 하기에 어느 한쪽이 무조건 좋다고 단정할 수 없다.

피부양자라면 지역가입자 전환 여부 체크!

피부양자라면 지역가입자 전환 여부를 미리 살펴야 한다. 상업용 부동산은 시세차익도 누리면 좋지만 대부분 월세와 같은 현금흐름을 만들기 위해 매수하는 경우가 많을 것이다. 가령 건강보험상 피부양자가 상업용 부동산을 취득해서 월세를 받는다고 가정하자. 이 경우 반드시 사업자를 내야 하고(일반임대사업자로 등록해야 한다.), 이에 대해 매년 5월 종합소득세 신고를 해야 한다.

사업자등록을 하고 소득이 발생하는 경우라면 종합소득세를 신고한 연도의 11월이 되면 피부양자에서 지역가입자로 전환이 된다. 그리고 본인이 보유한 부동산, 월세 등을 근거로 하여 지역가입자 기준의 건강보험료 등을 따로 부담해야 한다. 이건 개인마다 차이가 있으나 생각보다 금액이 클 수 있다. 따라서 미리 건강보험공단 '모의계산' 등을 통해 대략적인 보험료 부담을 알아보고 접근하는 것이 좋다.

직장인이라면 겸업금지 등을 유의하자

대부분의 직장은 겸업금지와 같은 조항이 있다. 회사의 직원이 회사 업무 본연에만 집중하길 원하는 것은 어떤 고용주라도 마찬가지일 것이다. 이에 대해 사전허가를 받게 하거나 아주 일부 겸업을 하더라도 문제를 삼지 않겠다고 하는 회사가 존재하는데, 현실은 그렇게 호의적이지 않다. 참고로 인사혁신처는 공무원이 '임대업'을 하는 경우 본업에 해를 끼치지 않는 선에서 할 수 있는 수준의 겸업이라고 가이드를 내린 바 있다. 하지만 해당 공무원이 임대업과 밀접한 공무를 하고 있다면 이는 법에 저촉될 수 있기에 주의한다.

양도차익 면에서는 법인 명의가 유리할 수 있다

상업용 부동산은 주로 현금흐름을 만들기 위해 취득한다. 하지만 월세를 받으면서 임대를 주다 보니 시간이 꽤 흐를 수 있고, 그 결과 시세차익도 상당할 수 있는데 대부분 이런 경우 매각 시 후회하는 경우를 많이 보았다. 이유는 세 부담이 너무 커서이다.

앞서 살펴보았듯이 종합소득세율은 2년 이상 보유한 부동산의 양도세 기본세율과 동일한데 양도세 과세표준이 10억 원을 초과하는 경우 세율은 45%이다. 지방소득세까지 더하면 49.5%로 거의 절반의 양도차익을 세금으로 부담해야 함을 알 수 있다. 아주 대략적으로 단순화하자면, 30억 원에 취득한 꼬마빌딩을 50억 원에 매각하는 경우 양도차익 20억 원의 절반 정도인 10억 원을 양도세로 부담할 수 있다는 의미다.

하지만 이를 법인으로 매수했다면 이야기는 달라진다. 양도차익 20억 원에 대한 법인세 4억 원(20%) 정도만 부담하면 그만이다. 그리고 나서 더 크고 비싼 물건을 매수할 수도 있다. 간혹 기사에 나오는 '○○○ 연예인이 건물을 사고팔아 거액의 차익을 남겼다.'와 같은 기사를 보면 하나같이 모두 법인으로 거래를 했다는 것을 알 수 있는데, 여러 가지를 생각하게 한다.

물론 이외에도 여러 가지를 고려해야 한다. 그만큼 명의를 개인으로 할지, 법인으로 할지는 정말 어려운 문제다. 이에 대해 필자는 다음과 같이 결론을 내리고 싶다.

'처음에 부담 없이 쉽게 접근하고 싶다면 개인 명의로, 이후 경험이 쌓여 중장기 관점에서 길게 접근한다면 법인 명의가 좋다.'

투자와 자산관리는 하루 이틀 할 것이 아니기 때문이다.

미래의 건물주를 꿈꾼다면

누군가 그랬다. 부동산 투자의 종착지는 '건물주'라고. 어느 정도 맞는 말이라 생각한다. 시간이 흐르면 누구나 안정적인 현금흐름을 바라고 상대적으로 리스크가 낮은 투자와 자산관리를 바란다. 그런 의미에서 미래의 건물주를 꿈꾸고 있다면 한 번쯤은 꼭 법인에 대해 공부를 해두면 좋겠다고 생각한다.

《부자아빠의 투자가이드》(로버트 기요사키 지음) 책을 보면 다음과 같은 내용이 나온다.

"어떻게 이렇게 큰 건물을 살 수 있나요?"

"나는 할 수 없지만 나의 사업체(법인)는 할 수 있단다."

혹시 '경제적 자유'에 관심이 있다면 반드시 읽어야 할 책 중 하나인데, 개인적으로 이 대목이 정말 인상적이었다. 나 역시 비슷한 경험이 있다. 약 2년 전, 개인적으로 가장 큰 금액의 자산을 매수한 적이 있는데 개인 명의가 아닌 법인 명의로 취득을 하였다. 그리고 잔금을 치르는 과정에서 금융기관으로부터 '상중'이라는 법인 평가를 받았으며 그 결과 어려운 시기였음에도 불구하고 좋은 조건으로 대출을 받을 수 있었다. 만약 개인 명의로 했다면 굉장히 힘들었거나 혹은 진행 자체를 하지 못하였을 수도 있다.

그런 의미에서 법인을 운영하고 싶다면 가급적 일찍 하길 바란다. 그리고 해당 법인에서 별도의 사업 아이템을 통해 매출을 늘리고 수익률을 높이길 바란다. 단순히 양도세 중과를 피하고자 법인 설립을 남발하는 것은 바람직하지 않다. 성능 좋은 스마트폰을 거액을 주고 구입해서 고작 영상 시청을 한다면 너무 손해이지 않은가?

지금까지 법인을 통한 부동산 자산관리에 대해 주로 이야기를 했다. 미래의 건물주라면 지금 바로 법인 대표가 되는 것에 관심을 가지길 바란다.

일곱째
마당

미리 알면 좋은
상속세 및 증여세

자식에게 증여를 하고 싶은데
현금과 부동산 증여 중 어느 게 나을까요?

Q 자식에게 증여를 좀 할까 하는데 현금 증여가 좋을지 아니면 해당 자금으로 부동산을 취득한 후 그 부동산을 증여하는 게 좋을지 고민입니다. 그래도 아직은 내가 현금을 좀 쥐고 있어야 할 텐데, 천천히 해도 되겠죠?

A 부의 이전은 모든 부모가 가지고 있는 고민일 것입니다. 그 과정에서 발생하는 세금을 어떻게 하면 줄일 수 있는지가 관건인데, 증여를 하더라도 혹여 10년 내 상속이 개시된다면 이는 사전증여재산으로 합산이 됩니다. 따라서 가급적 일찍 시작하시는 것이 좋고 현금 증여는 평가액이 명확하기에 해당 금액에 따른 증여세만 내면 끝이지만, 부동산은 일반증여, 부담부증여 그리고 이에 따른 취득세 등도 있기에 여러 가지를 고민해봐야 합니다.

비슷한 듯 다른
상속세와 증여세

상속세와 증여세의 개념

'살아생전에 하면 증여, 사후에 하면 상속'

이것만큼 증여와 상속을 잘 표현할 수 있는 말이 또 있을까? 자녀 등에게 재산을 무상으로 이전해준다는 측면에서 증여와 상속은 서로 닮았다. 즉, 앞서 보았듯이 재산을 물려주는 당사자가 살아있을 때 하면 증여이고(이때 재산을 물려주는 당사자는 증여자가 되고 상대방은 수증자가 된다.), 사후에 하게 되면 상속이라 하는데(재산을 물려주는 당사자는 피상속인, 이를 받는 자는 상속인이 된다.), 이때 발생하는 세금이 각각 증여세와 상속세이다.

상속세와 증여세

구분	상속세	증여세
개념	피상속인의 사망으로 인해 상속인에게 재산이 이전될 때 발생하는 세금	증여자 생전에 수증자에게 재산이 이전될 때 발생하는 세금
계산방식	유산세 방식 (유산 전체가액을 기준으로 초과누진세율을 적용한 후 상속 비율에 따라 상속세를 안분해 부과)	유산취득세 방식 (증여재산을 수증자별로 각각 안분한 후 안분한 재산가액을 기준으로 초과누진세율 적용)
세율	10~50%	
납세의무자	상속인	수증자
신고·납부기한	상속개시일이 속하는 달의 말일부터 6개월 이내	증여받은 날이 속하는 달의 말일부터 3개월 이내
관할세무서	피상속인의 주소지	수증자의 주소지

우리 세법은 부의 공평한 배분을 위해 이러한 증여와 상속과 같은 부의 무상 이전에 대해 과세를 하고 이를 다시 사회적으로 배분하는 역할을 한다. 적용되는 세율은 10%부터 50%까지이다.

상속세 및 증여세 세율

과세표준	세율	누진공제액
1억 원 이하	10%	–
1억 원 초과~5억 원 이하	20%	1천만 원
5억 원 초과~10억 원 이하	30%	6천만 원
10억 원 초과~30억 원 이하	40%	1억 6천만 원
30억 원 초과	50%	4억 6천만 원

증여세와 상속세의 과세방식 차이

취지와 세율이 같다고 해서 증여세와 상속세가 같은 건 아니다. 가장 큰 차이는 과세방식에 있다.

먼저 상속세는 '유산과세형'이라고 해서 피상속인의 전체 유산총액에 과세를 한다. 이후에 각 상속인의 상속지분에 따라 내야 할 세금(세액)을 안분하는 방식이다. 즉, 국가에서 상속세 과세대상 전체에 대해 먼저 과세를 한 후에 이를 상속인마다 나눠서 납부하라고 하는 것이다.

이 방식은 세수확보에 유리하고 상대적으로 세무행정이 용이하다는 장점이 있다. 하지만 앞의 표처럼 세율 자체가 누진세율이기 때문에 과세대상 자산이 크면 그만큼 세 부담도 커지며 그에 따라 조세저항이 상대적으로 높아진다.

다음 표의 상속세 계산구조에서 보듯이 먼저 '총상속재산가액'을 구하는데 본래의 상속재산에 피상속인의 사망으로 상속인이 받는 보험금, 신탁재산, 퇴직금 등을 '간주상속재산'이라고 하여 더한다. 여기에 상속개시일 전 처분한 재산, 예금인출액처럼 과세자료 노출이 잘 되지 않은 부분, 혹여 부당하게 상속세 회피가능성이 있을 만한 사항 등을 '추정상속재산'이라고 하여 합산한 후 결과적으로 총상속재산가액을 도출하여 전체 상속재산에 대해 과세를 하는 것이다.

반대로 증여세는 '취득과세형'으로 각자가 받는 재산에 대해 과세하는 방식이다. 즉 증여자가 100만큼의 재산을 가지고 있다고 하더라도 이를 받는 수증자가 30을 받으면 받은 30만큼에 대해서만 과세한다.

상속세 계산구조

구분	비고
본래의 상속재산	민법상 상속재산 + 유증재산 + 사인증여재산
+ 간주상속재산	보험금, 신탁재산, 퇴직금 등
+ 추정상속재산	상속개시일 전 재산처분액, 예금인출액, 채무부담액
총상속재산가액	
− 비과세 재산가액	국가에 대한 유증 등
− 과세가액불산입액	공익목적 출연재산가액 등
− 과세가액공제액	공과금, 장례비, 채무
+ 사전증여재산가액	상속개시일 전 상속인(10년), 상속인 이외 자(5년)에게 증여한 재산재산가액, 상속세과세가액
− 상속공제	일괄공제, 배우자상속공제, 금융재산공제 등
− 감정평가수수료공제	부동산 등 감정평가 시 감정평가수수료 공제 (부동산 500만 원 한도)
상속세과세표준	
× 세율	10~50%, 5단계 초과누진세율
상속세산출세액	
− 징수유예세액	문화재, 박물관, 미술관 자료
− 세액공제	증여세액공제, 외국납부세액공제, 단기재상속세액공제, 신고세액공제
+ 가산세	
차가감납부세액	분납, 물납, 연부연납

 알아두세요

응능부담원칙

납세자 부담능력에 맞게 공평한 과세를 해야 한다는 조세원칙 중 하나이다. 이러한 응능부담(ability-to-pay)원칙은 구체적으로 동일한 부담능력을 가진 사람이라면 동일한 부담을 해야 한다는 '수평적 공평', 더 큰 부담능력을 갖춘 사람은 보다 많은 부담을 해야 한다는 '수직적 공평'으로 구분할 수 있는데 모두 조세평등 및 조세정의를 실현하기 위한 것이다.

각자 받은 재산에 대해서만 세금을 부담하면 되는데 이를 '응능부담원칙에 부합한다.'라고 표현하기도 한다. 취득과세형은 유산과세형에 비해 상대적으로 세수확보가 불리하다는 측면이 있다.

유산과세형 vs 취득과세형

구분	유산과세형	취득과세형
개념	피상속인의 전체 유산총액에 대해 누진세율을 적용, 세액을 계산한 후 이를 각 상속인의 지분에 따라 안분하는 방식	피상속인의 유산총액을 각 상속인 개인별로 분할한 후 각 상속인이 취득한 상속재산을 대상으로 세금을 부과하는 방식
과세대상	피상속인의 상속재산 전체	상속인별 취득재산
장점	세수 확보 유리, 세무행정 용이	응능부담원칙 부합
단점	조세저항 큼	세수 확보 불리

현행 세법은 상속세는 유산과세형으로, 증여세는 취득과세형으로 세금을 부과한다. 그런데 최근 상속세 역시 취득과세형으로 전면 개편해야 한다는 목소리가 많다. 이를 주장하는 가장 큰 근거는 가업 승계 같은 경우 높은 세 부담으로 걸림돌이 많다는 데에 있다. 그 외에도 여러 가지 이유를 들고 있는데, 계획대로 된다면 상속세는 전면 개편될 가능성이 있으므로 이 책에서는 증여세를 중심으로 살펴보고자 한다.

부동산 절세
무작정 따라하기

036

증여의 개념과
계산구조 이해하기

증여의 개념

우선 증여의 개념에 대해 살펴보자.

증여 개념 이해

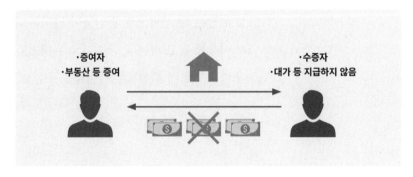

앞의 그림 왼쪽을 보면 어떤 사람이 주택을 제공한다. 그리고 그에 대해
별다른 대가를 받지 않는다. 만약 일반매매였다면 주택을 제공하고 그
에 따른 대가를 받았을 것이고 그 결과 해당 주택의 양도차익에 대해 세
금을 납부하고 이는 양도세라는 건 이미 앞에서 살펴보았다.

하지만 증여는 그렇지 않다. 이에 대해 대가를 받지 않고 '무상으로' 부
를 이전하기에 왼쪽 주택 제공자에게 양도세가 부과되지 않는다. 그렇

다고 아무런 세금이 나오지 않는다면 누구라도 이런 방식으로 조세 부담을 회피할 수 있을 것이다. 따라서 우리 세법은 앞의 사례 같은 경우에 왼쪽 증여자는 별다른 세금이 없지만, 오른쪽 수증자에게는 증여세를 부과한다.

증여세의 계산구조

그렇다면 증여세는 어떻게 계산할까?

증여세의 계산구조

구분	비고
증여재산가액	증여재산 평가액
− 채무인수액	부담부증여 시 채무인수액
= 증여세과세가액	
+ 증여재산가산가액	10년 내 증여재산합산
− 증여재산공제	수증자별 증여재산공제
− 감정평가수수료공제	부동산은 500만 원 한도
= 증여세 과세표준	세율표 참조
× 세율	10~50%
= 증여세 산출세액	
− 기납부세액공제	사전증여재산가액분에 대한 산출세액
− 신고세액공제	산출세액의 3%
= 차가감납부세액	연부연납 혹은 분할납부 가능

앞의 표는 증여세 계산구조인데, 우선 너무 겁먹지는 말기 바란다. 우리가 해야 하는 건 계산과정을 암기하는 것이 아니라 그 과정을 이해하는 것이고, 이를 통해 절세 포인트가 무엇인지를 찾는 것이다.

먼저 시작은 증여재산가액인데 쉽게 말해 상대방에게 무상으로 이전하는 재산의 가치라고 생각하면 된다. 문제는 그 재산의 평가액인데 현금이라면 너무나도 명확하지만 부동산 같은 경우라면 시가, 호가, 기준시가, 감정평가액 등이 있어 혼란스럽다. 결론적으로 재산 평가는 시가를 원칙으로 하며, 시가 산정이 어려운 경우에는 해당 재산의 종류, 규모, 거래 상황 등을 고려하여 법에서 정한 보충적 평가 방법에 따른 가액으로 평가한다.

이때 '시가'란 불특정 다수의 사람들 사이에서 자유롭게 거래가 이루어지는 통상의 가액이라 보면 되는데, 매매가액, 감정가액, 유사매매사례가액, 수용가액 등을 시가로 인정한다. 상속개시일(피상속인이 사망한 때) 전후 6개월, 증여일 전 6개월부터 증여일 후 3개월 이내의 기간 중 해당 가액을 말하기에 기간 역시 중요하며 금액이 크거나 불분명할 때에는 반드시 세무사 등 전문가와 상의 후 진행하는 것이 필요하다.

다음 '채무인수액'은 증여재산가액에서 차감하는데 이건 취지를 이해하면 쉽다. 즉, 증여는 그 거래의 명칭, 형식, 목적 등과 관계없이 타인의 재산가치를 증가시키는 것인데 수증자가 채무를 인수했다면 재산가치 증가가 이루어진 것이 아니므로 증여세 과세대상에서 제외된다. 다음에 살펴보는 '부담부증여'에서 더욱 자세히 살펴보도록 하자.

여기에 증여일로부터 과거 10년 동안 동일인으로부터 받은 증여재산이 있다면 이를 합산한다. 참고로 이때 동일인 판정 시 직계존속의 배우자가 포함되는데, 쉽게 말해 3년 전 부친으로부터 1억 원을 증여받고 다시 모친으로부터 1억 원을 증여받는다면 비록 다른 사람이지만 증여세에 있어서는 동일인으로 보고 10년 이내 증여한 건이므로 이를 합산하여 과세한다는 것이다. 이러한 이유로 '증여는 빠를수록 좋다.' 혹은 '증여는 10년 주기로 미리 준비하라.'라는 말이 나오는 것이다.

다음으로 '증여재산공제'가 있다. 어찌 보면 증여세 절세의 핵심이라 할 수 있는데 이는 다음의 표를 보고 이해하자.

증여재산공제

증여자(그룹)	증여재산공제액
배우자	6억 원
직계존속	5천만 원 (단, 수증자가 미성년자라면 2천만 원)
직계비속	5천만 원
그 밖의 친족	1천만 원

이 표의 왼쪽은 증여자, 오른쪽은 공제액이다. 먼저 배우자에게 증여를 하는 경우 6억 원이 공제된다. 남편이 아내에게, 아내가 다시 남편에게 증여 시 각각 6억 원을 공제받을 수 있다. 물론 10년간 합산액이다.

다음으로 직계존속이 증여자이고 이를 직계비속에게 증여하는 경우인데 수증자가 성년자녀라면 5천만 원, 만약 미성년자라면 2천만 원까지 공제가 가능하다. 즉 증여세를 내지 않고 증여를 할 수 있다. 따라서 절세효과를 극대화하기 위해서는 자녀가 태어나자마자 증여를 하는 것이 유리하다. 자녀의 나이가 아닌 증여 시기를 기준으로 10년을 보기 때문이다.

> **10년 단위로 증여할 경우의 증여세 비교**
>
> **사례 1)**
> 배우자에게 일시에 10억 원 증여 → 증여세 7천만 원
>
> **사례 2)**
> 배우자에게 1차로(2011년) 5억 원 증여
> 배우자에게 2차로(2022년) 5억 원 증여 → 증여세 없음

반대로 직계비속이 직계존속에게 증여할 수 있는데 직계존속은 성년이라면 5천만 원까지 공제가 가능하다. 그 밖의 친족은 1천만 원까지 공제가 가능하다.

여기까지 공제를 하고 감정평가수수료공제(앞서 설명한 증여재산평가액 산정 시 감평을 받기도 하는데 이때 소요되는 수수료에 대한 공제이다.)까지 제하면 증여세 과세표준이 나온다. 그 이후에 세율을 적용하면 증여세가 바로 나오며, 이에 대해 제때 신고만 하더라도 세액의 3%는 신고세액공제로 할인이 된다. 즉 납부할 증여세가 100만 원이고 이를 기한 내 성실신고하면 3%인 3만 원을 공제하는 것이다. 과거에는 신고세액공제가 10%였는데 지금은 3%까지 내려왔다. 언젠가는 이마저도 없어질 것이고, 그건 과세당국의 정보수집능력이 더욱 좋아졌다는 것을 의미하니 성실납세가 최선임을 꼭 기억하자.

증여세의 분납과 연부연납

만약 증여세가 너무 부담이 된다면 이를 나눠서 납부할 수도 있다. 증여세가 1천만 원을 초과하면 분납이 가능한데 증여세 납부 원칙은 증여받

은 날이 속하는 달의 말일로부터 3개월 이내지만 분납을 하면 일부를 기한 후 2개월 내 나눠 낼 수 있다. 만약 증여세 납부세액이 2천만 원을 초과하면 '연부연납'을 할 수 있는데, 분납보다 훨씬 긴 5년까지 나눠 낼 수 있다. 다만 이자상당액 가산금이 일부 붙으며 각 회 분할 납부액이 1천만 원 이상이어야 한다.

연부연납 사례(증여세 8천만 원인 경우)

구분	1차	2차	3차	4차	5차	6차
납부기한	2023. 12. 31.	2024. 12. 31.	2025. 12. 31.	2026. 12. 31.	2027. 12. 31.	2028. 12. 31.
본세	13,333,333	13,333,333	13,333,333	13,333,333	13,333,333	13,333,333
가산금	–	1,933,333	1,546,667	1,160,000	773,333	386,667
합계	13,333,333	15,266,666	14,880,000	14,493,333	14,106,666	13,720,000

* 국세환급가산금 이율이 2023년 3월 개정으로 인해 1.2%에서 2.9%로 변경됨을 반영한 계산

이상이 증여세 계산구조에 대한 이해이다. 하나씩 따라가다 보면 이해하지 못할 바는 아니지만, 실제 신고납부 시에는 검증해야 할 것이 많고 특히 본인도 모르게 사전 증여한 내용이 있을지 모르니 반드시 전문가의 도움을 받도록 하자.

원리를 알면 쉽다!
부담부증여

부담부증여의 장점

증여에는 일반증여와 부담부증여가 있다. 일반증여는 우리가 앞에서 살펴본 내용이고, 부담부증여란 채무를 떠안는 증여를 말한다. 증여를 하려면 꼭 부담부증여와 비교해보라는 말이 있다. 부담부증여를 하면 어떤 이득이 있어서일까? 그 전에 앞서, 다음 두 가지를 비교해보자.

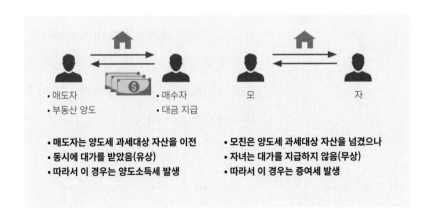

- 매도자
- 부동산 양도

- 매수자
- 대금 지급

- **매도자는 양도세 과세대상 자산을 이전**
- **동시에 대가를 받았음(유상)**
- **따라서 이 경우는 양도소득세 발생**

모   자

- **모친은 양도세 과세대상 자산을 넘겼으나**
- **자녀는 대가를 지급하지 않음(무상)**
- **따라서 이 경우는 증여세 발생**

그림 왼편은 매도자가 매수자에게 주택을 처분하면서 그에 대한 대금을 지급받은 경우이다. 첫째, 해당 주택은 양도세 과세대상 자산이고, 둘째, 대가성이 있으므로 매도자는 양도차익에 대해 양도세를 부담해야 한다.

오른편은 모친이 자녀에게 마찬가지로 양도세 과세대상 자산인 주택을 넘겼으나, 그에 대한 대가는 받지 않았다. 따라서 양도세는 발생하지 않으나 부의 무상이전이고 살아생전에 진행되는 것이기에 수증자인 자녀가 증여세를 부담해야 함을 이미 앞에서 살펴보았다.

부담부증여란 이 두 가지가 모두 결합된 것이라고 이해하면 된다.

사례로 이해하는 부담부증여

부담부증여 사례

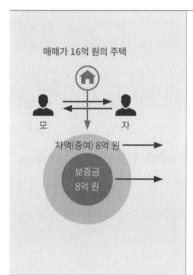

모친이 아들에게 시가 16억 원 상당의 주택을 증여

1. 매매가 16억 원 – 보증금 8억 원 = 8억 원
   → 이 8억 원은 순수 증여분으로
   대가성이 없으므로 증여세 과세

2. 보증금 8억 원
   → 양도세 과세대상 자산이며
   대가가 있다고 보아
   양도세 과세(두 가지 요건 만족)

3. 이 둘의 결합이 부담부증여이다.

이 사례에서 모친은 전세보증금을 아들이 그대로 승계하는 방식으로 시가 16억 원 상당의 주택을 증여하고자 한다.

그렇다면 16억 원 중에서 보증금 8억 원은 자녀의 재산을 증대하는 것이 아닌 채무인수액이므로 증여세 과세대상이 아니다. 이때 어떤 과세 문제가 발생하는지가 중요하다. 결론부터 밝히자면 이때는 양도세가 발생하고 이는 모친이 부담해야 한다. 이유는 당초 모친이 부담해야 하는 보증금 8억 원을 자녀가 인수하면서 본인 채무가 사라지는 것이기에 이에 대해 우리 세법은 대가성이 있다고 보는 것이다. 즉, 그림에서 보는 것처럼 첫째, 주택은 양도세 과세대상 자산이고 둘째, 보증금 부분은 대가성이 있다고 보아 양도세가 과세되는 것이다.

나머지 8억 원은 순수하게 자녀에게 이전되는 부(富)이므로 이에 대해서는 증여세가 발생하며 이때 증여세는 자녀가 부담해야 한다. 정리하면 다음과 같다.

- 모친: 양도세 부담(보증금 8억 원)
- 자녀: 증여세(보증금을 뺀 차액 8억 원) 및 명의 이전에 따른 취득세 부담

물론, 사례의 모친은 보증금 8억 원을 모두 변제하고 시가 16억 원 상당의 주택을 채무 없이 증여할 수 있다. 이게 앞서 살펴본 일반증여라고 보면 된다. 그렇다면 둘 중 세 부담은 어떤 게 더 클까?

일반 증여

구분	증여세
증여재산가액	16억 원
채무액	–
증여세 과세가액	16억 원
증여재산공제	0.5억 원
증여세 과세표준	15.5억 원
세율	40% (누진공제 1.6억 원)
산출세액	4.6억 원
납부할 세액	4억 4,620만 원

부담부증여

구분	증여세	구분	양도소득세
증여재산가액	16억 원	양도가액	8억 원
채무액	8억 원	취득가액	2.5억 원
증여세 과세가액	8억 원	양도차익	5.5억 원
증여재산공제	0.5억 원	기본공제	250만 원
증여세 과세표준	7.5억 원	과세표준	5.475억 원
세율	30% (공제 0.6억 원)	세율	주택 수 등에 따라 다름
산출세액	1.65억 원	산출세액	
납부할 세액	1억 6,005만 원	총계	

보증금 8억 원 전세가 끼어 있는 시가 16억 원(단, 취득가는 5억 원)의 아파트를 명의 이전하는 경우이다.

먼저 시가 16억 원짜리 주택을 일반 증여하는 경우에는 표의 왼편에 있는 것처럼 4억 6천만 원의 증여세가 나오고, 신고세액공제 3%를 적용받으면 4억 4,620만 원이 나온다.

반면, 부담부증여인 경우 증여세와 양도세로 나눠 계산해야 한다. 증여세는 채무액 8억 원을 제하고 성년 자녀라고 가정 시 증여재산공제 5천만 원을 적용하면 1억 6,500만 원이 나오며, 신고세액공제 적용 시 1억 6,005만 원이 나온다.

문제는 양도세인데, 양도세 계산 방식은 동일하나 다음 두 가지를 유의하면 된다. 먼저 양도가액은 넘어가는 채무액이라고 보면 된다. 취득가액은 해당 주택의 당초 취득가에 현재 채무가 차지하는 비율을 곱하면 된다.

> 취득가 5억 원 × 채무 비율 (8억 원 / 16억 원) = 2.5억 원

나머지는 양도세 계산과정과 같다.

중요한 건 이때 양도세는 앞에서 배운 양도세 과세원리가 동일하게 적용되므로, 양도세 과세대상자인 모친이 속한 세대를 기준으로 하여 비과세 혹은 양도세 중과 등이 적용될 수 있다는 점이다.

예를 들어 모친과 자녀가 세대분리가 되어 있고 모친이 속한 세대(적어도 배우자는 포함)가 해당 주택을 1채만 보유하고 있으며 비과세 요건을 갖추었다고 가정을 한다면 이때 앞 표의 우측 양도세는 3,499만 원이다. 전체 주택가격이 12억 원을 초과하는 고가주택에 해당되어 12억 원 초과분에 대해 양도소득세가 부과된다.

반대로 모친이 속한 세대 기준 주택 수가 3채이고(예를 들어 배우자인 남편이 주거용 오피스텔을 2채 보유한다고 가정해보자.), 해당 지역이 조정대

상지역이면서 양도세 중과가 적용된다고 가정을 하면 이때는 양도세에 3주택 중과가 적용되고 계산을 해보면 3억 9,408만 원이 나온다. 물론 조정대상지역은 대거 해제되었고 정부는 2023년 세법 개정을 통해 양도세 중과 폐지를 추진하고 있기에 이렇게까지는 부과되지 않을 것이며, 일반과세가 될 가능성이 높다. 사례의 경우를 정리하면 다음과 같다.

- 일반 증여 시 세 부담: 446,200,000원
- 부담부증여 시 세 부담(비과세인 경우): 195,040,000원
- 부담부증여 시 세 부담(3주택 중과인 경우): 554,136,000원

가장 좋은 경우는 부담부증여를 하되 해당 주택의 채무액에 대한 양도세가 비과세 되는 것이다. 물론 양도세 중과가 적용되면 오히려 일반 증여보다 세금이 늘어나는 경우도 있지만 앞서 말한 대로 양도세 중과는 많이 사라진 만큼, 부담부증여는 계속해서 좋은 절세전략이 될 가능성이 높다.

취득세 부분도 고려를 해야 하는데, 순수 증여 부분에 대해서는 증여 취득세가 적용되며(일반적인 경우 3.5%, 조정대상지역이면서 공시가 3억 원 이상인 경우 12%), 양도세 즉 채무 부분에 대한 취득세는 다주택자 중과 세율이 적용될 수 있으니 이때는 수증자인 자녀 세대의 주택 수를 미리 확인하고 진행해야 한다.

그 외에 부담부증여는 해당 채무가 증여 대상 물건과 직접적인 연관성이 있어야 하고, 일반 증여와 마찬가지로 수증자의 자금조달 여부가 중요하기에 꼭 전문가와 사전에 상의한 후 진행하도록 하자.

부동산 절세
무작정 따라하기

038 > 자금출처에 대한 이해

국세청의 소득 – 지출 분석시스템

'자금출처조사는 증여세 조사다!'라는 말이 있다. 과세당국에서는 부동산 등 재산을 취득한 자의 연령, 소득수준, 기존 보유자산 처분 여부 등을 종합적으로 판단하여 해당 재산 취득 자금을 자력으로 마련하기 어려운 경우라고 판단 시, 자금출처에 대한 소명을 요구할 수 있다. 그리고 그 과정에서 제대로 소명이 안 되거나 증여라는 것이 밝혀지는 경우 증여세가 부과될 수 있다. 물론 가산세까지 포함해서 부과되기에 사전에 이를 명확하게 구분하고 원칙대로 하는 것이 좋다.

'소득-지출 분석시스템' 모델

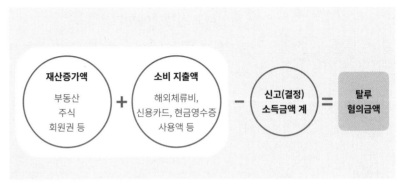

(출처: 국세청)

국세청에서는 이미 2009년 소득-지출 분석시스템(PCI 분석시스템, Property, Consumption and Income Analysis System)이라는 모델을 개발하여 활용 중인데, 이는 탈루소득의 대부분이 결과적으로 부동산, 주식 등의 자산 취득 혹은 해외여행, 고가상품 취득 등 호화소비지출로 나타나는 점에 착안하여 개발되었다.

예를 들어 어떤 사람이 최근 5년간 종합소득금액을 4,100만 원(월 기준 70만 원) 신고하였으나, 시가 31억 원 하는 아파트에 거주하고, 고급승용차를 소유하고 있으며 잦은 해외여행을 간다면 이는 소득수준에 비해 소비수준이 과다하다는 걸 알 수 있다.

사례의 탈루혐의금액 도출 과정

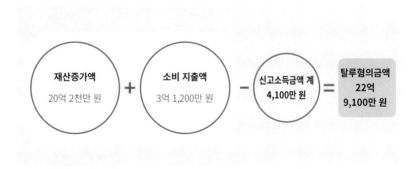

이를 PCI 분석시스템에 적용하면, 우선 왼편은 부동산, 주식과 같은 재산증가액으로 이 금액은 20억 원 정도가 되며 동시에 소비지출액은 3억 1천만 원 정도다. 그에 반해 과세당국에 신고한 금액은 4,100만 원 수준으로 이 둘을 차감해보면 약 22억 원이라는 매우 큰 차이가 나는 것을 알 수 있다.

물론 해당 금액 전부가 탈루금액은 아니겠지만 이런 방식으로 과세당국은 탈루가 의심되는 금액을 손쉽게 도출할 수 있는 것이다.

이런 식으로 평균적인 연령, 소득 수준에 비해 지나치게 탈루혐의금액이 큰 경우라면 이들을 먼저 대상으로 하여 조사를 진행할 수 있을 것이다. 따라서 성실신고를 통해 마이너스 항목인 신고소득금액을 늘린다면 자연스레 탈루혐의금액이 낮아지는 원리이니 '성실납세가 최선'이라는 말은 다시 한 번 진리임을 확인할 수 있다.

시간이 지난 지금, 국세청은 이 시스템을 더욱 활발하게 활용하는 것으로 추정된다.

자금출처 적발 사례

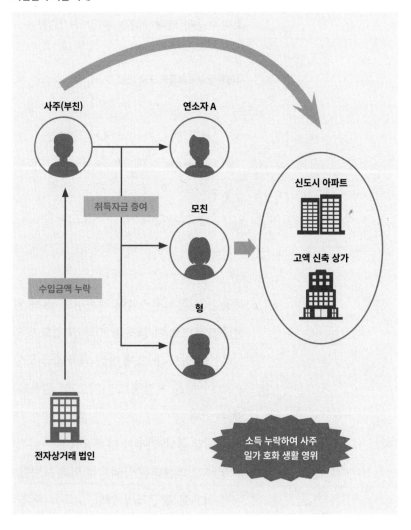

이 사례에서 연소자 A는 소득 등 자금원천이 없음에도 불구하고 신도시 아파트 및 고액 신축 상가를 구입하였다. 이를 의심한 과세당국은 이에 대한 자금출처를 분석하였다. 그 결과, 전자상거래 법인을 운영한 부친이 소득 금액의 일부를 누락한 후 해당 자금을 빼돌려 연소자 A 및 다른 가족(모친, 형)의 부동산 취득 자금으로 지원한 사실이 드러났다.

이 경우 연소자 A의 부동산 취득 자금에 대해 증여세가 과세될 것인데, 더 문제는 부친이 운영하는 법인 매출 누락에 대한 조사가 동시 진행된다는 점이다. 최근에는 이렇게 부동산 취득 자금에 대한 증여 여부와 함께 그 자금의 원천을 함께 확인하여 법인(혹은 개인사업장) 통합조사까지 동시 진행되니 유의하기 바란다.

차용증 작성 시 유의사항

'증여를 하면 증여세가 나오는데, 차라리 그 돈을 빌려주는 걸로 할까?' 이렇게 생각하는 사람들이 많은 것 같다. 그런데 언론 기사 등을 보면 여기에도 세금이 붙는다고 한다. 왜 그럴까? 그건 바로 외형은 차용인 것처럼 하고, 실질은 증여인 경우라서 그렇다.

증여는 대가 없는 부의 무상 이전이다. 그리고 이에 대해서는 일정 부분 과세가 된다. 반대로 차용은 금전대차거래고 쉽게 말해 돈을 빌리는 것이다. 당연히 만기가 되면 원금을 상환해야 하고 돈을 빌린 것에 대한 대가, 즉 이자를 내야 한다. 이렇게 증여와 차용이 다른 것임에도 불구하고, 이를 혼용하고 본인에게 유리하게 적용하기에 문제가 발생하는 것이다.

증여가 아닌 차용을 할 때 유의해야 할 점을 하나씩 살펴보자.

첫째, 제3자와 거래한 것처럼 하라. 금전대차거래 시 가까운 사람(가족 등)이라면 아무래도 편의를 봐줄 수는 있겠지만 그렇다고 아무 조건 없이 자금을 주면 증여가 된다. 따라서 가족간 특수관계자 사이에서 금전대차거래를 한다면 반드시 제3자와 거래한다고 생각하고 의사결정하면 위험하지 않다. 이걸 가정하고 계속해서 아래 내용을 살펴본다면 이해가 더욱 쉽게 될 것이다.

둘째, 차용증 작성은 하는 게 좋지만 이게 다는 아니다. 제3자와 거래한다고 한다면 이에 대한 근거를 명확하게 하기 위해 차용증 작성을 할 가능성이 높다. 이에 대해서는 구체적인 내용은 작성해 두는 것이 좋은데 누가, 누구에게, 얼마의 금액을, 언제까지 빌려주고, 그에 대한 이자는 얼마가 되며, 이자와 원금은 언제 돌려받는지 등이 구체적으로 적을수록 좋다.

금전대차계약서 샘플

금전대차-1(일반형)

금 전 대 차 계 약 서

당사자의 표시

대여인(빌려주는 사람)

이름(회사이름과 대표자) : _____

주소(회사의 본점이 있는 곳) : _____

주민등록번호(사업자등록번호) : _____

전화번호 : _____

차용인(빌리는 사람)

이름(회사이름과 대표자) : _____

주소(회사의 본점이 있는 곳) : _____

주민등록번호(사업자등록번호) : _____

전화번호 : _____

대여인(빌려주는 사람)과 차용인(빌리는 사람)은 다음과 같이 금전대차계약을 맺는다.

제1조(금액)

대여인은 차용인에게 _____원(₩ _____)을 빌려주고 차용인은 이를 빌린다.

[받은 사람의 확인 : _____ (서명 또는 인)]

제2조(이자)

위 차용금(빌리는 돈)의 이자는 원금에 대하여 연 ___ 할 ___ 푼(%)의 비율에 의하여 지급하기로 한다.

제3조(변제기일 및 변제방법)

차용인은 위 차용원금을 ___년 ___월 ___일까지, 이자는 매월 ___일까지 모두 갚기로 하며, 대여인의 주소지로 가지고 가서 지급하거나 또는 대여인이 지정하는 아래 계좌에 송금하여 지급한다.

지정은행 : _____

계좌번호 : _____ 예금주 : _____

제4조(기한의 이익상실)

다음의 경우 차용인은 변제기일(갚기로 정한 날) 이전이라도 원금과 이자를 갚으라는 대여인의 요구를 거절하지 못한다.

1. 이자를 2개월 이상 지급하지 않았을 때

2. 차용인이 제3자로부터 압류 또는 가압류를 받거나 파산선고를 받았을 때

제5조(특별히 정하는 사항)

_____

_____

200 ___ 년 ___ 월 ___ 일

대여인 _____ (서명 또는 인)

대리인 _____ (서명 또는 인)

(대리인의 주민등록번호 : _____)

차용인 _____ (서명 또는 인)

대리인 _____ (서명 또는 인)

(대리인의 주민등록번호 : _____)

(출처: 서울중앙지방법원 '생활속의 계약서')

이 양식은 금전대차계약서 샘플인데 금액, 이자, 변제기일 및 변제방법, 기한의 이익상실(연체 시 대응방안 등), 기타 특약으로 구성되어 있으며 하단에는 대여인과 차용인의 인적사항 등이 들어가 있다. 아무리 가족 간 거래라도 돈 거래는 제3자와 하는 것처럼 하라는 의미를 이해할 것이다.

셋째, 공증 역시 선택사항이다. '공증을 꼭 받아야 하나요?'라는 질문도 차용증 작성에 대한 질문 다음으로 많다. 꼭 그렇진 않은데 취지를 생각하면 금방 이해가 된다. 우리가 차용증을 작성하고 공증을 받는 이유는 이러이러한 사실이 이때에 일어났음을 객관적으로 인정받기 위함이다. 따라서 이를 충족할 수 있는 다른 대안이 있다면 그걸로 충분하다.

예를 들어 차용증을 작성하고 이를 이메일로 서로 주고받으면 해당 이메일 서비스(예를 들어, 네이버, 카카오 등)에 로그 기록이 남는다. 이를 누가 조작할 수 있을까? 혹은 간단하게나마 문자 등으로 증거를 남겨도 좋으며 우체국 내용증명을 활용해도 좋다. 중요한 건 형식이 아니라 방법이다.

넷째, 현행 법정이자율은 4.6%이나, 연간 1천만 원 이내에서 조정도 가능하다. 이를 무이자로 하거나 아니면 낮춰도 되는지 문의하는 경우가 많다. 결론적으로, 법정이자율과의 차이가 연간 1천만 원 이하라면 가능하다.

예를 들어 3억 원을 차용한다고 가정 시 이자율을 2.6%로 하면 법정이자율과의 차액이 2.0%(= 4.6% - 2.6%)가 되고, 이를 원금 3억 원에 적용하면 600만 원(= 3억 원 × 2.0%)이 된다. 해당 금액은 1천만 원 이내이므로 이 정도까진 이자율을 낮춰도 괜찮다. 하지만 무이자로 하면 그 차액은 1,380만 원(= 3억 원 × 4.6%)이 되므로 이 경우에는 이자에 대해 증여세가 과세될 수 있으니 유의하자.

다섯째, 원금 상환 기간이 너무 길어도 문제가 된다. 실제 과세당국이 적발한 사례를 보면 허위 차용증을 작성했거나 상환기간이 30년 등 실제 차입으로 보기 어려운 경우들이다. 다시 원칙으로 돌아가자. 제3자에게 자금을 빌려준다고 했을 때, 30년 후에 갚아도 된다고 말할 수 있는 사람이 과연 누가 있을까? 가족이니까 가능하다고 생각한다면 그냥 증여를 하길 바란다. 상환 기간은 가급적 3년 이내, 길어도 5년 이내가 적당하지 않을까 생각한다. 물론 당연히 해당 기간에는 실제 상환이 이뤄져야 한다.

이상의 내용을 바탕으로 차용증 작성을 한다면 크게 문제는 없을 것으로 보인다. 다만 이자 지급에 대한 이자소득세도 납부해야 하며 금액이 워낙 커진다면 또 다른 이슈가 발생할 수 있으니 사전에 미리 전문가와 상담 후 진행하길 권한다.

부자들이 증여를 서두르는 이유

부자들의 증여 전략

'돈도 없는데 증여는 무슨…….'

혹시 이런 생각을 하고 있다면 이번 내용을 잘 눈여겨보길 바란다. 증여는 빠를수록 그리고 미리 준비할수록 유리하기 때문이다. 우선 자녀가 생긴다면 가급적 출생과 동시에 증여를 하는 것이 유리하다. 이는 앞서 살펴본 대로 10년 내 증여재산은 합산되기 때문이다.

자녀 출생 시 증여 플랜

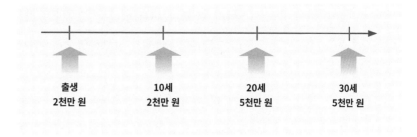

출생	10세	20세	30세
2천만 원	2천만 원	5천만 원	5천만 원

예를 들어 이 플랜처럼 자녀가 출생했을 때 증여재산공제 한도인 2천만 원을 증여하면 증여세는 나오지 않는다. 그리고 10년이 지나 다시 2천만 원을 증여한다. 아직 미성년자이기 때문이다. 그리고 다시 10년이 지나

5천만 원, 다시 10년 후 5천만 원을 증여하면 총 1억 4천만 원을 증여세 한 푼 없이 증여할 수 있다.

물론 자녀가 30세가 되면 그때 1억 4천만 원의 화폐 가치는 그만큼 떨어져 있을 것이기에, 단순히 현금으로만 쥐고 있어서는 안 된다. 주식, 예금 등 본인이 잘 아는 방법으로 장기간 투자를 한다면 꽤 많은 금액이 되어있지 않을까? 참고로, 해당 금액으로 부동산을 취득할 수도 있겠지만 부동산 특성상 보유세도 있고, 주택의 경우 가격 하락 시 보증금을 내줘야 하는 상황이 된다면 오히려 더 큰 문제가 될 수 있으니 적어도 미성년자에는 그리 추천하지 않는다.

그럼 여기에서 조금 더 욕심을 내보면 어떨까? 가령, 자녀 출생 시 비과세 한도인 2천만 원이 아니라 3천만 원을 증여하는 것이다. 이때 공제액 초과액인 1천만 원에 대해서는 증여세가 발생하는데 과표가 1억 원 이하이므로 10%의 세율이 적용, 100만 원(= 1천만 원 × 10%) 증여세가 나온다. 여기에 신고세액공제 3%를 적용해 97만 원을 납부하면 되는데 이는 수증자인 자녀가 납부하기에 세후 2,903만 원을 쥐게 된다.

이 방법이 좋은 이유는 두 가지다. 첫째, 조금 더 많은 자금을 증여할 수 있다. 즉, 자녀 입장에서 장기간 굴릴 수 있는 자금의 크기가 더 커지는 것이다. 둘째, 증여를 했다는 확실한 증거를 남기게 된다. 다른 곳도 아니고 국가에 증여세를 납부하였으니 이보다 더 확실한 증거가 어디 있을까?

실제 더 여력이 되는 경우에는 증여세 세율 10%인 구간까지 과표를 맞춰서 최대한 증여하기도 한다. 이 경우 증여할 수 있는 금액은 미성년 자녀인 경우 1억 2천만 원으로, 증여세 과표는 1억 원이 되고(= 1억 2천만 원 - 공제 2천만 원) 10% 세율을 적용하면 1천만 원 증여세 납부 후 자녀는 1억 1천만 원을 가지고 시작하는 것이다(신고세액공제 생략). 물론 모두가 이렇게 할 수 있는 건 아니다. 또한 이게 최선의 방식은 아니다.

다만 우리가 배운 증여세 내용을 활용하여 '어디까지가 나에게 맞는 적정선인가?'를 고민하여 계획을 짜면 도움이 될 것이다.

자녀가 성년이 되고 소득능력이 생기면 주택 등 부동산 증여에 관심을 갖자. 이 역시 가급적 일찍 하는 것이 유리한데, 단기 그리고 중장기로 구분할 수 있다.

우선 단기적 관점에서는 증여자(보통 부모)가 보유한 주택을 증여할 때 보유세 과세기준일인 6월 1일 이전에 증여하는 것이 유리하다. 그렇게 해야 보유세 부담을 조금이라도 덜 수 있어서이다. 주로 다주택을 보유한 부모들이 사용하는 방법이다.

조금 더 보태자면, 기왕 6월 1일이 되기 전에 증여를 한다면 차라리 연초 혹은 4월 전에 하는 것이 나을 수 있다. 통상 공동주택 공시가격은 3월 말에서 4월 초 발표를 하고 4월 말에 최종 확정을 하기 때문인데, 그 전에 증여를 하면 전년도 공시가격을 적용받기에 증여세 부담을 조금이나마 덜 수 있다. 물론 이는 부동산 가격이 상승할 때 이야기이다. 반대로 부동산 가격이 하락하는 시점이라면 오히려 시점을 늦추는 것이 유리할 수 있다. 즉 정해진 답은 없기에 상황에 따라 본인에게 맞게 활용할 수 있어야 한다. 따라서 우리는 과세되는 원리를 이해하고 이를 응용할 수 있도록 계속 고민해야 한다.

증여하기 유리한 시기는?

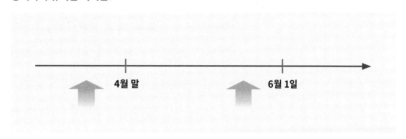

똑똑한 한 채를 가지고 있다면

이번에는 중장기적 관점에서 활용할 수 있는 방법을 하나 소개하겠다.

똑똑한 한 채와 부담부증여 활용법

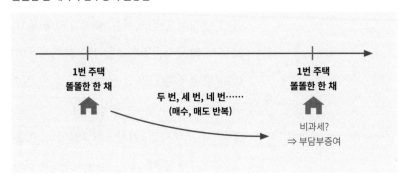

만약 '똑똑한 한 채'를 가지고 있을 경우 이를 어떻게 활용할까? 참고로 이때 똑똑한 한 채란, 강남 등 중심지 주택도 해당되지만 각자 처한 상황에서 나름 괜찮은 가치를 가지고 있는 한 채라고 가정하자.

많은 사람들이 똑똑한 한 채를 계속 보유하면서 나중에 비과세를 받고 매도하여 그 자금으로 뭔가를 하려고 한다. 그런데 실거주는 해야 하기에 당장은 팔지 못해 이러지도 저러지도 못하는 경우가 많다.

이럴 때는 차라리 똑똑한 한 채(이하 1번 주택)를 보유한 상태에서 2번 주택을 하나 더 사는 것도 괜찮다. 2번 주택 용도는 월세 등 임대용이 될 수도 있으며, 전세를 끼고 사둔 후에 적당히 가격이 오르면 시세차익을 보고 매도하는 투자용이다. 여기에서 제발 고정관념에 갇히지 말았으면 한다. 우리 대부분은 1번 주택이 있는 상태에서 2번 주택을 취득한 순간 '그래, 3년 안에 1번 주택을 팔아서 비과세 혜택을 받아야지.' 이런 생각을 하는데 굳이 그럴 필요가 없다. 2번 주택보다는 똑똑한 한 채인 1번 주택 투자가치가 더 높고 시간이 지날수록 그 가치 차이는 더 커질

확률이 높기 때문이다.

그렇다면 어떻게 하란 말이냐고? 그냥 2번 주택을 적당한 때에 매도하면 된다. 그리고 그에 맞게 세금을 납부하면 그만이다. 왜냐하면 언제든 1번 주택은 요건만 갖추면 비과세를 받을 수 있기 때문이다.

이런 식으로 세 번, 네 번, 다섯 번, 사고팔기를 적당히 반복하면 어떻게 될까? 물론 중간에 손실을 볼 수도 있겠지만 전체적으로 이득이 더 많이 난다면 그 방법도 충분히 좋다고 생각한다.

이렇게 하고 나면 1번 주택은 상대적으로 좋은 입지, 투자가치를 보유하고 있기에 더 좋은 상태가 될 가능성이 높다. 이제 1번 주택을 어떻게 하면 좋을까? 선택은 두 가지다.

첫째, 다른 주택이 하나도 없다면 1주택 비과세를 받을 수 있다. 2년 이상 보유 혹은 거주(취득 당시 조정)하였다면 가능하다. 충분히 가능한 경우이다.

둘째, 차라리 이 집을 전세를 주고 자녀 등에게 부담부증여로 넘긴다. 이유는 다음과 같다. 비과세 요건을 갖추었기에 전세금 부분, 즉 채무 부분이 비과세가 가능하다. 이해가 안 된다면 앞 부담부증여 부분을 다시 확인하자. 나머지 부분에 대해서만 증여세를 부담하면 되기에 자녀 입장에서도 부담이 덜하다. 물론 이를 증여받는 자녀는 소득이 일정 수준 있어야 한다. 마지막으로 괜찮은 입지에 있는 물건이라면 자녀 입장에서도 이를 장기적으로 활용할 수 있을 것이다.

개인적으로는 두 번째, 즉 부담부증여로 물려주는 방법을 추천한다. 물론 좀 더 욕심이 난다면 적당한 때에 비과세를 받고 더 중심지에 있는 물건을 취득할 수도 있을 것이다. 어느 방법이 되었든 장기적 관점에서 바라보고 미리 준비하는 것이 필요하다. 그래서 부자들은 증여를 서두르고 미리미리 준비한다. 우리노 부자의 방식으로 증여하자.

내게 맞는
절세법 찾기

내게 맞는 절세법은 무엇인가요?

Q 절세를 통한 세후수익률이 중요한 건 알겠는데 세법이 너무 자주 바뀌니 어려워요. 제게 딱 맞는 '최선의 절세법' 같은 건 없을까요?

A 같은 절세전략이라도 본인이 처한 상황에 따라 독이 될 수도 있고 약이 될 수도 있습니다. 게다가 본인이 추구하는 자산관리 방향, 투자성향, 운영자금 규모 등에 따라 고려해야 할 변수가 너무 많습니다. 그래도 한 가지 방법을 추천하자면 수많은 강의와 상담 경험을 통해 가장 효과적인 방법이라고 생각되는 것은 '주택 수에 따른 절세전략'입니다. 어떤 방법인지 이번 마당에서 설명해보겠습니다.

주택 수에 따라
절세전략이 달라지는 이유

세금 단계별 이슈를 파악하라

지금까지 우리는 부동산 세법을 중심으로 다양한 내용을 살펴보았다.
'취득 – 보유 – 양도' 단계의 세금 이슈를 알아보았으며 그동안 바뀐 내용
을 중심으로 어떤 부분이 규제가 완화되었는지 그리고 앞으로 어떤 것
들을 추가로 확인해야 하는지를 함께 공부하였다.

단계별 리뷰 및 이슈사항

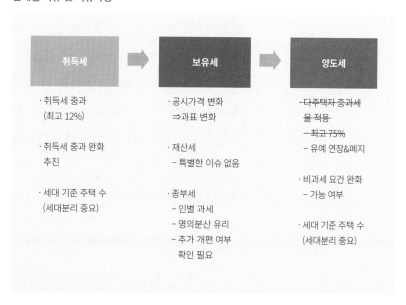

이 도표는 단계별 리뷰 및 이슈사항으로 어떤 항목에서 무엇을 체크해야 하는지를 한눈에 정리한 것이다.

1) 취득세 이슈

우선 취득세는 최고 12% 중과세율이 완화될 전망이다. 이 글을 쓰고 있는 현재 지방세법 개정이 되지 않았으나 정부 안대로 통과될 경우 12%에서 6%로, 기존 중과세율 대비 50%가 인하된다. 따라서 이에 대한 최종 통과 여부를 추가로 확인해야 한다. 여기에 '세대 기준 주택 수'를 유의해야 함을 살펴보았다. 아무리 본인 개인 주택 수를 잘 체크하였다 하더라도 다른 세대 구성원이 주택을 가지고 있다면 추가 주택 취득 시 취득세 중과에 해당할 수 있으니 유의하자.

2) 보유세 이슈

보유세는 재산세와 종부세로 나뉘는데 재산세는 큰 이슈가 없지만 종부세는 적절히 명의분산하는 것이 필요하다는 것을 살펴보았다. 특히 유의해야 할 것은 취득세는 세대 기준 주택 수가 중요하지만 보유세는 인별 주택 수가 중요하기에 이때는 다시 분리해서 확인해야 한다. 종부세는 3주택 이상이면서 과표 12억 원 초과 시에 중과세율이 적용되므로 다주택자의 경우 예전보다 한시름 놓게 된 것이 사실이다. 여기에 추가 세제개편안이 나올 예정이니 종부세는 장기적으로는 기존과 동일한 과표라면 동일 세율 적용이 되어 중과세율이 완화 혹은 없어질 것으로 예상한다(2023년 세법개정안에서 정부는 추가 완화를 추진할 예정이니 필자의 유튜브 등을 통해 확인하자.).

3) 양도세 이슈

마지막으로 양도세는 다시 세대 기준 주택 수를 기준으로 한다. 특히 최고 75% 세율 적용이었던 중과세율을 2024년 5월 9일까지 유예 연장하였고 종국적으로는 폐지할 것으로 예상된다. 게다가 비과세 받기가 종전보다 훨씬 수월해졌으니 이를 적극적으로 활용할 필요가 있다. 세대 기준 주택 수에서 취득세와 다른 점은 '실질과세원칙' 적용을 한다는 것이다. 즉 주민등록표를 분리하였더라도 실제 생계를 함께하는 가족이 있고 그 가족이 유주택자라면 세대 기준 주택 수가 늘어나서 비과세를 놓칠 수 있다. 실제 최근에도 강남 아파트를 매각했지만 유주택자 자녀가 함께 동거하고 있어서 비과세를 놓쳤고, 그 결과 예상보다 약 7억 원 정도를 더 납부한 사례가 있으니 유의한다.

정리하자면, 다음과 같다.

- 취득세는 세대 기준 주택 수 유의
- 종부세는 인별 주택 수 및 공시가격 합 유의
- 양도세는 세대 기준 주택 수 유의

이는 주택을 '취득 – 보유 – 양도' 단계로 보았을 때의 이야기지, 실제 주택을 통해 자산관리를 하다 보면 분명 다주택자가 되는 경우가 발생하고 그 결과 주택을 임대하여 임대소득까지 발생하는 경우가 많다. 따라서 우리는 여기에서 벗어나, '주택 수에 따른 절세전략'까지 함께 살펴보고 보다 입체적인 절세전략을 세울 필요가 있는 것이다.

입체적인 절세전략

주택 수에 따라 절세전략이 달라야 하는 이유

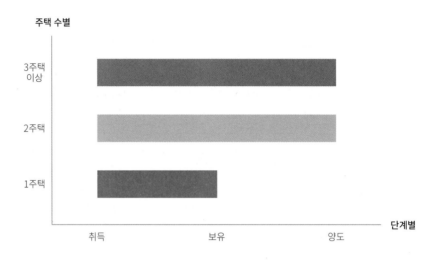

이 그래프는 단계별 세금이슈와 주택 수에 따라 고려해야 하는 점을 도 식화한 것인데, 1주택자의 경우 실거주자가 대부분이고 당장은 양도할 확률이 적으니 주로 취득세, 보유세 정도만 고려하면 된다.

2주택부터는 일시적 2주택 양도세 비과세를 염두에 둘 수 밖에 없기에 취득, 보유, 양도 모두를 고려해야 한다고 표기하였다.

3주택 이상 역시 마찬가지지만, 필연적으로 주택임대소득세가 발생할 수밖에 없기에 보다 더 섬세한 절세전략이 요구된다. 이 부분이 이해가 되지 않는다면 넷째마당을 다시 공부하자.

지금까지 주택 수에 따른 절세전략의 대략적인 내용을 살펴보았다. 이 제 좀 더 구체적으로 주택 수에 따른 절세전략을 살펴보자.

1주택 실거주자가
꼭 알아야 할 절세전략

1주택자의 절세전략은 '공동명의'

먼저 1주택자의 절세전략에 대해 알아보자. 현재 무주택이지만 1주택을 고려 중인 경우, 그리고 이미 1주택이지만 다른 1주택으로 갈아타기를 하려는 경우 모두가 해당된다.

이 경우는 상대적으로 간단하다. '공동명의' 전략 하나면 거의 모든 절세전략이 끝난다고 볼 수 있어서이다. 왜 그런지 살펴보자.

1) 취득세와 재산세

먼저 취득세를 살펴보자. 취득세는 단독명의든 공동명의이든 전체 총합이 동일하다. 즉 해당 자산에 대해 과세를 하고 이를 단순히 명의 지분별로 안분하는 것이기에 공동명의에 따른 절세효과가 없다. 재산세 역시 동일하다. 단독이든 공동이든 차이가 없다.

그런데 만약 1주택인데 고가주택을 취득하여 종부세가 부과된다면, 이 경우에는 어떻게 될까? 이때는 '공동명의'가 무조건 유리하다. 일단 1주택 단독명의는 12억 원 공제에 추가 세액공제를 받을 수 있다. 부부 공동명의이고 지분은 5:5라고 가정하면 18억 원 공제(남편 9억 원 + 아내 9억 원)를 받을 수 있어서 공시가격 기준 6억 원의 차이가 난다. 설령 5년 이상 보유하고 만 60세 이상 고령자 추가세액공제를 받는다 하더라도, 공동명의라면 매년 9월에 공동명의로 선택할 수도 있고, 혹은 단독명의로 해서 추가세액공제를 선택할 수도 있다. 그에 반해 단독명의는 이러한 선택이 불가하다. 따라서 종부세에 있어서는 공동명의가 유리하다. 참고로 공시가격 현실화율 70% 가정 시 공시가 12억 원 초과 주택은 시가 약 17억 1천만 원, 18억 원 초과 주택은 시가 약 25억 7천만 원에 해당한다.

2) 양도소득세

1주택이 되자마자 집을 파는 경우는 많이 없을 것이고, 설령 매도를 하더라도 비과세가 가능하지만 일단 세금이 부과된다고 가정해보자. 그럴 경우 양도세 역시 공동명의가 무조건 유리하다. 앞에서 살펴보았지만 다시 한번 계산과정을 보면 이해가 쉬울 것이다.

다음 표는 양도가 8억 3천만 원, 취득가 3억 3천만 원인 경우 단독명의 및 공동명의에 따른 양도세를 계산한 것이다. 무려 2,534만 원 정도의 절세효과가 있음을 확인할 수 있다. 따라서 앞으로 1주택자가 되는 경우라면 '공동명의' 하나면 절세전략은 끝난다고 볼 수 있다. 이 내용을 정리하면 다음 그림과 같다.

공동명의에 따른 양도세 절감액

(단위: 원)

구분	일반과세(단독명의)	일반과세(공동명의)
양도가액	830,000,000	
– 취득가액	330,000,000	
– 필요경비	없다고 가정	좌동
양도차익	500,000,000	
– 장기보유특별공제	18%(9년 보유)	
양도소득금액	410,000,000	410,000,000×0.5=205,000,000
– 기본공제	2,500,000	2,500,000
= 과세표준	407,500,000	202,500,000
세율	40%	38%
누진 공제	25,940,000	19,940,000
산출세액	137,060,000	57,010,000
최종(지방세 포함)	150,766,000	62,711,000

* 총 2인 125,422,000원 → 25,344,000원 절세 가능

1주택인 경우 공동명의에 따른 세금 차이

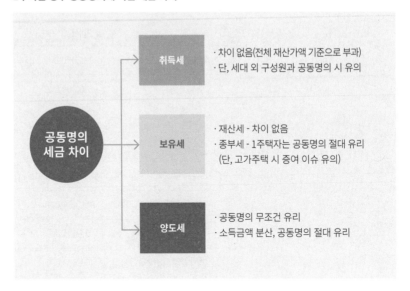

취득세	· 차이 없음(전체 재산가액 기준으로 부과) · 단, 세대 외 구성원과 공동명의 시 유의
보유세	· 재산세 - 차이 없음 · 종부세 - 1주택자는 공동명의 절대 유리 (단, 고가주택 시 증여 이슈 유의)
양도세	· 공동명의 무조건 유리 · 소득금액 분산, 공동명의 절대 유리

공동명의 세금 차이

1주택인 경우 공동명의 시 주의할 점

그렇다면 1주택인 경우 공동명의를 함에 있어서 주의할 것은 없을까? 아주 드물지만 있긴 있다. 그건 바로 '초고가주택 구입 시 증여 이슈'이다. 예를 들어 시가 30억 원 상당의 주택을 부부 공동명의로 취득하고 지분은 5:5라고 가정하자. 원칙상 지분대로 각각 15억 원을 부담해야 한다. 그런데 만약 어느 한쪽이 이를 다 대납했다면 이는 상대방 배우자에게 15억 원을 증여한 것과 같고 배우자 공제 6억 원을 제하더라도 9억 원에 대해 증여한 것과 다름없어 증여세 이슈가 발생할 수 있다.

또 하나는 '피부양자 자격상실 가능성'이다. 이는 재산세 과표 9억 원을 초과할 때 발생한다. 이번에는 시가 40억 원의 주택을 구입한다고 가정하자. 위 경우와 달리 5:5 지분에 따라 부부 각각 자금을 댔다고 하자. 자금출처는 증빙을 했지만 가령 아내가 전업주부로 별다른 소득이 없는 피부양자라고 할 경우, 아내 명의 지분은 시가 20억 원에 해당하고 이를 재산세 과표로 환산하면 대략 다음과 같다.

시가 20억 원 → 공시가격 14억 원(공시가격 현실화율 70% 가정)
공시가격 14억 원 × 공정시장가액비율 60% → 재산세 과표 8억 4천만 원

따라서 이 경우는 재산세 과표 8억 4천만 원 정도가 나오는데 집값이 올라서 공시가격도 오르고 그 결과 재산세 과표가 9억 원을 초과하면 피부양자 자격이 박탈되고 지역가입자로 전환될 수 있다. 물론 1주택만으로는 이렇게 되는 경우 드물며, 현실적으로는 다주택자(예를 들어 부부 공동명의로 여러 채 주택을 사둔 경우 등)인 경우에 해당이 될 가능성이 높다.

이상의 내용을 살펴볼 때, 1주택자라면 위 두 가지 경우를 빼고는 공동명의가 유리하다고 할 수 있는데 위 두 가지 경우는 흔한 경우는 아니다. 따라서 1주택자는 '공동명의' 하나면 거의 모든 절세전략이 끝난다고 생각해도 무방하다.

2주택자가 체크해야 할 절세전략

일시적 2주택 가능 여부부터 확인하자

이미 2주택이 된 경우 그리고 현재 1주택인데 기존 1주택을 보유하면서 추가로 한 채를 더 매수하는 경우의 절세전략을 알아보자.

우선 '일시적 2주택 해당 여부'부터 확인하는 것이 좋다. 무엇보다 일시적 2주택에 해당하면 받을 수 있는 혜택이 많으며, 특히 최근 관련 내용이 자주 바뀌어 본인도 모르는 사이 혜택을 놓칠 수 있어서이다.

일시적 2주택 가능 여부부터 확인하기

일시적 2주택 '가능'

- 취득세·종부세·양도세 등 각각 확인
- 종전주택 매도 vs 보유 중 어떤 것이 유리한지 확인
- 즉, 종전주택 매도가 무조건 유리한 것만은 아님

일시적
2주택
가능 여부

일시적 2주택 '불가능'

- 보유 주택 '자산가치 파악'이 가장 우선
- ① 2채 모두 보유, ② 일부 매각, ③ 확장 중 고려
- 일부 매각의 경우 자산가치 사전 고려 필수

1) 일시적 2주택이 가능한 경우

먼저 일시적 2주택이 가능한 경우를 살펴보자. 이때 다시 취득세·종부세·양도세 각각을 확인한다. 즉 이 모든 요건에 해당이 된다면 신규주택 취득세 중과를 피할 수 있고(조정대상지역 8%, 단, 2022년 12월 20일 이전 취득하였고 이후 지방세법 개정이 이루어지지 않았다고 가정) 종부세 역시 1주택자 공제를 받을 수 있으며, 종전주택 양도세 비과세 역시 가능하다.

종전주택을 취득한 지 1년 후 신규주택을 취득하고, 신규주택을 취득한 후 3년 이내 종전주택을 매각하면 모두 가능하다. 만약 1년 이내 신규주택을 취득했다면 양도세 비과세 혜택은 받을수 없지만 취득세, 종부세에 있어서는 역시 혜택이 가능하다.

일시적 2주택 정리 비교

구분	취득세	종부세	양도세
'1년 후' 신규 주택 취득 요건	×	×	○
조정/비조정 구분에 따른 2년 혹은 3년 내 처분	**'3년 내 처분'으로 변경** (시행령 개정사항, 2023년 1월 12일 이후분)		
일시적 2주택에 따른 세제 혜택	신규주택 기본세율 적용	종부세 주택 수 제외	종전주택 양도세 비과세

다만 한 가지 당부하고 싶은 사항이 있는데, 일시적 2주택에 해당한다고 해서 무조건 종전주택을 매도하는 것이 능사는 아니라는 것이다. 때로는 과감하게 2채를 모두 보유할 필요도 있다. 실제 사례로 살펴보자.

일시적 2주택 양도세 비과세를 포기해야 하는 경우

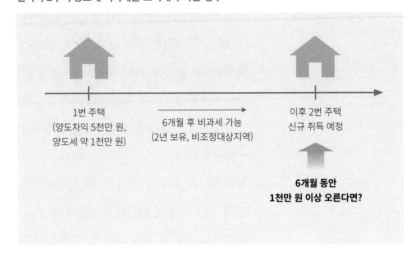

1번 주택
(양도차익 5천만 원,
양도세 약 1천만 원)

6개월 후 비과세 가능
(2년 보유, 비조정대상지역)

이후 2번 주택
신규 취득 예정

**6개월 동안
1천만 원 이상 오른다면?**

나의 수업을 듣던 수강생의 사례이다. 1번 주택은 양도차익 약 5천만 원 정도로 당시 양도세는 대략 1천만 원 정도가 나오는 상황이었다. 6개월 만 더 보유하면 양도세 비과세가 가능했는데, 당시 해당 주택을 보유한 수강생은 나에게 6개월 더 기다려서 1번 주택 양도세 비과세를 받고, 이후 2번 주택을 취득할 계획이라고 하였다.

그런데 1번 주택이 위치한 지역(A)과, 2번 주택이 위치한 지역(B)을 비교해보니 A지역보다는 B지역의 가격 상승이 더 커 보였다. 즉 6개월을 기다리는 동안 B 지역은 양도세 비과세로 절세되는 1천만 원보다는 충분히 더 많은 금액이 오를 것으로 예상되었다.

물론 앞일은 아무도 모른다지만 그럴 가능성이 높아 보였고, 무엇보다 B지역에서 실거주하고 싶은 욕구가 커서 차라리 1번 주택 비과세를 포기하고 2번 주택 취득을 서두르는 것이 유리할 것 같다고 조언하였다. 다행히 당시 수강생은 그렇게 진행하였고, 예상대로 B지역 가격이 크게 상승해 좋은 결과를 얻었다. 물론 2번 주택은 앞에서 강조했듯이 '공동명의'로 하였다. 1주택이기 때문이다. 이 사례는 일시적 2주택이 가능하다 하더라도 때로는 이를 포기해야 하는 경우도 있다는 것을 알려주는 경우이다.

2) 일시적 2주택이 불가한 상황

어차피 일시적 2주택이 불가한 상황이라면 급하게 종전주택을 매각할 필요가 없다. 오히려 보유주택의 자산가치를 살피고 필요하다면 2채 모두 보유하거나 일부 매각을 할 수 있는데, 이때는 투자가치가 적은 물건을 먼저 매각하는 것이 좋다. 가령 1번 주택, 2번 주택 이렇게 2채가 있는데 기계적으로 종전 주택인 1번 주택을 매각하는 것이 아니라, 2번 주택 투자가치가 낮은 경우에는 2번 주택을 먼저 매각하고 나중에 1번 주택을 매각하면 이때에도 역시 1주택 비과세가 가능하다. 순서를 바꿔서 2채 모두 처분하되, 이 중 1채는 양도세 비과세를 받는 경우이다. 이렇게 한 후에 적당한 시기를 기다려서 다시 주택을 매입하면 이때는 1주택이므로 앞서 살펴본 것처럼 공동명의를 하면 된다.

물론 2채 모두 보유한 채로 더 시간을 기다려보거나 혹은 추가로 주택을 매수하는 경우도 있을 것이다. 하지만 이 책을 쓰고 있는 2023년 상반기는 주택 시장이 워낙 좋지 않아서 무리하게 개수를 늘리는 것은 신중할 필요가 있다.

3주택 이상 다주택자가
고려해야 할 절세전략

보유세 부담 가능 여부를 확인하라

3주택 이상 다주택자는 케이스가 워낙 다양하고 고려해야 할 사항이 많아서 딱히 정해진 기준은 없다. 그럼에도 첫 번째 고려사항을 꼽으라면 직·간접적으로 경험한 사례들을 종합해보았을 때 '보유세 부담 가능 여부'이다.

3주택 이상인 경우

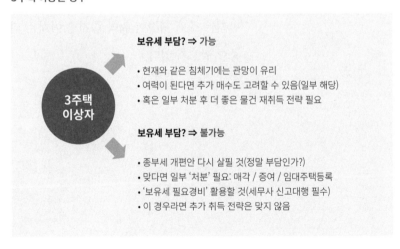

보유세 부담? ⇒ 가능

• 현재와 같은 침체기에는 관망이 유리
• 여력이 된다면 추가 매수도 고려할 수 있음(일부 해당)
• 혹은 일부 처분 후 더 좋은 물건 재취득 전략 필요

3주택
이상자

보유세 부담? ⇒ 불가능

• 종부세 개편안 다시 살필 것(정말 부담인가?)
• 맞다면 일부 '처분' 필요: 매각 / 증여 / 임대주택등록
• '보유세 필요경비' 활용할 것(세무사 신고대행 필수)
• 이 경우라면 추가 취득 전략은 맞지 않음

3주택 이상이라도 보유세를 어느 정도 부담할 수 있다면 부동산 침체기인 현재로서는 '관망'을 추천한다. 이때 부담 가능 여부는 각자 다르겠지만 현금흐름이나 앞서 나왔던 보유세를 경비처리할 수 있는지 여부, 그리고 최근 종부세 개편안을 통해 일부 부담이 덜해진 상황 등을 고려하여 결정하면 되겠다.

물론 추가로 부동산을 매수할 수도 있겠지만 요즘 같은 침체기에는 극히 일부의 경우일 것이다. 최근에는 주택 외 상업용 부동산 등으로 투자 자금을 옮기는 경우가 많다. 하지만 이 역시 금리인상으로 쉽지 않은 상황이다.

보유한 주택 중 일부를 처분하여 현금을 보유하거나 추후 더 좋은 물건을 취득함으로써 포트폴리오를 재정비하는 경우도 있다. 사실 이 전략은 3주택 이상이 아니더라도 누구나 해야 하는 전략인데 다주택인 경우에 특히 효과가 있을 것 같다.

만약 보유세가 부담이 된다면 우선은 일부를 '처분'하는 전략으로 가야 한다. 하지만 그에 앞서 다시 한번 올해 종부세가 작년과 비슷한 수준일지 아니면 더 낮아질지를 살펴봐야 하는데, 그나마 희망적인 건 작년보다는 종부세가 낮아질 가능성이 매우 높다는 것이다. 두 가지 이유에서인데 첫째, 2022년도 주택 가격 하락분이 공시가격에 반영되어 종부세 과표가 낮아질 것이기 때문이고, 둘째, 종부세 세율 인하 및 3주택 이상이라도 과표 12억 원 이하는 일반세율 적용으로 생각보다 보유세 부담이 줄어들 수 있기 때문이다. 따라서 이 점을 먼저 확인한 후에 처분하는 전략을 택해도 늦지 않을 것이다.

부동산 일부를 처분해야 한다면

그럼에도 일부를 처분해야 한다면 세 가지 방법을 고려해야 한다. 바로 매각, 증여, 임대주택등록인데, 각각에 대해 살펴보자.

1) 매각

첫 번째는 '매각'이다. 우선은 가격을 낮춰 파는 것을 고려해야 하는데, 이 경우 활용할 수 있는 건 '합산과세'다. 즉 양도차익(+)이라면 연도를 달리 해서 매각하고, 일부 양도차손(-)이 있다면 동일 연도에 매각을 하는 것이데 오히려 '역발상 전략'이 필요할 수 있다.

즉 양도차익이라도 동일 연도에 모두 매각을 하면 어떨까?

3주택 비과세

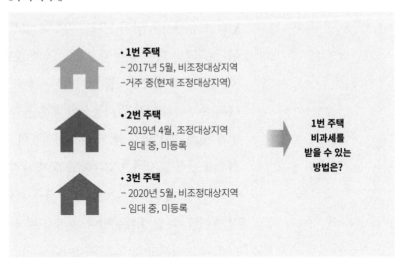

셋째마당에서 살펴본 내용인데 1번 주택에 비과세 적용을 받기 위해 차라리 2번, 3번 주택이 양도차익이라도 동일 연도에 매각하고 1번 주택에 대해 곧바로 비과세를 받는 방법이다. 모두 처분하여 현금을 보유하

거나 아니면 상급지로 이동할 때 유용한 방법이다. 다만 매수자를 찾는 것이 관건일 것이다.

다음으로 양도차손인 경우 동일연도에 매각을 하되, 더 낮게 매각을 하면 어떨까?

물론 생각만 하더라도 마음이 아프겠지만 이렇게 생각해보자. 가령 양도차익이 2억 원인 주택과 양도차손이 5천만 원인 주택을 동일연도에 매각하여 합산과세하면 총 차익이 (+)1억 5천만 원이고 이에 대해 양도세를 부담하는데 대략 양도세가 4천만 원 정도 된다. 그런데 이미 양도차손이 난 물건은 매수자가 더욱 없을 것인데, 반드시 이 둘을 동일연도에 매각해야 하기에 양도차손이 난 주택을 3천만 원을 더 낮춰서 양도차손이 8천만 원이 되었다면 합산결과 (+)1억 2천만 원이 나오고 이때 양도세는 2,800만 원 정도가 나온다.

즉, 추가 손실 3천만 원을 더 보았지만 그 결과 1,200만 원(= 4천만 원 – 2,800만 원) 정도의 세 부담을 줄였기에 실제로는 1,800만 원 정도를 추가로 낮춰 매각한 것이라고 생각하는 것이 좋다. 물론 손해를 보고 판 것은 맞지만 이렇게라도 하지 않아서 연도가 달라진다면 더 큰 손해를 보게 되므로 때로는 과감해질 필요도 있다.

2) 증여

두 번째는 '증여'이다. 앞서 일곱째마당에서 살펴본 것처럼 증여는 가급적 '부담부증여'를 활용하는 것이 대체로 유리하다. 그리고 무엇보다 수증자(자녀 등)의 소득능력이 중요하다고 강조하였는데 수증자가 별다른 소득이 없다면 이들이 부담해야 하는 증여세 혹은 해당 부동산의 보유세를 다시 증여해야 할 수 있고 그렇다면 증여세가 계속해서 추가로 발생할 수 있으니 주의를 요한다.

그런데 이미 일부를 처분해서 남은 부동산이 '똘똘한 한 채'뿐이고, 이걸 자녀가 증여받기에는 너무 덩치가 크거나 혹은 자녀가 너무 어리다면 어떻게 해야 할까? 한 채를 보유한 상황이라면 해당 주택의 가격이 올라도 매각할 수 없다. 보통은 실거주이거나 가격이 혹은 투자가치가 높아서 매각 후 다른 것을 매수하기 힘들기 때문이다. 게다가 가격이 떨어지더라도 팔기도 힘들다. 파는 순간 손실이 확정되며, 실거주라면 굳이 팔 이유가 없기 때문이다.

이때는 다음과 같이 하는 것이 좋다.

부담부증여 활용법

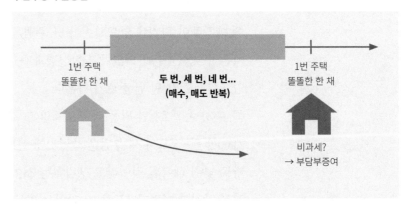

1번 주택이 보유 중인 상급지 주택이라 가정하고 추가 수익을 얻기 위해 2번 주택을 매수한다고 하자. 당연히 1번을 매각해서 일시적 2주택 비과세를 받으면 안 된다. 1번 주택은 장기 보유할 주택이기 때문이다. 비과세를 포기하더라도 적당하게 활용한 후 2번을 매각해서 일부 차익을 남기자. 혹은 보유하면서 월세를 받아 임대사업을 해도 될 것이다. 이런 식으로 세 번, 네 번 계속 투자를 반복하고 1번 주택을 제외한 남은 걸 모두 처분하면 여전히 1번 주택은 비과세가 가능하다. 보유기간 재산정 역시 폐지되었으므로 '최종 1주택 비과세'처럼 추가로 2년을 보유하거나 거주할 필요가 없다. 즉 1번 주택은 언제든지 비과세를 받을 수 있다.

하지만 나는 해당 1번 주택을 시간이 훨씬 지나 자녀가 소득능력을 갖추고 별도 세대를 구성할 수 있는 능력을 갖추었을 때 자녀에게 증여(혹은 부담부증여)하는 방법을 추천한다. 그동안 자녀는 장성했을 것이고 소득이 늘었을 것이다. 그에 맞게끔 1번 주택에 전세를 놓고 보증금만큼은 양도세 비과세를 받고 차액에 대해서는 자녀가 증여세를 부담하게 하면 된다. 설령 양도세 부분에 있어서 양도가액이 12억 원을 초과하여 양도세를 부담한다고 하더라도 이건 증여자인 부모가 부담하면 되는 것이기에 해당 주택을 물려주고, 추후 자녀가 적당한 대출과 모아놓은 자금 등을 활용한다면 해당 주택에 거주할 수 있을 것이다. 그전에는 적당한 곳에서 임차로 살면 그만이다.

3) 임대주택등록

마지막 세 번째는 '임대주택등록'이다. 임대주택등록은 세무서는 물론 지자체에 등록하는 것으로 현재는 의무임대기간 10년에 5% 이내 임대료 인상 등 준수해야 할 의무사항이 상당하다. 물론 그에 따라 세제혜택도 있지만 권리와 의무를 잘 비교해서 선택해야 한다.

이 글을 쓰고 있는 2023년 3월, 아파트 신규등록 허용에 대한 방침은 나왔지만 구체적인 내용은 나오지 않았다. 따라서 정부 보도자료를 기준으로 다주택자 입장에서 임대주택등록에 따른 득실을 따져보자. 다음 혜택이 크면 클수록 등록이 유리한 것이고, 반대로 혜택이 적거나 아예 없다면 등록을 해서는 안 된다. 자칫 혜택도 받지 못하고 의무사항 미준수 시 과태료(최대 3천만 원)만 내야 할 수 있기 때문이다.

> **① 임대주택등록 시 취득세 감면**
> - 신규 주택
> - 전용 60㎡ 이하

신규 주택이면서 전용 60㎡ 이하인 경우 취득세 감면이 가능하다. 구축은 혜택이 없으며 전용 60㎡ 초과인 경우 60~85㎡라면 50% 감면이 가능하지만 대신 20호 등록을 해야 한다. 따라서 보통은 불가능하다.

---

② 임대주택등록 시 재산세 감면 요건
- 2호 이상 등록
- 전용 85m² 이하

정부는 재산세 외 다른 혜택 역시 그 요건으로 2호 이상 등록해야 함을 예고하였다. 재산세 감면 혜택을 받으려면 그전에도 2호 이상을 해야 했는데, 전용면적이 85㎡ 이하면 혜택을 받을 수 있다. 단, 혜택이 미미할 수 있으니 주의를 요한다.

---

③ 임대주택등록 시 종부세 합산배제 요건
- 임대개시 당시 기준시가 6억 원 이하(수도권 외 3억 원 이하)
- 임대기간 내 5% 이내 임대료 인상
- 그 외 각종 공적의무사항 준수

아마도 3주택 이상 다주택자의 경우 가장 원하는 혜택이 종부세 합산배제가 아닐까 싶다. 무엇보다 임대 개시 당시 기준시가를 잘 확인해야 한다. 제아무리 다른 요건을 준수했더라도 이걸 놓치면 종부세 합산배제 혜택은 불가하다. 등록 후 3개월 내 취소가 가능하지만 그 기한을 놓치면 의무임대기간을 채워야 하고 그렇지 않으면 3천만 원 이하 과태료를 물어야 한다. 현재 의무임대기간은 10년이다. 정부는 기준시가 6억 원에서 9억 원으로 상향(수도권 외 6억 원으로 상향)할 경우 15년 의무임대기간을 도입할 예정이다. '순간의 선택이 10년을 좌우한다.'라는 말은 등

록임대주택에도 해당될 전망이다.

> **④ 임대주택등록 시 양도세 중과배제 요건**
> - 임대개시 당시 기준시가 6억 원 이하(수도권 외 3억 원 이하)
> - 임대기간 내 5% 이내 임대료 인상
> - 그 외 각종 공적의무사항 준수

종부세 합산배제 요건과 거의 동일하다고 보면 되는데, 강남 3구와 용산을 제외하고 모두 조정대상지역에서 해제되었고 2024년 5월 9일까지 양도세 중과 한시 배제이니 굳이 이걸 위해 등록할 필요가 있을까 싶다. '조정대상지역인 강남 3구 및 용산은 해볼만 할까요?'라고 질문한다면 이미 기준시가가 6억 원을 넘을 가능성이 높아서 '글쎄요.'라고 답하고 싶다.

이외에 기존에는 고율(50% 등)의 장기보유특별공제를 적용해준 경우도 있었으나 현재는 해당되지 않는다. 단, 건설임대는 가능하다. 따라서 개인적으로 크게 임대주택등록에 따른 실익은 별로 없다고 판단한다.

아파트 임대주택등록 복원에 따른 일정안

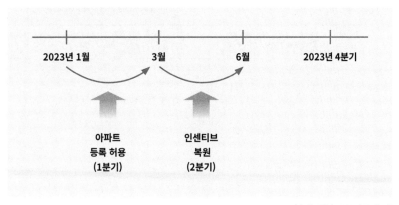

(출처: 정부 보도자료 참고)

물론 구체적인 내용이 나오면 다시 살펴봐야겠지만 개인적으로 5년 단기임대 혹은 10년 임대 시 고율의 장특공 적용(50% 등)이 도입되어야 실효성이 있지 않을까 생각한다. 새로운 내용이 발표되면 유튜브, 블로그 및 카페 등을 통해 업데이트할 예정이니 참고하길 바란다.

등록임대주택 세제지원 인센티브 비교표

참고	세제지원 인센티브 비교표		
구분	**등록임대 활성화('17.12월)**	**현행**	**'23년 경제정책방향**
등록 유형	▶ 매입·건설임대 유형 모두 단기(4년)·장기(8년)로 나누어 운영 구분 / 매입 / 건설 단기 / 4년 / 4년 장기 / 8년 / 8년	▶ 단기임대 폐지 + 아파트 장기 매입임대 폐지 + 장기기간 연장('20.7월) 구분 / 매입 / 건설 단기 / 폐지 / 폐지 장기 / 10년(비아파트만) / 10년	▶ 국민주택규모 장기아파트(전용면적 85m² 이하) 매입임대 등록 재개 구분 / 매입 / 건설 단기 / 폐지 / 폐지 장기 / 10년(비아파트+국민주택규모APT) / 10년
세제지원(인센티브) 취득세	✓ 공동주택 신축 등의 경우, 취득세 50~100% 감면	✓ 공동주택 신축 등의 경우, 취득세 50~100% 감면 • 수도권6억 / 비수도권 3억 이하 ✓ 다주택자 법인 취득세 중과(8~12%)	✓ 공동주택 신축 등의 경우, 취득세 50~100% 감면(아파트 포함) • 수도권6억 / 비수도권 3억↓ ✓ 다주택자·법인 취득세중과 완화(4~6%)
종부세	✓ 주택수 합산배제(6억원↓)	✓ 주택수 합산배제(조정지역 내 합산배제 불가) * (매입) 수도권6/비수도권3↓ (아파트 불가) (건설) 9억원↓, 2호 이상	✓ 주택수 합산배제(조정지역 내 합산배제 가능) * (매입) 수도권6/비수도권3↓ (아파트 포함) (건설) 9억원↓, 2호 이상
법인세	✓ 추가과세(양도차익+20%) 배제(6억원↓, 2호 이상)	✓ 추가과세(양도차익+20%) 배제(9억원↓, 건설형 2호 이상)	✓ 추가과세(양도차익+20%) 배제 * (매입) 수도권6/비수도권3↓ (아파트 포함) (건설) 9억원↓, 2호 이상
양도세	✓ 양도세 중과 배제(6억원↓) ✓ 장특공제 70% * 수도권6억 / 비수도권 3억↓	✓ 양도세 중과 배제(조정지역 내 중과배제 불가) * (매입) 수도권6/비수도권3↓ (아파트 불가) (건설) 6억↓, 2호 이상 ✓ 장특공제 70%(건설형) * 수도권6억 / 비수도권 3억↓ ※ 주요 제도 연혁 ○ ('18.9) 조정지역 매입임대 양도세 중과·종부세 합산배제 제외 ○ ('20.6) 매입임대 법인세 추가과세 배제 제외 ○ ('20.7) 다주택자 법인 취득세 중과 ○ ('20.8) 취득·재산세 가액기준 신설 ○ ('20.12) 매입임대 양도세 장특공제 일몰	✓ 양도세율 중과 배제(조정지역 중과배제 가능) * (매입) 수도권6/비수도권3↓ (아파트 포함) (건설) 6억↓, 2호 이상 ✓ 장특공제 70%(건설형) * 수도권6억 / 비수도권 3억↓ ※ 15년이상 장기 매입임대 종부세 합산양도세 중과·법인세 추가과세 배제 주택가액 완화(수도권9/비수도권6)
공공성확보	▶ 혜택에 상응하는 공적의무 부여 • 임대료 증액 제한(5%) + 의무기간 준수 (단기 4년/장기 8년) + 3개월 內 신고 등	▶ 공적의무 추가 부여('20.7월) ① 장기의무임대기간 연장(8→10년) ② 임차보증금 반환 보증가입 의무화대 ③ 소유권등기 부기등기 의무화('20.12)	▶ 매입임대 혜택 복원에 상응하는 공적의무 추가 부여 • 최소 호수 제한(2호 이상)

그 외 고려해볼 수 있는 사항들

이상의 내용은 많은 경험을 통해 정리한 '주택 수에 따른 절세전략'이다. 단순 절세전략을 넘어서 자산관리라고 강조하고 싶은데 단순히 '종전주택 처분하여 비과세 혜택 받기' 같은 기계적인 접근법이 아닌 본인 성향은 물론 해당 물건의 자산가치까지 고려한 전략이기 때문이다.

이외에도 다양한 상황을 고려해야 하고 변수가 너무 많기에 앞의 내용과 함께 추가로 살펴볼 몇 가지를 소개하며 마무리하고자 한다.

첫째, 자산관리 방향을 명확히 하라!

부동산 투자의 큰 방향은 두 가지이다. 하나는 시세차익형이고 다른 하나는 현금흐름형이다. 첫 번째 유형은 보통 전세 끼고 매입하는 방식이다. 요즘에서야 '갭투자'라는 말이 나왔지만 이미 우리 부모 세대부터 이 방법은 존재하였다. 시장이 상승기라면 이 방법보다 더 빨리 자산을 늘리는 방법은 아마 없을 것이다. 적은 투자금으로 꽤 큰 효과를 볼 수 있지만 부작용도 만만치 않기에 시장 흐름 공부를 게을리하지 말아야 하고 무리하게 투자해서는 안 된다.

현금흐름형은 쉽게 말해 '월세투자'라고 생각하면 쉽다. 시세차익형에 비해 속도는 느릴 수 있지만 매월 정기적으로 들어오는 현금흐름의 힘은 생각보다 강하다. 가령 각종 비용을 제하고 월 300만 원이 월세로 들어온다면 생각보다 그 사람은 경제적 자유와 해방의 시기를 앞당길 수 있다. 보통은 상업용으로 월세를 받지만 주거용 역시 가능하다. 본인에게 맞는 방법을 찾는 것이 무엇보다 중요하다.

그렇다면 시세차익형 투자를 먼저 해야 할까, 아니면 현금흐름형 투자를 먼저 해야 할까? 정답은 없다. 본인 상황과 시장 분위기에 맞춰 진행하는 것이 중요한데, 나는 운이 좋게 수도권 상승기에 투자를 시작해 시세차익형 투자를 먼저 하였고, 지금은 현금흐름에 집중하고 있다. 즉 특정 시점의 자산이라 할 수 있는 '저량(stock)'이 어느 정도 늘어났기에 지금은 일정 기간 동안 들어오는 현금흐름인 '유량(flow)'을 늘리는 데에 집중하고 있다.

만약 시장 상황과 상관없이 일정 수준의 현금흐름을 창출하는 것을 더 선호한다면 우선은 본인의 노동력을 줄여도 생활할 수 있는 최소한의 현금흐름을 만드는 데에 집중하면 된다. 따라서 정해진 정답은 없다.

둘째, 상황을 객관적으로 파악하고 활용하라

본인이 처한 상황을 객관적으로 파악하고 이를 적극적으로 활용하자. '월급쟁이 부자는 없다.'라는 말이 있다. 맞는 말이지만 그래도 직장에 다닐 때의 장점은 생각보다 많다. 우선 가장 큰 장점은 고정수입이 있다는 것이다. 이를 통해 대출 받기도 상대적으로 수월하다. 이런 경우라면 본업에 충실하면서 모아놓은 자금 그리고 적당한 레버리지를 활용해서 1년에 1건만 거래해도 충분하다.

나 역시 이런 방법을 활용하여 자산을 늘려왔다. 이후 회사를 나오고 지

 알아두세요

저량과 유량

저량과 유량은 경제현상 분석에 쓰이는 두 가지 중요한 개념이다. 저량은 비축, 존재량을 말하며 어떤 특정 시점을 기준으로 파악된 경제조직 등에 존재하는(또는 경제주체가 소유하는) 재화 전체의 양을 말하고, 유량은 일정기간 동안 경제조직 속으로 흐르는 양을 의미한다. 예컨대 국민소득은 일정기간(보통 1년)의 재화와 용역의 순생산물의 흐름을 포착하는 것이므로 유량 개념이다. 이에 반해 국부(國富)는 국민소득을 낳는 원본이며 한 국가의 경제재의 존재량이므로 저량 개념이다. 부동산의 경우, '투자한 자산이 10억이 되었다.'라는 말은 저량을 뜻한다. 그에 반해 '투자를 시작하고 나서 한 달 월세가 100만 원으로 늘었다.'라는 건 유량을 의미한다. 즉, 어느 정도는 규모(저량)를 키우는 것도 중요하지만 일정 수준 이상의 현금흐름(유량)을 만드는 것도 중요하다는 의미에서 소개한다. (출처: 네이버 지식백과, 매일경제)

금같이 부동산 시장이 좋지 않은 상황에서도 '1년에 1건 이상은 거래하자.'라는 목표로 계속해서 투자를 진행하고 있다.

반대로 개인사업을 하거나 상대적으로 시간을 자유롭게 활용할 수 있다면 직장인이 하기 힘든 법원 경매 입찰을 하거나 본인 사업과 연계할 수 있는 부동산을 아예 매입하는 것도 방법이다. 이 경우 사업소득은 물론 중장기적으로는 해당 부동산의 시세차익도 볼 수 있다. 충분히 활용한 후 임대를 하는 것도 방법이다.

셋째, 대출 공부를 하자

대출에 대한 공부도 필요하다. 나의 부친은 늘 '부동산은 세금과 대출의 싸움'이라고 강조하셨다. 나 역시 이에 매우 공감한다. 이 책을 통해 세금에 대해 어느 정도 체계를 잡았다면, 대출에 대한 공부도 꼭 해두길 바란다.

가장 안타까운 경우가 집 혹은 회사 근처 은행, 그것도 한 군데만 방문해서 대출이 안 된다고 하니 낙담하고 돌아온 경우이다. 심지어 같은 은행이라도 지점마다 대출조건이 다르니 여러 곳을 알아보는 것이 좋다. 이를 모두 비교할 수 없으니 믿을 만한 대출모집인의 도움을 받는 것이 필요하다. 신용대출을 먼저 받을지, 담보대출을 먼저 받을지에 대한 전략도 필요하다. 두말할 것 없이 본인 신용관리는 기본 중 기본이다.

특히 개인사업자 혹은 법인사업자라면 정책자금 등 사업자대출을 활용하여 본인 사업을 확장하는 데에 힘써야 한다. 그 과정에서 사업장으로 활용할 부동산을 구입한다면 시설자금용도로 대출을 일으킬 수 있을 것이다. 금리가 높다 하지만 금융비용보다 더 많은 매출을 일으킬 자신이 있고 계획이 있다면 해당 부동산을 매입해서 본인 것으로 만들기란 생각보다 쉽다. 물론 사업자금으로 받은 대출을 사업과 무관한 부동산 취득 등 목적에 맞지 않게 사용한다면 그에 따른 패널티도 있으니 유의하자.

넷째, 퇴사나 은퇴 대비로 법인 공부를 하자

퇴사 혹은 은퇴를 앞두고 있다면 사업 그리고 법인에 대한 공부는 필수다. 회사를 그만두면 가장 먼저 기존 대출 연장 여부 그리고 지역가입자 전환에 따른 건보료 인상 등이 걱정이다. 이걸 한 번에 해결할 수 있는 건 직장가입자 유지인데, 퇴사 혹은 은퇴를 하였으니 차라리 본인 회사에서 본인이 월급을 받으면 어떨까?

앞에서도 살펴보았지만 이렇게 될 수 있도록 해당 법인을 통해 어떻게 사업을 할지를 고민해야 한다. 부동산 투자를 한다면 임대업보다는 차라리 매매업을 추천하며, 그보다는 부동산 외 본인이 하고자 했던 사업을 접목시키길 추천한다. 궁극적으로 자산을 늘리는 데에는 이 방법이 더 낫다고 확신한다. 따라서 사업에 대한 공부 역시 꼭 필요하다.

이 과정에서 앞서 말한 대출공부를 꾸준히 하고 사업에 대한 이해와 운영을 잘 한다면 누구나 원하는 경제적 자유로 가는 길을 더 빨리 찾을 수 있을 것이다. 나 역시 이 중 일부는 실현하였고 앞으로도 더 많은 것들을 이루기 위해 노력 중이다. 독자 여러분 역시 꼭 그렇게 되길 기원한다.

권말
부록

토지 투자자를
위한 절세전략

토지 세금, 뭐가 다를까?

부동산 세금에 있어 양도소득세를 '절세의 꽃'이라고 한다면 많은 이들이 부동산 투자의 꽃은 토지 투자라고 한다. 토지는 영원불멸하며 대체 불가한 데다 개발이 되면 상당한 수익을 낼 수 있어서일 것이다. 물론 이러한 토지에도 당연히 세금이 붙는다. 기존의 주택 세금과 비슷한 부분도 있지만 다른 부분도 있으니 차이점을 중심으로 살펴보자.

토지 취득세

부동산을 본인 명의로 소유권을 이전할 때 취득세가 과세되듯이 토지 역시 마찬가지다. 다만 앞서 살펴본 '다주택자 및 법인 취득세 중과세율' 같은 것은 없으며, 주택 외 부동산이기 때문에 일반토지의 취득세율은 4.6%(농어촌특별세 및 지방교육세 포함)이다. 그 외에는 해당 토지를 취득하는 과정에서 일반적인 유상매매인지 또는 상속이나 증여인지에 따라 다소 다른데 이를 정리하면 아래와 같다.

토지 취득세율

구분			취득세율
유상 거래		일반토지	4.6%
		농지	3.4%
무상 거래	상속	일반토지	3.16%
		농지	2.56%
	증여		4.0%

또한 토지는 건물과 달리 부가가치세 면세 대상이므로 부가가치세는 신경쓰지 않아도 된다. 다만 우리가 흔히 주택 혹은 상업용 부동산을 취득할 때는 건물분과 토지분을 구분한 후 건물분에 대해 부가가치세가 과세될 수 있다는 점만 염두에 두고 있으면 된다.

사업용 토지인지가 중요하다!

토지는 특이하게 사업용 여부와 어떤 용도로 사용하는지에 따라 보유세와 양도세가 달리 부과된다. 이 말을 처음 듣는 사람도 당연히 사업용이 절세에 더 유리할 것이라고 추측할 수 있을 것이다. 이유는 과도한 투기 수요를 막고 '경자유전' 원칙에 충실하기 위해서인데, 그렇다고 토지를 농지로만 쓰는 것은 아니고 토지 용도(지목)에 따라 다양하게 활용할 수 있기에 이걸 어떻게 활용하느냐에 따라 합법적인 범위 내에서 절세도 가능하다.

여기에서 '사업용 토지'를 이해하기 위해서는 토지의 용도를 알아야 한다. 이때 용도를 '지목'이라 한다. 즉 토지는 각각의 용도(지목)가 있는데 해당 용도에 맞지 않게 사용한다면 재산세, 종합부동산세와 같은 보유세는 물론 양도세에 있어서도 일정 부분 불이익을 주겠다는 것이다.

토지의 지목은 '공간정보의 구축 및 관리 등에 관한 법률 제67조(지목의 종류)'에 있으며 이를 정리하면 아래와 같다.

알아두세요

경자유전

농지는 농업인과 농업법인만이 소유할 수 있다는 것을 의미한다. 이는 비농민의 투기적 농지소유를 방지하기 위해 우리 헌법과 농지법에 규정되어 있다.(출처 : 네이버 시사상식사전)

지목	부호	설명
전	전	물을 상시적으로 이용하지 않고 곡물·약초·관상수 등의 식물을 주로 재배하는 토지와 식용으로 죽순을 재배하는 토지
답	답	물을 상시적으로 이용하여 벼·연·미나리·왕골 등의 식물을 주로 재배하는 토지
과수원	과	사과·배·밤·호두·귤나무 등 과수류를 집단적으로 지배하는 토지와 이에 접속된 저장고 등
목장용지	목	축산업 및 낙농업을 하기 위하여 초지를 조성한 토지, 가축을 사육하는 축사 등의 부지
임야	임	산림 및 원야를 이루고 있는 수림지·죽림지·암석지·자갈땅·모래땅·습지·황무지 등의 토지
광천지	광	지하에서 온수·약수·석유류 등이 용출되는 용출구와 그 유지에 사용되는 부지
염전	염	바닷물을 끌어 들여 소금을 채취하기 위하여 조성된 토지와 이에 접속된 제염장 등 부속시설물의 부지
대	대	주거·사무실·점포와 박물관 등 영구적 건축물과 이에 접속된 부속시설물, 택지조성공사가 준공된 토지
공장용지	장	제조업을 하고 있는 공장시설물의 부지, 관계법령에 의하여 공장부지조성공사가 준공된 토지
학교용지	학	학교의 교사와 이에 접속된 체육장 등 부속시설물의 부지
주차장	차	주차에 필요한 독립적인 시설을 갖춘 부지와 주차전용 건축물 및 이에 접속된 부속시설물의 부지
주유소용지	주	석유 등의 판매를 위하여 일정한 설비를 갖춘 시설물의 부지, 저유소 및 원유저장소의 부지 등
창고용지	창	물건 등을 보관, 저장하기 위한 보관시설물의 부지와 이에 접속된 부속기설물의 부지
도로	도	교통운수를 위하여 보행 또는 차량운행에 이용되는 토지와 휴게소 부지, 2필지 이상에 진입하는 통로로 이용되는 토지 등
철도용지	철	교통운수를 위해 이용되는 토지와 이에 접속된 역사·차고·발전시설 및 공작창 등 부속시설물의 부지
제방	제	조수·자연유수·모래·바람 등을 막기 위해 설치된 방조제·방사제·방파제 등의 부지

하천	천	자연의 유수가 있거나 있을 것으로 예상되는 토지
구거	구	인공의 수로·둑 및 그 부속시설물의 부지와 자연의 유수가 발생되거나 예상되는 소규모 수로부지
유지	유	댐·저수지·소류지·연못 등의 토지와 연·왕골 등이 자생하는 배수가 잘 안되는 토지
양어장	양	수산생물의 번식 또는 양식을 위한 인공시설을 갖춘 부지와 이에 속한 부속시설물의 부지
수도용지	수	물을 정수하여 공급하기 위한 취수·저수 및 배수시설의 부지와 이에 속한 부속시설물의 부지
공원	공	일반공중의 보건·휴양을 위한 시설을 갖춘 토지로서 공원 또는 녹지로 결정·고시된 토지
체육용지	체	종합운동장·실내체육관·야구장·골프장 등 국민의 건강증진을 위한 체육시설의 토지와 이에 속한 부속시설물의 부지
유원지	원	일반 공중의 위락·휴양 등에 적합한 시설의 토지와 이에 속한 부속시설물 부지
종교용지	종	일반 공중의 종교의식을 위한 교회·사찰 등 건축물의 부지와 이에 접속된 부속시설물의 부지
사적지	사	문화재로 지정된 역사적인 유적·고적·기념물 등을 보존하기 위하여 구획된 토지
묘지	묘	사람의 시체가 매장되어 묘지공원으로 결정·고시된 토지 및 이에 속한 부속시설물의 부지
잡종지	잡	다른 지목에 속하지 않는 토지. 갈대밭, 변전소, 송유시설, 도축장, 쓰레기처리장 및 오물처리장 등

토지 세금에 있어서는 어떤 경우에 보유하고 있는 토지가 사업용이 되는지 혹은 그렇지 않은지를 구분하는 것이 중요하다.

비사업용 토지를 사업용 토지로 인정받으려면

이 경우는 크게 세 가지가 있다.

첫째, 토지를 해당 지목에 맞는 용도로 사용해야 한다.

농지는 농지 소재지 또는 연접한 시군구(직선거리 30km 이내)에 거주하면서 직접 농사를 지어야 하며, 임야는 소재지(연접지와 30km 이내)에 실제 거주해야 하며, 대지는 건물을 짓거나 주차장으로 사용해야 용도에 맞게 사용한 것으로 본다.

둘째, 사용용도뿐만 아니라 기간요건도 만족해야 한다.

즉, 세법에서 정한 기간 이상 동안 사용해야 하는데 토지를 팔기 직전의 3년 중에서 2년 이상을 사업용으로 사용하거나, 직전 5년 중에서 3년 혹은 토지 보유기간의 60% 이상 동안을 사업용도에 맞게 사용해야 한다. 따라서 해당 토지를 팔기 전 2년을 사업용으로 사용한다면 사업용 토지로 과세된다.

셋째, 직접 농사를 짓는 게 불가능하다면 농지은행에 8년 이상 위탁하는 방법도 있다.

농지의 경우 상시 농업에 종사하거나, 농작업의 2분의 1이상을 자기 노동력으로 경작 또는 재배해야 한다. 그런데 이러한 자경기간 중에 근로소득(총급여) 혹은 사업소득(농업, 임업 및 비과세 농가부업소득, 부동산 임대소득 제외)의 합계가 3,700만 원 이상인 과세기간은 경작기간에서 제외된다. 따라서 회사를 다니고 있는 근로소득자라면 총급여가 1년에 3,700만 원 미만이고 실제 농사를 지었다는 증빙이 있어야 해당 자경기간으로 인정을 받을 수 있을 것이다.

따라서 이게 불가능한 경우에는 세 번째 방법인 농지은행에 위탁을 하면 사업용 토지로 인정받을 수 있다.

그 외 다음의 경우에도 사업용 토지로 인정된다.

① 상속으로 취득한 농지를 상속개시일로부터 5년 내 매도하는 경우
② 직계존속이나 배우자가 8년 이상 재촌, 자경한 농지, 임야, 목장용지를 상속, 증여받은 경우
③ 2005년 12월 31일 이전에 취득한 종중이 소유한 토지
④ 공익사업을 위해 협의매수, 수용되는 토지로, 취득일이 사업인정고시일로부터 5년 이전인 토지(단, 2021년 5월 4일 전 사업인정고시된 사업은 2년 이전)

나대지를 사업용 토지로 인정받으려면

투자목적으로 구입한 나대지를 사업용 토지로 인정받을 수 있을까? 나대지는 어떤 용도로 활용되지 않고 '놀고 있는 토지(유휴토지)'라고 생각하면 된다. 지목은 '대' 혹은 '잡종지'인데 추후 시세차익을 기대하고 그냥 놔두기만 한다면 세금에 있어 불리할 수 있다. 이 경우 사업용 토지로 인정을 받으려면 어떻게 해야할까?

첫째, 무주택자가 나대지를 660㎡ 이하로 취득하면 사업용 토지로 인정받을 수 있다.

둘째, 나대지에 건물이나 주택 등을 지으면 사업용 토지로 인정받을 수 있다. 다만 이때는 용도지역별로 정해진 '배율'을 준수해야 한다. 즉, 해당 배율 이내라면 사업용 토지로 인정받지만 초과한다면 초과분은 비사업용 토지에 해당된다.

이때 배율은 도시지역 내 수도권 내 주거지역, 상업지역, 공업지역은 3배이며 녹지지역, 수도권 밖의 지역은 5배, 도시지역 외는 10배이다. 가령, 수도권 내 주거지역 660㎡ 대지에 200㎡의 건물을 건축하면 이의 3배인 600㎡까지는 사업용 토지, 초과분인 60㎡(= 660㎡ − 600㎡)에 대해서는 비사업용 토지로 보아 과세된다.

셋째, 주차장, 캠핑장 등 실제 사업용도에 맞게 활용한다. 가장 정석의 방법이지만 각각의 상황에 맞게 주의해야 할 것도 많다. 가령 주차장은 소유자 본인이 직접 운영해야 하며, 캠핑장 역시 사용 여부 등을 사전에 확인한 후 진행하는 것이 필요하다. 물론 사업에 따른 비용과 절세되는 금액을 상호 비교하여 의사결정하는 것은 기본 중의 기본이다.

사업용 여부에 따라 나뉘는 토지 보유세

토지 보유세 역시 재산세와 종합부동산세(이하 종부세)가 있으며 과세 기준일은 매년 6월 1일이다. 토지 재산세는 개별공시지가의 70% 공정 시장가액비율(주택의 경우 60%)을 곱하여 과세표준을 도출하고 여기에 세율을 적용하는데 지목에 따라 분리과세, 별도합산과세, 종합합산 과세로 나뉜다.

분리과세 대상 토지는 골프장 및 고급 오락장 등 사치성 재산에 대해서는 4%의 높은 세율을 적용하고, 농지 및 목장 등은 0.07%의 낮은 세율을 적용한다. 별도합산과세 토지는 건물축 부속토지, 영업용 건축물에 딸린 토지 등 경제 활동에 사용되는 토지들이 주로 해당한다. 그리고 이 두 가지에 해당하지 않는 토지를 모두 합산하여 과세하는 방식이 종합 합산과세라고 보면 된다. 구체적인 재산세 세율 및 계산구조는 다음과 같다.

토지의 재산세 과세구조

구분	내용
공시가격	토지별 공시가격
× 공정시장 가액비율	토지 및 건물 70%(주택은 60%)

= 재산세 과세표준	토지분 재산세 과세표준
× 세율(%)	**1. 종합합산과세대상 토지**

과세표준	세율(%)
5천만 원 이하	0.2%
5천만 원 초과 1억 원 이하	10만 원 + 5천만 원 초과금액의 0.3%
1억 원 초과	25만 원 + 1억 원 초과금액의 0.5%

2. 별도합산과세대상 토지

과세표준	세율(%)
2억 원 이하	0.2%
2억 원 초과 10억 원 이하	40만 원 + 2억 원 초과금액의 0.3%
10억 원 초과	280만 원 + 10억 원 초과금액의 0.4%

3. 분리과세대상 토지

1) 전·답·과수원·목장용지 및 임야: 0.07%
2) 골프장용 토지 및 고급오락장용 토지: 4%
3) 그 밖의 토지: 0.2%

= 산출세액	토지분 산출세액
− 세 부담 상한 적용	올해 산출세액이 토지별로 직전년도 산출세액에서 세 부담 상한율 150%를 초과하면 150%를 한도로 징수
= 납부할 세액	

예를 들어 어떤 사람이 투자 목적으로 농지를 구입해 이를 방치한다면 비사업용 토지가 될 것이므로 종합합산과세가 될 것이다. 하지만 이를 지목에 맞게 활용하거나 농지은행에 위탁하였다면 이때는 분리과세가 되어 더 낮은 세율을 적용받게 되고 그에 따라 부담해야 하는 재산세는

줄어들 것이다.

또 다른 보유세인 종부세 역시 마찬가지다. 토지 종부세는 크게 종합합산과세 대상과 별도합산과세 대상으로 구분되는데, 앞서 살펴본 것 중 분리과세 대상은 종부세 과세대상에서 아예 제외가 된다.

그런데 종합합산과세 대상은 공제액이 5억 원인데 반해 별도합산과세 대상 토지는 공제액이 80억 원이므로 그 차이가 매우 크다. 따라서 토지를 해당 사업에 맞게 활용한다면 종부세를 내는 경우는 그렇게 많지 않다는 것을 알고 이에 맞게 보유전략을 세워야 할 것이다.

토지의 종합부동산세 계산구조

구분	내용
공시가격	종합합산토지와 별도합산토지의 공시가격 합계
− 공제금액	종합합산토지: 5억 원, 별도합산토지: 80억 원
× 공정시장 가액비율	100%(2022년 이후)
= 종부세 과세표준	= 토지분 종합부동산세 과세표준

× 세율(%)	**1. 종합합산과세대상 토지** | 과세표준	세율(%) | |---|---| | 15억 원 이하 | 1% | | 15억 원 초과 45억 원 이하 | 1,500만 원 + 15억 원 초과금액의 2% | | 45억 원 초과 | 7,500만 원 + 45억 원 초과금액의 3% | **2. 별도합산과세대상 토지** | 과세표준 | 세율(%) | |---|---| | 200억 원 이하 | 0.5% | | 200억 원 초과 400억 원 이하 | 1억 원 + 200억 원 초과금액의 0.6% | | 400억 원 초과 | 2억 2천만 원 + 400억 원 초과금액의 0.7% |

1. 종합합산과세대상 토지

과세표준	세율(%)
15억 원 이하	1%
15억 원 초과 45억 원 이하	1,500만 원 + 15억 원 초과금액의 2%
45억 원 초과	7,500만 원 + 45억 원 초과금액의 3%

2. 별도합산과세대상 토지

과세표준	세율(%)
200억 원 이하	0.5%
200억 원 초과 400억 원 이하	1억 원 + 200억 원 초과금액의 0.6%
400억 원 초과	2억 2천만 원 + 400억 원 초과금액의 0.7%

= 종합부동산 세액	= 토지분 종합부동산 세액
− 공제할 재산세액	재산세 부과세액 중 종부세 과세표준금액에 부과된 재산세 상당액
	→ 종합합산토지, 별도합산토지로 구분하여 계산
= 산출세액	= 토지분 산출세액
− 세액공제(%)	주택과 달리 토지 종합부동산세는 세액공제가 없음
− 세 부담 상한 적용	올해 산출세액이 토지별로 직전연도 산출세액에서 세 부담 상한율 150%를 초과하면 150%를 한도로 징수
= 납부할 세액	각 과세유형별 세액의 합계액, 250만 원 초과 시 분납 가능

양도소득세 역시 사업용 토지가 유리하다!

이제 마지막으로 내야 하는 세금인 토지 양도세다. 토지 양도세 역시 사업용 토지가 유리한데 가장 큰 차이는 '세율'이다. 즉 3년 이상 보유할 경우 연 2%씩 장기보유특별공제도 가능하고(최대 30%), 250만 원 기본공제 역시 사업용이든 비사업용이든 동일하게 적용된다. 하지만 비사업용 토지는 세율에 있어서 10% 포인트가 가산되기에 그만큼 세 부담이 더해진다고 봐야 한다. 물론 2년 미만 단기 보유 양도 시, 1년 미만 50%, 1년 이상~2년 미만 40% 양도세율이 적용된다.

그렇다면 본인이 보유한 토지가 사업용인지 비사업용인지는 어떻게 확인할 수 있을까? 두 가지 방법이 있는데, 첫 번째는 재산세 과세대상 '구분'란에 '별도합산 과세대상' 또는 '분리과세대상'이라고 되어 있거나, 재산세가 비과세 또는 감면되어 있다면 사업용 토지이다. 그에 반해 '종합합산 과세대상'으로 되어 있으면 비사업용 토지로 보면 된다. 물론 예외적인 경우도 있지만 간단하게 확인할 수 있는 방법이다.

또한 홈택스에서도 확인할 수 있는데 '신고/납부' → '양도소득세' → '양도소득세 종합안내' → '미리 계산해보는 양도소득세' 중 '비과세, 중과세 자가진단' → '비사업용 토지 해당 여부 자가진단(비로그인)' 경로로 들어가 자가진단을 해보는 것도 좋겠다.

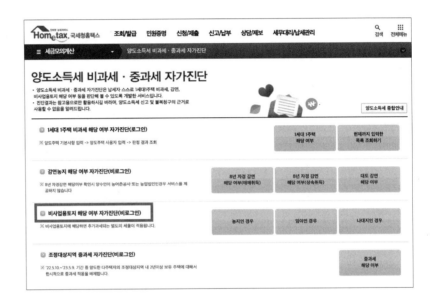

토지 세금에 대해 간략히 알아보았다. '취득 – 보유 – 양도' 단계에 따라 세금이 붙는 건 비슷하지만 토지는 해당 용도로 사용하는지 여부가 굉장히 중요하다는 것을 알게 되었을 것이다. 따라서 어떤 용도로 토지를 취득할지, 취득 후 어떻게 활용할지를 미리 계획을 세워두고 접근해야 한다. 토지 역시 사전 절세전략이 매우 중요한 것은 물론이다.

[찾아보기]